权威·前沿·原创

皮书系列为
"十二五""十三五""十四五"时期国家重点出版物出版专项规划项目

BLUE BOOK

智库成果出版与传播平台

河南省社会科学院哲学社会科学创新工程试点项目

河南蓝皮书
BLUE BOOK OF HENAN

河南农业农村发展报告（2023）

ANNUAL REPORT ON AGRICULTURE AND RURAL AREAS DEVELOPMENT
OF HENAN (2023)

促进农民农村共同富裕

主　编／李同新
副主编／陈明星　宋彦峰

社会科学文献出版社
SOCIAL SCIENCES ACADEMIC PRESS (CHINA)

图书在版编目（CIP）数据

河南农业农村发展报告 . 2023：促进农民农村共同
富裕 / 李同新主编；陈明星，宋彦峰副主编 . --北京：
社会科学文献出版社，2022.12
　（河南蓝皮书）
　ISBN 978-7-5228-1089-8

Ⅰ.①河…　Ⅱ.①李…②陈…③宋…　Ⅲ.①农业经
济-研究报告-河南-2023　Ⅳ.①F327.61

中国版本图书馆 CIP 数据核字（2022）第 215912 号

河南蓝皮书

河南农业农村发展报告（2023）

——促进农民农村共同富裕

主　　编 / 李同新
副 主 编 / 陈明星　宋彦峰

出 版 人 / 王利民
组稿编辑 / 任文武
责任编辑 / 高振华
文稿编辑 / 刘　燕
责任印制 / 王京美

出　　版 / 社会科学文献出版社·城市和绿色发展分社（010）59367143
　　　　　　地址：北京市北三环中路甲 29 号院华龙大厦　邮编：100029
　　　　　　网址：www.ssap.com.cn
发　　行 / 社会科学文献出版社（010）59367028
印　　装 / 天津千鹤文化传播有限公司

规　　格 / 开　本：787mm×1092mm　1/16
　　　　　　印　张：18.25　字　数：269 千字
版　　次 / 2022 年 12 月第 1 版　2022 年 12 月第 1 次印刷
书　　号 / ISBN 978-7-5228-1089-8
定　　价 / 98.00 元

读者服务电话：4008918866

河南蓝皮书编委会

主要编撰者简介

李同新　河南省社会科学院党委委员、副院长。长期从事社会科学研究和管理工作，组织的学术活动、研究综述数十次被省委、省政府领导批示肯定，多项决策建议被采纳应用。编撰著作多部，发表研究成果30多万字，个人学术成果多次获省级以上奖励。

陈明星　河南省社会科学院农村发展研究所所长、研究员，河南省政府特殊津贴专家、河南省学术技术带头人、河南省宣传文化系统"四个一批"人才。主要研究方向为农业经济与农村发展，近年来先后发表论文80多篇，独著和合著学术著作5部，获省部级奖10多项，主持国家社科基金项目2项、省级课题6项，完成的研究成果被纳入决策或被省领导批示肯定10多项。

宋彦峰　管理学博士，河南省社会科学院农村发展研究所助理研究员，主要研究方向为农村组织与制度、农村金融，近年来先后发表论文20余篇，合著学术著作3部，参与或主持国家、省级课题3项，相关研究成果被省领导批示肯定2项。

摘　要

　　本书由河南省社会科学院主持编撰，以"促进农民农村共同富裕"为主题，深入系统地分析了2022年河南农业农村发展的形势、特点，对2023年进行了展望，立足河南农业农村发展现状，多维度研究和探讨了新时期扎实推进乡村全面振兴的主要思路和对策，多角度探索促进河南农民农村共同富裕的实现路径。本书由总报告、产业发展、乡村建设、农民增收4个部分共20篇报告组成。

　　2022年是《乡村振兴战略规划（2018—2022）》实施的收官之年，乡村振兴取得阶段性重大成就，2023年是实施"十四五"规划承上启下的关键一年。总报告对2022~2023年河南农业农村发展形势进行了分析和展望。报告认为，2022年，全省农业农村发展克服汛情疫情等不利影响，整体上呈现稳中加固、进中提质、蓄势赋能的态势，粮食再获丰收，主要农产品产量保持稳定，乡村产业高质量发展加速，农业基础支撑进一步强化，农民收入稳定增长，乡村建设扎实推进，农村改革持续深化，但同时面临粮食产业高基点提质增效难度较大、农民持续稳定增收难度加大等突出问题。2023年，尽管面临国内外不稳定不确定因素增多的不利局面，但是有利条件、发展优势和政策红利持续释放的有利支撑要素也在增加，全省农业农村发展总体将持续向好，在保障国家粮食安全、农业全面升级、农村全面进步、农民全面发展、城乡融合不断加深等方面蓄积发展的新动能新优势，为筑牢实现"两个确保"、促进农民农村共同富裕的基本盘、推动河南乡村振兴走在全国前列奠定基础。

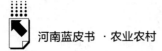
产业发展报告，对河南农业农村发展的十年成就进行介绍并做了展望，重点探讨了提升耕地质量对保障粮食安全的重要性，分析了农村现代服务业、新型农村电商等农村新产业新业态的发展情况，并从科技支撑、农业碳中和、发展新型农村集体经济方面论述了促进乡村产业发展的实现路径。

乡村建设报告，着眼于城乡融合发展的持续深化，主要围绕村庄规划体系构建、数字乡村发展、农村物流体系建设、乡村新型合作体系构建以及促进脱贫地区可持续发展等方面进行分析和展望，多角度反映河南推进乡村建设中的现实基础、面临的问题，为实现"十四五"时期河南乡村建设走在全国前列提出具体路径和对策建议。

农民增收报告，分析了新时期河南农民增收的现状和难点，围绕多渠道增加农民收入的问题，主要从培育发展农业全产业链、发展农民合作社、充分发挥返乡创业的重要作用等方面进行专题研究，探索增加农民收入的不同实现路径，为实现"十四五"时期河南农民收入水平明显提高提供思路和对策。

关键词： 农民农村　共同富裕　乡村振兴　河南

目 录 ↖

Ⅰ 总报告

Ⅱ 产业发展

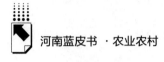
Ⅲ 乡村建设

Ⅳ 农民增收

皮书数据库阅读**使用指南**

总报告
General Report

扎实推进乡村全面振兴
促进农民农村共同富裕

——2022~2023 年河南省农业农村发展形势分析与展望

河南省社会科学院课题组*

摘　要： 2022 年，乡村振兴战略面临阶段性收官，全省农业农村发展克
服百年变局和世纪疫情叠加影响，整体呈现稳中加固、进中提
质、蓄势赋能的态势，主要农产品产量保持稳定，农业结构优化
升级加快，农民收入持续增长，农业基础支撑进一步强化，农村
改革更加深化，但也面临农民持续稳定增收难度加大、第一产业
固定资产投资保持较低水平等突出问题。2023 年，尽管面临更趋
复杂严峻的形势，但有利条件和发展优势也在逐步累积，全省农
业农村发展总体将稳中有进、提质升级，在粮食产业高质量发展、
农村产业联农带农、集体经济转型、城乡融合和乡村建设等方面

---

* 课题组组长：李同新；成员：陈明星、宋彦峰、苗洁、生秀东、李国英、侯红昌、乔宇锋、
刘依杭、张坤、张瑶、李婧瑗、马银隆、梁信志；执笔：宋彦峰、苗洁。

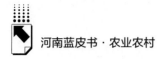
蓄积乡村全面振兴新动能新活力，为促进农业高质高效、乡村宜居宜业、农民富裕富足，推动河南乡村振兴实现更大突破、走在全国前列，在中部地区崛起中奋起争先、更加出彩奠定基础。

关键词： 农业农村　乡村振兴　共同富裕　河南

一　2022年河南农业农村发展形势分析

2022年是《乡村振兴战略规划（2018—2022年）》实施收官之年，继2021年10月底召开的河南省第十一次党代会将"实施乡村振兴"作为"十大战略"之一，并提出促进全体人民共同富裕的具体路径之后，2022年河南省委一号文件再次全面、系统地对河南推进乡村全面振兴进行阐释，并对多渠道促进农民增收的重点任务进行明确，乡村振兴取得阶段性成果，农业农村发展迈上新台阶。面对国际国内复杂的形势，尤其是俄乌冲突带来的粮食危机和新冠肺炎疫情反复的多重挑战，河南省坚决扛稳粮食安全重任，全面推进乡村振兴，多渠道促进农民增收，出台了《河南省"十四五"乡村振兴和农业农村现代化规划》、《河南省乡村振兴促进条例》、《中共河南省委　河南省人民政府关于牢记领袖嘱托扛稳粮食安全重任的意见》、《关于持续增加农民收入的指导意见》、《关于加快建设现代种业强省的若干意见》以及村庄规划编制、农村寄递物流体系建设、高标准农田建设规划等一系列政策举措，全省农业农村经济运行持续向好，整体呈现稳中加固、进中提质、蓄势赋能的态势，"三农"基本盘更加稳固，农业高质量发展取得新突破，为扎实推进乡村全面振兴、促进农民农村共同富裕提供了坚实支撑。

（一）基本态势

1.稳中加固：主要农产品供给稳定

河南坚决树牢大食物观，从保障谷物、口粮安全向保障大食物安全转变，将粮食生产和畜牧生产同步推进，实现更高层次的"粮食安全"。2022年河南省持续落实党政同责，"藏粮于地、藏粮于技"，将夏粮生产作为"三农"工作的头等大事抓实抓细，持续推动高标准农田建设、发挥科技助农优势、出台多项惠农政策，在多重有利因素的叠加下，河南夏粮再获丰收，总产、单产创历史新高，夏粮播种面积和总产量均继续保持全国第一，全省全年粮食产量持续保持在1300亿斤以上，在特殊之年再次发挥了"中原粮仓"的"压舱石"和"稳定器"作用。2022年前三季度，河南生猪存栏4072.03万头，同比保持稳定，生猪出栏量、存栏量均位居全国前三，为全国的猪肉稳定供应提供了有力支撑。除禽蛋产量有所下降之外，蔬菜、瓜果、牛肉、羊肉、牛奶等产量均实现不同程度的增长。

2. 进中提质：农业高质量发展提速

2022年1~9月，河南农林牧渔业增加值增速和第一产业增加值增速分别为5.0%和4.7%，保持较好的增长态势。优质专用小麦种植面积达到1628万亩，较上年增加95万亩。种粮收益增加显著，小麦亩均生产收益达到了858.25元，较上年增加208.88元，增长幅度高达32.17%。1~9月十大优势特色农业产值4882.74亿元，占全省农林牧渔业总产值的56.7%。其中，小麦产值占到农林牧渔业总产值的26.3%，较上年同期提升5.7个百分点。1~9月，农副食品加工业固定资产投资同比增长22.7%，规模以上农副食品加工业同比增长11%。上半年，新创建2个国家级、20个省级现代农业产业园，2个优势特色产业集群，11个农业产业强镇。上半年，全省畜禽粪污综合利用率达到82%，化肥、农药使用量持续实现负增长，农业绿色发展成效明显。1~9月，全省重点农产品出口金额为144.13亿元，增速达55.2%。

3. 蓄势赋能：动力和活力不断增强

全省农村劳动力转移就业总量达到3174.19万人，居全国第一。2022年1~9月，新增返乡入乡创业人员16.12万人，总数达到202.54万人，人返乡、钱回流、业回创的"归雁经济"效应进一步加强。农村一二三产业融合加速推进，直播电商、网红带货、休闲农业、乡村旅游等新业态新模式迅速发展，1~6月全省农村网络零售额达753.9亿元，占全省网络零售额的42.4%，比全国占比高出一倍以上。农村土地流转深入推进，新型农村集体经济发展更具活力，农村基本经营制度日趋完善。新型农业经营主体蓬勃发展，设施农业、无土栽培等新兴农业生产模式快速发展。数字化、智能化引领农业农村现代化建设，农业数字化、乡村治理数字化、农民生活数字化加快推进。乡村建设行动持续推进，乡村消费潜力持续释放，1~9月全省乡村社会消费品零售总额300.72亿元，同比增长10.7%，高于城镇3.8个百分点。

（二）主要特征

1. 粮食生产形势向好，主要农产品产量保持稳定

2022年，尽管夏粮播种面积略减，但是河南全力抓好灾后恢复重建，总产、单产均创历史新高（见表1），夏粮丰产又丰收，在历史高点上的高位再增产。全省夏粮播种面积8525.64万亩，占全国夏粮播种面积的21.4%；总产量达到762.61亿斤，同比增加1.97亿斤，同比增长0.3%，占全国夏粮总产量的25.9%；单产达到447.25公斤/亩，比全国平均水平高76.85公斤/亩，比上年增长0.4%。其中，小麦播种面积为8523.68万亩，较上年同期少12.36万亩，占全国小麦播种面积的25.7%；总产量为762.54亿斤，较上年同期增加1.98亿斤，占全国小麦总产量的28.1%；单产447.31公斤/亩，比上年增长0.4%，比全国平均水平高53.11公斤/亩，小麦播种面积、总产量、单产均继续保持全国第一。全省秋收作物播种面积1.19亿亩、粮食作物7600万亩，长势整体良好，加上夏粮增产，全年粮食丰收基础扎实，全省全年粮食产量达到1357.87亿斤，连续6年稳定在1300亿斤以上。

表1 2022年全国及部分省份夏粮产量情况比较

地区	播种面积（万亩）	总产量（亿斤）	单产（公斤/亩）
全国	39795	2948	370.4
河南	8525.64	762.61	447.25
山东	6007.05	528.32	439.75

地区	播种面积（万亩）	总产量（亿斤）	单产（公斤/亩）
安徽	4274.85	344.48	402.91
河北	3407.40	297.30	436.24
江苏	3706.20	280.06	377.83

资料来源：《国家统计局关于2022年夏粮产量数据的公告》。

其他主要农产品产量基本保持稳定或增长态势。一是生猪生产基本保持稳定。2022年前三季度，河南生猪存栏4072.3万头，居全国第3位，同比下降0.9%，基本保持稳定；生猪出栏4265.83万头，居全国第3位，同比增加3.5%；猪肉产量为334.46万吨（见图1），同比增长3.9%。河南生猪核心产能稳定，能繁母猪的保有量处于绿色合理区间，实实在在为保障全国猪肉供应安全做出贡献。随着全省生猪产能周期调控能力的增强、产业转型的不断升级、良种繁育体系的完善、疫情防控能力的不断提升，河南生猪养殖必将为全国的猪肉稳定供应提供有力支撑。二是主要经济作物基本实现增长。河南在扛稳粮食安全重任的基础上，不断优化种植结构，发展经济作物。2022年1~9月，全省蔬菜、瓜果、食用菌的产量分别为5608.7万吨、1451.03万吨、123.35万吨，同比增长4.4%、3.3%、2.7%；油菜籽产量为49.01万吨，出现轻微下降，比上年同期少0.43万吨。三是牛羊生产保持稳定。省政府出台《河南省肉牛奶牛产业发展行动计划》，全省肉牛奶牛产业发展加速向好。2022年1~9月，牛奶产量110.80万吨，同比增长15.7%；牛存栏394.36万头，同比增长2.6%，出栏176.48万头，同比增长4.9%；牛肉产量23.82万吨，同比增长5.8%。羊存栏2018.08万只，同比增长3.3%，羊出栏1533.84万只，同比增长3.8%；羊肉产量18.40万吨，同比增长4.5%。四是家禽产品供应较为充足，产能较上半年有所恢复。家禽存栏69919.7万只，下降3%，出栏78494.03万只，增长0.3%；禽肉产量为105.86万吨，增长1.2%，禽蛋产量为336.26万吨，下降0.3%。

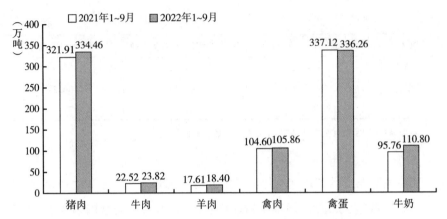

图1　2021年1~9月和2022年1~9月河南主要畜禽产品产量变动情况

资料来源：《河南统计月报》。

2."三链同构"持续推进，乡村产业高质量发展加速

河南持续推进"三链同构"，推进农业全产业链的发展，以产业链整合带动价值链和供应链提升，不断增加乡村产业的增值环节，扩大增值空间，促进乡村产业的高质量发展。全省农林牧渔业增加值稳步增长，2022年1~9月，全省农林牧渔业增加值为4786.33亿元，增速为5.0%（见图2）。其中，第一产业增加值为4539.94亿元，增速为4.7%。一是延伸产业链，持续推进农产品精深加工。河南通过主食产业化和粮油深加工，树牢大食物观，以"粮头食尾""农头工尾"为抓手，向前连接农业投入品环节，向后衔接农产品精深加工业，实施龙头企业培育、全链条发展、特色产业集群培育行动，以粮食产业为主的农产品加工业已发展成为万亿级产业。2022年1~9月，全省农副食品加工业和食品制造业固定资产投资分别同比增长22.7%、35.7%，规模以上农副食品加工业增加值和食品制造业增加值分别同比增长7.8%、4.2%。二是不断提升价值链，实现农业生产优质高效。河南通过深化农业供给侧结构性改革，适应消费升级需求，坚持走质量兴农、绿色兴农和品牌强农之路，推动农业向价值链高端迈进。推动乡村产业发展的布局区域化、经营规模化、生产标准化和发展产业化，大力发展优质小麦、优质花生、优质草畜、优质林果等，2022

年 1~9 月，全省十大优势特色农产品产值占全省农林牧渔业总产值比重达 56.7%。其中，小麦产值为 1164.10 亿元，占比 13.5%；蔬菜产值为 1655.87 亿元，占比 19.2%；草畜产值为 410.82 亿元，占比 4.8%；茶叶、食用菌产值分别为 305.32 亿元和 269.37 亿元，占比分别为 3.5% 和 3.1%。三是打造供应链，完善乡村产业支撑体系。重点做好农产品市场和流通体系建设，不断完善农产品产储运销体系建设，打造各环节有机衔接、协同联动的高质量供应链。土地托管、农村电商、冷链物流等农业生产性服务业创新发展，农村新产业新业态新动能加快成长。2022 年 1~9 月，全省农林牧渔服务业增加值为 246.39 亿元，增速为 9.8%，比上年同期增速提高 1.6 个百分点。

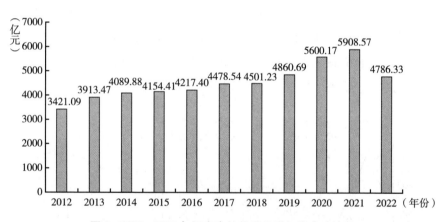

图 2　2012~2022 年河南农林牧渔业增加值变动情况

说明：2022 年为 1~9 月数据。

资料来源：《河南统计月报》。

3. 支农力度稳步加大，农业基础支撑进一步强化

2022 年 1~9 月，全省地方一般公共预算中用于支持农林水领域的资金稳步增长（见图 3）。其中，用于巩固拓展脱贫攻坚成果同乡村振兴有效衔接的资金较上年同期用于扶贫的资金增长幅度较大，为保障脱贫地区农业农村发展提供了有力支撑。财政支农力度的持续加大，有效地支持了包括脱贫地区在内的广大农村地区的发展，为全面推进乡村振兴和农民农村共同富裕

提供了有力支撑。一是农业防灾减灾体系不断完善。印发了《河南省2022年乡村振兴气象服务能力提升实施方案》，助力河南乡村振兴和农业农村现代化高质量发展。二是种业发展迎来重大机遇。出台《关于加快建设现代种业强省的若干意见》，实施种质资源保护利用等六大行动。上半年，国家生物育种产业创新中心、神农种业实验室、国家小麦技术创新中心等高能级创新平台建设均取得新进展；新产品研发进展明显，上半年共有8个农作物新品种通过审定。三是高标准粮田建设加快推进。落实"藏粮于地、藏粮于技"战略，印发了《河南省高标准农田示范区建设实施方案》，提出2022~2025年，建设1500万亩高标准农田示范区，增加粮食产能15亿公斤以上。2022年上半年已开工200个项目、建设400万亩高标准农田，分别占全年任务量的52%和53%。灾毁农田恢复重建项目实施顺利，年底前可实现主体工程建设落地。四是农作物耕种收综合机械化率不断提升。全省农作物耕种收综合机械化率已达到86.3%，基本实现机械化，小麦耕种收综合机械化率已经达到了99.3%，物质装备条件改善明显。

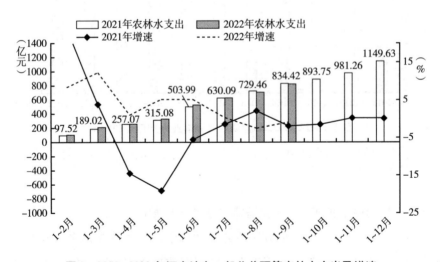

图3　2021~2022年河南地方一般公共预算农林水支出及增速

说明：2022年为1~9月数据。

资料来源：《河南统计月报》。

4. 农民收入稳定增长，农村消费持续恢复

2022 年，河南农民收入稳定增长，增收持续保持"两个高于"。1~9 月，全省农村居民人均可支配收入为 12747.39 元，同比增长 6.3%（见图 4），分别高于同期全省 GDP 增速、城镇居民收入增速 2.6 个、1.9 个百分点。1~9 月，全省城乡居民收入比由上年同期的 2.26 缩小到 2.23。2022 年是巩固拓展脱贫攻坚成果同乡村振兴有效衔接的深化之年，河南持续开展田园增收、养殖富民、乡村旅游等产业发展十大行动，多途径促进脱贫地区农民增收。2021 年以来发放脱贫人口小额信贷 131.33 亿元，居全国第 1 位，支持 39.2 万户脱贫户发展生产。通过加大组织劳务输出力度，支持就地就近就业，确保脱贫人口务工就业稳中有增，上半年全省脱贫劳动力外出务工 230.59 万人，完成年度任务的 109.8%。随着农村居民收入的增加，以及多项促消费政策的发力，乡村消费市场活力持续增强，全省农民消费支出和农村社会消费品零售总额实现持续增长。9 月，农村社会消费品零售总额同比增长 15.5%。1~9 月，农村社会消费品零售总额 300.72 亿元，同比增长 10.7%，分别高于同期全省、城镇社会消费品零售总额增速 3.8 个、8.8 个百分点。1~9 月，全省农村居民人均生活消费支出 11086.62 元，增长 7.5%。农村消费市场活力的不断增强，有助于推进农村融入统一大市场、打通制约农村发展与经济循环的关键堵点，凝聚更大的发展合力，对全面推进乡村振兴和促进农民农村共同富裕具有重要意义。

5. 乡村建设扎实推进，城乡融合步伐加快

2022 年，河南持续推进乡村建设行动，加快建设农村基础设施，完善农村公共服务，推进县域内城乡基础设施一体化和基本公共服务均等化，改善农村生产生活条件，全面提升乡村宜居宜业水平。一是大力推进农村公路建设，村村通、户户通的农村公路网成形。从 2022 年开始，河南又启动实施了农村公路"百县通村入组工程"和"万村通客车提质工程"，在全国高标准提出"实现 20 户以上自然村通硬化路"目标，着力打通群众出行的"最后一公里"。全省先后创建国家级"四好农村路"示范县 16 个、省级示范县 55 个，进一步激发乡村振兴和农民农村共同富裕的内生动力。二是

图4 2012~2022年河南农村居民人均可支配收入和生活消费支出变动情况

说明：2022年为1~9月数据。

资料来源：《河南统计年鉴2021》《河南统计月报》。

全方位规范村庄建设，印发了《河南省村庄规划编制和实施规定》，发挥规划引领乡村发展的作用，推动高质量发展。目前，全省所有县（市）的村庄分类和布局规划已全部编制完成，1.58万个村庄形成了实用性村庄规划编制成果。三是加强农村人居环境整治。持续推进"厕所革命"，坚持整村推进、集中建设，无害化卫生厕所普及率达65.9%；实施"治理六乱、开展六清"集中整治行动，加快扭转农村脏乱差局面，95%以上的行政村生活垃圾得到有效治理，实现村庄净起来、亮起来、美起来。四是加快推进数字乡村建设。建设河南农业农村大数据服务平台，持续推进"一村九园"数字化改造，推动延津小麦、柘城辣椒、浉河茶叶等国家级数字农业试点建设。

6.农村改革持续深化，发展动能不断释放

河南将深化改革作为全面推进乡村振兴和农民增收的重要法宝。一是持续推进农村土地制度改革。深化农村承包地"三权分置"改革，放活经营权，有序发展土地流转和土地托管，推动适度规模经营加快发展。落实农村土地承包关系稳定并长久不变政策，积极推进第二轮土地承包到期后再延长30年

济源试点工作。有序推进巩义、长垣、孟津、宝丰、新县5个县（市）农村宅基地制度改革试点，开展闲置宅基地和闲置农房盘活利用模式探索。二是持续巩固农村集体产权制度改革成果。河南各地以市场为导向，立足资源优势，探索了资源经济型、休闲旅游型、物业经济型、服务经济型等多种农村集体经济有效实现形式，农村集体经济发展实力和活力不断增强，管理体系逐步完善，为农民农村共同富裕提供有力支撑。基本完成农村集体产权制度改革，村级新型集体经济组织发展到4.9万个，有集体经营收入的村占比达78.5%。三是完善新型农业经营体系。农民合作社发展到19.8万家，家庭农场发展到26.2万家，适度规模经营耕地面积占家庭承包耕地面积的比重达69.3%。社会化服务体系不断完善，全省社会化服务组织有12.5万家，托管服务覆盖1575.9万户农户，数字化、智能化、信息化同农业社会化服务的融合不断加深。

（三）突出问题

1. 粮食产业提质增效较难与种粮比较效益不高并存

河南是粮食生产大省，粮食总产量连续6年超过1300亿斤，特别是在夏粮播种面积减少及受上年汛情影响的情况下夏粮又实现丰收，要在高基点上实现新的突破难度较大，推动粮食产业提质增效面临诸多挑战。一是城镇化加快推进、资源环境约束趋紧，耕地保护压力大，粮食生产基础保障面临挑战。全省耕地后备资源近于枯竭，适宜开垦的不足80万亩，多分布在山区、丘陵地带，开垦成本高、难度大，还有33%的中低产田亟待改造。农业绿色化和生态问题依然突出，尽管化肥和农药施用量持续实现负增长，但是化肥和农药的施用总量依然较大，农业面源污染、耕地质量下降等问题还没有得到有效解决。二是种粮比较效益依然不高，优质高端产品供给不足。优质小麦生产面积仅占全省小麦种植面积的19.1%，真正实现专种、专收、专储、专用的比例更低，食品加工业高端供给不足、低端产能过剩影响粮食产业的高质量发展。三是农业生产成本持续上升。以小麦为例，2022年全省小麦每亩生产成本上涨明显，较上年增加48.65元，上升9.31%。

2. 乡村产业延链强链不足与利益联结不够紧密并存

河南农业产业链发展整体水平不高，产业链条短、产业链增值效应不强，一些环节存在缺失或短板，培育发展农业全产业链存在一定难度，分段治理和断链之下，对乡村振兴和农民增收没有形成有效支撑。一是产业链条短，主要体现在农产品精深加工能力不足，河南粮食产量居全国第二位，但是粮食产业工业总产值与排名第一的山东省差距较大，产粮大省的优势资源没有更好地转化到粮食加工业中。农产品精深加工能力不强还体现在"链主企业"整体实力不强、数量不足等方面。截至2021年末，河南省农业产业化省级以上重点龙头企业有970家，而山东有1133家。二是产业链一些关键环节薄弱。种业大而不强问题突出，种子企业存在多、小、散、弱的问题，截至2022年上半年，河南仍没有一家种业上市企业，在分子辅助育种、基因编辑技术、双单倍体（DH）技术等生物育种方面落后于发达国家和国内种业发达省份。三是利益联结机制不完善。农户参与农业产业链的方式主要还是农产品买卖及土地租赁等，分红型、股权型、契约型等紧密型利益联结形式还比较少，农户分享乡村产业高质量发展带来的收益有限，对农户持续增收的支持不够。

3. 新型主体领跑带动不够与规范发展有待提升并存

一是新型农业经营主体整体质量有待提升。农业龙头企业整体数量较少，全国农业企业500强中河南仅有18家，而排名第一的山东有86家，差距较大。农民合作社、家庭农场普遍存在规模小、带动能力弱等问题，与成熟市场主体相比，其标准化和品牌化建设不足，市场竞争力偏弱。全省拥有注册商标的合作社仅占5%，通过农产品质量认证的合作社仅占2%，与浙江省、江苏省差距较大。新型农业经营主体引领带动能力不足，除了自身发展不规范外，还存在外部配套不完善的问题，建设用地保障、金融支持、人才支持也存在不足。新型农业经营主体的质量不高，对乡村振兴和农民农村共同富裕的促进作用不足。二是新型农业经营主体规范化发展水平有待提升。如农民合作社财务管理薄弱，没有按交易量、作业量返还盈余。有的合作社只是把流转土地的承包户作为社员，承包户不参与分红，没有实现业务报告、信息共享。

4.城乡融合发展水平不高与农村改革发展滞后并存

一是河南县域内城乡融合水平不高，与县域经济"成高原"还存在一定的差距，破解发展不平衡不充分问题的最大难题依然在农村。全省城镇化率跃过50%大关后，城乡关系发生了深刻变化，但是农村底子薄弱、发展滞后，城乡差距依然较大，农村基础设施和公共服务历史欠账较多，城乡融合在公共设施和公共服务供给方面存在主体单一、总量不足、质量不高和配置不均衡等问题。二是要素双向流动不畅依然存在。由于农村改革瓶颈较多，以及农村各项配套不完备等情况，农村利用县城的技术、人才、信息等高端要素发展比较困难。三是城乡规划衔接依然不够，乡村规划存在缺位，全省行政村中仅有34.5%的村庄有了实用性村庄规划，乡村规划对乡村振兴和农民农村共同富裕的引领作用发挥不够。四是农业转移市民化水平和质量还有待提高。城乡二元户籍制度壁垒尚未彻底破除，部分地区农民因城乡属性调整及城中村改造等转为城镇户籍，但并未改变生产生活方式，仍不能享有城镇基本公共服务和办事便利。

二　2023年河南农业农村发展形势展望

党的二十大强调，要全面推进乡村振兴，坚持农业农村优先发展，巩固拓展脱贫攻坚成果，加快建设农业强国，扎实推动乡村产业、人才、文化、生态、组织振兴，全方位夯实粮食安全根基，牢牢守住18亿亩耕地红线，确保中国人的饭碗牢牢端在自己手中。在农业农村优先发展总方针下，强农惠农富农政策力度将不断加大，扎实推进乡村全面振兴和实现共同富裕将进入新的阶段。2023年，河南农业农村的发展在国内外多重因素的叠加影响下，处于政策红利叠加期、乡村产业高质量发展攻坚期、城乡融合的加速期和风险挑战的凸显期，全面推进乡村振兴战略和促进农民农村共同富裕面临一系列发展难题，但是也面临难得的政策利好和战略机遇，全省农业农村发展有更多的突破口，整体呈现持续向好的态势，为确保高质量建设现代化河南、高水平实现现代化河南奠定坚实基础。

（一）有利因素

1.政策的重磅释放激发"三农"发展新活力

农为邦本，本固邦宁。稳定农业基本盘，做好"三农"工作意义重大，党中央坚持把解决好"三农"问题作为全党工作重中之重。全面建设社会主义现代化国家，最艰难最繁重的任务依然在农村，最广泛最深厚的基础也在农村。党的二十大着眼百年变局和世纪疫情，着眼国家重大战略需要，再次明确"实现全体人民共同富裕"是中国特色社会主义的本质要求。党的二十大报告提出全面推进乡村振兴，坚持农业农村优先发展，巩固脱贫攻坚成果，加快建设农业强国，并着重强调了粮食安全的重要性。未来一段时间相关政策的不断出台和完善，必将为"三农"发展带来新的活力。

2.共同富裕持续推动农业农村深刻转型

党的十九届五中全会提出，到 2035 年"全体人民共同富裕取得更为明显的实质性进展"。2021 年 8 月 17 日召开的中央财经委员会第十次会议将共同富裕列入第二个百年奋斗目标的范畴。在 2022 年第五个"中国农民丰收节"到来之际，习近平总书记向全国广大农民和工作在"三农"战线上的同志们致以节日祝贺和诚挚慰问，强调扎实推进乡村振兴，推动实现农村更富裕、生活更幸福、乡村更美丽。党的二十大报告提出"扎实推进共同富裕"，作为实现共同富裕的重点难点，促进农民农村共同富裕需要持续推动农业农村深刻转型，在加强农村基础设施和公共服务体系建设的基础上，巩固拓展脱贫攻坚成果，持续改善农村人居环境，持续提升乡风文明，持续优化乡村治理，全面推进乡村振兴，加快农业农村现代化。

3.乡村振兴战略取得了阶段性重大成就

2022 年是实施《乡村振兴战略规划（2018—2022 年）》的收官之年，经过五年的奋斗，乡村振兴取得了阶段性重大成就。按照规划的发展目标，乡村振兴的制度框架和政策体系初步健全，乡村产业实现新发展、乡村生态展现新气象、乡村文化孕育新风貌、乡村治理开创新局面、农村民生跃上新水平，始终把确保国家粮食安全作为乡村振兴的首要任务，在推动城乡融合发展的同时促进共同富裕。五年的发展硕果累累，在推进乡村振兴方面探索了丰富的经验和模式，也为将来一段时间农业农村的发展打下了坚实的基础，2023年将在实践的基础上全面推进乡村振兴。

4."两个确保"基本盘作用更加显现

实施乡村振兴战略，既是实现"两个确保"的十大战略之一，又是筑牢"两个确保"基本盘的必由之路。2022年1月印发了《河南省"十四五"乡村振兴和农业农村现代化规划》，谋划"十四五"时期"三农"工作安排，按照省第十一次党代会决策部署，锚定"两个确保"，实施"十大战略"，提出"促进农业高质高效、乡村宜居宜业、农民富裕富足，推动乡村振兴走在全国前列，为确保高质量建设现代化河南、高水平实现现代化河南提供有力支撑"的要求。2022年2月，省委农村工作会议动员全省上下加快推进现代农业强省建设，牢牢坚持农业农村优先发展，大力实施乡村振兴战略，坚决稳住"三农"基本盘，推动农业稳产增产、农民稳步增收、农村稳定安宁，为"两个确保"提供有力支撑。在实现"两个确保"的过程中，应对国内外各种风险挑战，扎实推进乡村全面振兴，促进农民农村共同富裕，稳住"三农"基本盘的作用将更加凸显。

5.创新驱动促进农业农村发展方式转变

河南省委将实施创新驱动、科教兴省、人才强省作为"十大战略"之首，将创新摆在发展的逻辑起点和现代化建设的核心位置，释放出全省坚定以创新驱动发展的强烈信号。作为农业大省、粮食大省，河南在全面推进乡村振兴战略和促进农民农村共同富裕的道路上同样需要坚持科技创新驱动。实施创新驱动、科教兴省、人才强省战略，将进一步提升河南现代种业、农机装备等关键领域的发展水平；推动数字乡村建设，抓住数字经济发展机遇，突出数字化的引领、撬动、赋能作用，促进乡村产业的质量变革、效率变革和动力变革，将对河南农业农村发展产生深刻影响。

（二）不利因素

1. 国内外不稳定不确定因素增多

一段时间以来，俄乌冲突导致国际形势继续发生深刻变化，农产品国际贸易受到较大冲击。国际贸易争端持续，国际供应链也在发生深刻重组，这对我国粮食安全提出严峻挑战，河南保障国家粮食安全的重要性和紧迫性更加凸显。新冠肺炎疫情、极端气象灾害对农村劳动力转移就业、乡村旅游、农产品销售等产生一定的影响。返乡下乡人员创业创新是乡村社会发展新产业、新业态、新模式的补充，但是2022年4~8月，河南新增返乡入乡创业人数均低于上年同期水平（见图5），影响了乡村经济发展新动能的培育。

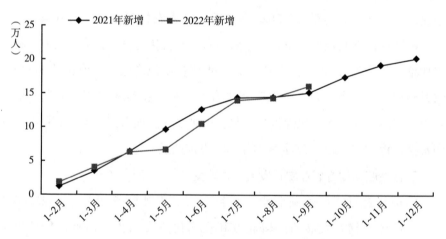

图5 2021~2022年河南新增返乡入乡创业人数

资料来源：《河南统计月报》。

2. 农民收入持续稳定增长难度大

经济形势下行及疫情等多重因素对全省农业发展造成一定影响。2022年1~9月，河南农村居民人均可支配收入为12747.39，同比增长6.3%，高于城镇居民人均可支配收入增速，但是与上年同期增速9.6%相比差距较大。同时，同期全国农村居民可支配收入为23277元，河南仅相当于全国的

54.76%，与全国平均水平相比差距有逐步扩大的趋势。从收入结构看，作为农民增收传统动能的经营性收入和工资性收入持续增长均面临一定调整。由于经济形势下行及疫情等，农民工资性收入增长受到一定程度的影响，经营性收入面临生产成本持续攀升、粮食生产比较效益较低的局面。2022 年全省小麦种植收益得到较大幅度的提高，主要得益于小麦亩产增加和小麦收购价格提高，但是生产成本整体涨幅也由上年的 1.11% 上升至 9.31%，特别是农资费用增加了 11.4%。财产性收入和转移性收入尽管在持续增长，但是难以发挥农民增收主渠道的作用。

3. 第一产业固定资产投资保持较低水平

全省第一产业固定资产投资（不含农户）增速自 2021 年 5 月由正转负之后，持续低迷下行，一直保持负增长状态。河南与全国第一产业固定资产投资（不含农户）相比，2021 年以来其增速一直低于全国水平。2022 年上半年，全省第一产业固定资产投资（不含农户）增速持续降低，且在 6 月出现最低值，为−13.0%，而同期全国平均水平为 4.0%（见图 6），全省第二、第三产业固定资产投资增速分别为 21.9%、6.4%，7 月全省第一产业固定资产投资（不含农户）增速出现上行，但仍为负。在全面推进乡村振兴战略和促进农民农村共同富裕的背景下，农业投资尤其是新项目、大项目投资状态的低迷，严重影响了农业农村现代化建设和乡村全面振兴。

4. 相关农村改革赋能亟待提速

近年来，全省各地在农村土地制度、农村集体产权制度改革等方面进行了大量卓有成效的探索，取得了一定的成绩，但是改革的力度、深度还不够。农村地区诸多的资产资源要素还没有真正被激活，农村资源变资产的渠道尚未打通，农村土地空闲、低效粗放利用和新产业新业态发展用地供给不足并存。农村人才缺乏，科技、经营等各类人才服务农业高质量发展的激励保障机制尚不健全。同时，与之配套的政策不够完善，对乡村产业兴旺、城乡要素自由流动、集体经济发展、农民持续增收等的支持不足，扎实推进乡村全面振兴的内生活力有待进一步激活。

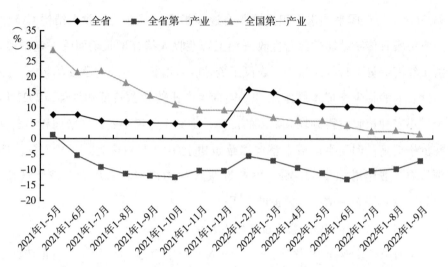

图6 2021至2022年9月全国第一产业、全省和全省第一产业固定资产投资（不含农户）增速变动情况

资料来源：国家统计局网站、《河南统计月报》。

（三）态势展望

1. 粮食产业高质量发展步伐加快

随着《中共河南省委 河南省人民政府关于牢记领袖嘱托扛稳粮食安全重任的意见》的贯彻落实，2023年河南将持续做好粮食这篇大文章，聚焦建设新时代粮食生产核心区，坚持"三链同构""四化方向""五优联动"，打造"六大中心"，进一步深入推进优质粮食工程，全链条推进粮食产业高质量发展，不断拓展产业广度和深度。按照《中共河南省委 河南省人民政府关于牢记领袖嘱托扛稳粮食安全重任的意见》相关要求，河南农业投资集团、河南种业集团有限公司、河南省储备粮管理集团有限公司加快筹建，"中原农谷"等示范园区加快建设，粮食产业进入全面求强的新阶段，河南由粮食资源大省向粮食产业强省转变的步伐进一步加快，发展成果将更多更好惠及民生。

2. 乡村五大振兴全面深入实施

2023年是《乡村振兴战略规划（2018—2022年）》实施收官后的新起

点，也是奋力实现河南"十四五"末乡村振兴走在全国前列目标的重要一年。乡村产业、人才、文化、生态、组织振兴五大行动计划以及《河南省"十四五"乡村振兴和农业农村现代化规划》等将深入实施，"一区两带三山"农业农村现代化发展布局加快构建，乡村产业体系进一步壮大，新型农业经营主体和专业化服务体系进一步发展，将促进农民更多地享受产业增值收益；农业农村人才培养力度继续加大，各类人才下乡返乡创业进一步激发农村发展活力；乡村文化资源与旅游等产业融合发展提速，农业农村生态环境不断改善，基层组织建设进一步加强和改进，将为确保高质量建设现代化河南、高水平实现现代化河南提供有力支撑。

3. 乡村建设和城乡融合持续推进

随着农业农村优先发展政策和《河南省乡村建设行动实施方案》深入实施，河南将锚定"走在前、开新局"，接续推进城乡基础设施一体化和基本公共服务均等化，2023年教育、医疗、养老等各项社会事业向农村延伸的幅度和力度继续增大。农村人居环境整治提升加快推进，数字乡村建设投资规模不断扩大，将助力河南乡村建设取得突破性进展。特别是在全省所有县（市）村庄分类和布局规划已全部编制完成的基础上，《河南省村庄规划编制和实施规定》的发布实施，将推动越来越多的村庄形成"多规合一"的实用性村庄规划编制成果，促进乡村规划提质增效。着眼于乡村振兴战略和新型城镇化战略协同推进，促进县镇村联动发展，强化县域统筹，加快畅通城乡要素流通渠道，以更奋进的姿态开启城乡协调发展、共同繁荣新征程。

4. 脱贫攻坚成果进一步巩固拓展

巩固拓展脱贫攻坚成果是乡村振兴的首要任务，而脱贫攻坚成果得以巩固的重要标志是脱贫人口持续增收。2023年，财政、金融等帮扶政策将进一步向乡村振兴重点帮扶县倾斜，积极应对新冠肺炎疫情和经济下行压力影响，持续开展防止返贫动态监测，紧抓产业和就业两个关键，强化产业帮扶和稳岗就业，多措并举促进脱贫群众增收，确保不发生规模性返贫和新的致贫，让脱贫攻坚成果更加巩固、与乡村振兴的衔接更加紧密，力争河南在巩固拓展脱贫攻坚成果上持续走在全国前列，为全面推进乡村振兴、促进农民农村共同富裕筑牢根基。

三 扎实推进乡村全面振兴、促进农民农村共同富裕的对策建议

立足新形势、新要求，要认真贯彻落实党的二十大精神，牢记嘱托、砥砺奋进，保持全面推进乡村振兴的定力和韧劲，促进农业高质高效、乡村宜居宜业、农民富裕富足，推动河南乡村振兴实现更大突破、走在全国前列，助推河南在服务构建新发展格局、推进高质量发展上有更大作为，在中部地区崛起中奋起争先、更加出彩，为实现农民农村共同富裕奠定坚实基础。

（一）加快推动粮食产业提质增效

紧紧抓住粮食生产这个优势和王牌，始终把保障国家粮食安全作为重大政治责任放在心上、扛在肩上、落在干上，多产粮、产好粮，从保数量、质量到强产业链、供应链，提高粮食产业质量效益和竞争力，在更高水平上保障粮食安全。

一是推进"藏粮于地、藏粮于技"，稳步提升粮食产能。严格落实粮食安全党政同责要求，强化耕地"三位一体"保护，坚决制止"非农化"、防止"非粮化"，确保"农田姓农、良田种粮"。扎实推进高标准农田建设和管理，坚持新建与提升并重，建成一批集中连片、旱涝保收、节水高效、稳产高产、技术集成、生态友好的高标准农田示范区。加强种业和农机装备科研攻关，提升增产的潜力和空间。完善粮食生产全程社会化服务体系，降低农民种田成本，加大奖补和扶持力度，充分调动基层政府抓粮和农民种粮的积极性。

二是加快"三链同构"，推动粮食产业"强筋壮骨"。通过延链补链强链打造一批链条完备、效益突出的粮食全产业链，推动良种繁育、粮食种植、收购仓储、粮食加工、主食生产、销售物流等环节有机衔接、协同联

动、集聚发展，着力培育一批"链主"企业、产业化联合体，构建从原粮到成品、产区到销区、田间到餐桌的大粮食、大产业格局。完善粮食储运体系，推动河南省粮食储备局管理集团加快筹建和挂牌经营，形成既能产得出，又能调得快、供得上的高效供应链。加速粮食产业质量变革、效率变革、动力变革，推动价值链向中高端迈进，稀释粮食比较收益低的弱质性。

三是深入推进优质粮食工程，守护"舌尖上的安全"。改造提升现有仓储资源，提高绿色、科学储粮水平，加强智能化、精细化管理。推进"优粮优价优购"，优化粮食供给结构。加快"河南好粮油"品牌建设，完善覆盖省、市、县三级的粮食安全质量监测网络，尽快实现粮食质量安全全程可追溯。实施"数字豫粮"，扎实做好粮食应急保供，加强粮食流通监管。树牢节约意识，推进全社会全过程节粮减损。

（二）提升乡村产业联农带农能力

乡村产业是立农、为农、兴农的产业，最重要的特征是联农带农，要把带动农民就业增收作为乡村产业发展的基本导向，进一步巩固拓展脱贫攻坚成果与乡村振兴有效衔接。

一是加快发展优势特色产业，拓展产业增值增收空间。以优质小麦、优质花生、优质草畜、优质林果等十大优势特色农业为重点，夯实"接二连三"的产业基础，大力发展农产品精深加工和乡村现代服务业，引导特色种养殖业与休闲旅游、农事体验、科普教育、电子商务等融合，拓展多功能、培育新业态，把有发展意愿和能力的农户纳入产业发展之中，增加农民跨界增收、跨域获利渠道。积极打造优质农产品基地、优势特色产业集群、现代农业产业园和农业产业强镇，大力发展县域富民产业和商业体系，把产业链主体留在县域，建设联农带农富农样板区，把更多的就业机会和产业增值收益留给农民。

二是推动新型农业经营主体高质量发展，完善利益分享机制。不断提升新型农业经营主体规范化运营和管理水平，推动家庭农场、农民专业合作社由数量增长向量质并举转变，扶持壮大农业龙头骨干企业。以订单带动、产品包销、保护价收购、托养托管等形式，形成新型农业经营主体与农业龙头骨干企业在产业链上优势互补、分工合作的格局，建立紧密可靠的利益联结机制和收益分享机制，实现农业增效、农户增收、企业增利。

三是创新联农带农模式，确保带得动、带得稳、带得久。创新推广统一服务带动标准化经营模式、股份合作共享发展成果模式、村企协同带动模式、创业带动就业模式等联农带农模式，支持脱贫地区就业帮扶车间升级发展，鼓励引导农户发展特色种养殖、特色手工等高质量庭院经济，尽可能让更多的农民群众参与进来，成为创业者、从业者，防止返贫致贫。将强化带动效益与提升带动能力相结合，科学确定带动方式和受益程度，力争应带尽带、带得稳、带得久。①

（三）积极扩大农业固定资产投资

针对当前全省第一产业固定资产投资增速不振的实际，多措并举，持续盘活存量、引入增量、做大总量、提高质量，积极扩大农业有效投资和政策效应。

一是强化项目推动，不断增强农业农村发展后劲。将项目作为抓投资、强动能的重中之重，把立足当下和着眼长远结合起来，加快筹建省农业投资集团，充实完善乡村振兴项目库，提前谋划储备一批强基固本的重大项目，全力争取政策出台和项目立项。加强农业农村基础设施和防灾减灾设施建设，加快推进高标准农田建设、现代种业提升、农业面源污染治理、农产品产地冷藏保鲜设施建设、数字农业农村建设等重大工程项目。

二是加强要素保障，持续拓宽农业农村投资渠道。综合采取直接投资、投资补助、财政贴息、以奖代补、先建后补等多种方式，充分发挥财政支农资金引导和放大效应。加快发展农业全产业链金融，支持金融机构创新支农产品和服务，推进信贷直通车常态化服务，扩大农业信贷担保服务规模。用

---

① 《国家乡村振兴局关于进一步健全完善帮扶项目联农带农机制的指导意见》，国家乡村振兴局网站，2022年9月30日，http://nrra.gov.cn/art/2022/9/30/art_50_196922.html。

好用足地方政府债券资金，适度提高土地出让金用于农业农村的比例。落实县、乡级国土空间规划和省级土地利用年度计划中一定比例建设用地指标用于保障乡村重点产业和项目用地，创新点状供地保障新产业新业态发展。

三是引入社会资源，鼓励社会力量参与乡村建设。巩固和推广"万企帮万村"成果、模式和经验，鼓励和支持企业等各类社会力量独自或以联合体、PPP方式投资乡村建设，通过项目引领产业发展、订单回收、土地流转、产品销售、劳动就业、消费帮扶、公益服务等多种形式，结好"对子"，选对"路子"，推动资源共享、发展共进、经济共荣，使其愿意去、留得下、发展好、退得出。持续优化乡村营商环境，切实减轻涉农企业负担，有效保护各类投资主体合法权益，稳定投资信心，激发投资活力，推动乡村创新要素集聚，促进乡村创新创业。

（四）发展壮大农村新型集体经济

进一步深化改革、创新机制、增强实力，促进农村集体经济转型升级，在发展壮大新型农村集体经济中促进农民农村共同富裕。

一是巩固提升改革成效，盘活集体资源资产。深化农村集体产权制度改革，用好改革成果，通过多种形式盘活用好集体资产。整合和开发利用村集体土地、"四荒"地、水面等资源，结合国土整治、农业综合开发等，创办高效农业、设施农业、生态农业等集体经济实体。引导各村用好用活农村宅基地"三权分置"改革政策，开展旧村改造、城乡建设用地增减挂钩、异地搬迁等，盘活存量集体建设用地。鼓励村集体对闲置或低效使用的村级集体资产以及闲置农房进行整合，采取承包、租赁、参股分红等方式，统一开发利用，提高使用效益。

二是因地制宜探索发展路径，推动可持续发展。立足村庄区位、资源、特色产业等实际，发挥优势、因村施策，宜农则农、宜工则工、宜商则商、宜游则游，积极探索村级集体经济多种实现形式。除了借鉴现有比较成熟的独立经营、"飞地"经济、物业租赁、社会化服务、农旅融合等发展模式，还要打破之前的种种限制，支持有条件的村集体牵头开展经营性项目，鼓励乡村能人领办农村新型集体经济，创新联村联组"抱团发展"模式，促进集体经济与县域经济协同发展，深度整合乡村要素资源，不断提升新型农村集体经济的可持续发展能力。

三是强化监督管理，为集体经济发展"护航"。全面规范完善集体资产监督管理机制，制定村集体资产保值增值管理办法，明晰集体资产范围和内容，堵塞资金管理和收益分配漏洞。对各类市场主体返乡下乡流转土地、参与村集体经济发展的资格和行为进行审查，防止以推动村集体经济发展的名义侵吞集体资产。加强县、乡、村三级监督，形成监督合力，助推村集体经济项目公开透明，严格控制村级非生产性开支，确保村民利益不受损、集体资产不流失、干部用权不走样。

（五）加强科技创新助力乡村振兴

积极探索以科技创新驱动乡村全面振兴，助力河南"三农"工作开新局、抢新机、出新绩，提升农业农村现代化水平，增强乡村振兴发展内生动力。

一是强化农业科技攻关和创新集成，加快成果推广应用。加大农业领域基础研究支持力度，加快建设国家生物育种产业创新中心、神农种业实验室、"中原农谷"等平台载体，聚焦关键核心技术攻关，打造种业创新高地。推动产学研、农科教紧密结合，支持企业、科研院所、科技园区围绕农产品与现代食品加工、农机装备、智慧农业、绿色生产技术等开展联合攻关和协同创新。发挥科技特派员纽带作用，引导各类科技创新主体参与乡村振兴，打通农技推广"最后一公里"，把实用的现代农业技术融入田间、沉在地头，创新"互联网+农技推广"服务模式，扩大技术辐射面。

二是加强科技人才队伍建设，更好支撑农业科技自立自强。坚持引育并举，打造农业科技领域高层次领军人才和一流创新团队。加强农业科技推广人才队伍建设，加大基层农技人员的培养力度，引导各类人才参与农村科技创业，提升基层一线科技服务能力。培育一批高素质、能创新、专业化的技能人才，高质量推进农业农村领域"人人持证、技能河南"建设。制定完善相关政策措施，确保农业科技队伍建设出人才、引得来、用得上、留得住，聚焦产业、躬耕乡野、施才展智，为乡村振兴提供强有力的智力支撑。

三是推动农业农村数字化转型，激活乡村全面振兴新动能。推进水利、气象、电力、交通、农业生产和物流等乡村传统基础设施数字化、智能化改造升级，为农业生产经营和农村居民生活提供更为便利的条件。加快农业农村大数据平台和数字农业示范基地建设，运用物联网、云计算、人工智能等先进信息技术为农业发展提供精准化生产、可视化管理和智能化决策，促进数字技术与乡村实体经济深度融合，全方位推动乡村产业数字化转型，推动数字经济赋能农村共同富裕稳健前行。

（六）加快宜居宜业和美乡村建设

以实施乡村建设行动为抓手，持续开展农村人居环境提升行动，加快推进城乡基本公共设施一体化和服务均等化，提升乡村生态宜居水平，让农民群众生活更有品质、更加美好。

一是抓好乡村规划编制，确保乡村建设品位和质量。遵循城乡发展建设规律，科学把握全省乡村的差异性、多样性，因地制宜防止千村一面，注重保护传统，防止大拆大建，突出群众主体，防止包办代替，高标准、高起点、高水平编制好乡村规划，有序推进村庄规划应编尽编，做到一村庄一规划、无规划不建设，切实保护农业生产空间和乡村生态空间，合理确定农村产业发展用地空间，真正做到发展有遵循、建设有抓手、振兴有蓝图。

二是完善公共基础设施和服务体系，促进城乡融合。继续推进农村交通运输、农村饮水、乡村物流、宽带网络等基础设施建设和文化、娱乐等公共服务设施建设。聚焦"一老一小一青壮"，着力解决乡亲们的急难愁盼问题，持续推进普惠性、基础性、兜底性民生建设，促进城镇公共服务向农村覆盖，提高教育、医疗、养老、公共文化、社会保障水平，不断增强农村基本公共服务的可及性、便利性。全面深入推进城乡综合配套改革，促进生产要素在城乡间的自由流动和均衡配置。

三是深化人居环境整治，实现农村净起来、绿起来。找准人居环境的

"堵点"，突出抓好农村生活垃圾处理和污水处理、农业生产废弃物资源化利用、村容村貌整治等，进一步健全完善工作推进、资金投入、群众参与、督察考评等长效机制，打造具有河南特色的农村人居环境整治样本，提升乡村"颜值"。把人居环境治理写入村规民约，引导形成绿色生活方式，助推乡风文明，营造良好的农村人居环境和发展环境。

参考文献

杜志雄：《共同富裕思想索源及农民农村实现共同富裕的路径研究》，《经济纵横》2022 年第 9 期。

姜长云：《以共同富裕为导向推动乡村产业振兴》，《中国乡村发现》2022 年第 1 期。

陈锡文：《充分发挥农村集体经济组织在共同富裕中的作用》，《农业经济问题》2022 年第 5 期。

黄季焜：《加快农村经济转型，促进农民增收和实现共同富裕》，《农业经济问题》2022 年第 7 期。

刘明月、汪三贵：《以乡村振兴促进共同富裕：破解难点与实现路径》，《贵州社会科学》2022 年第 1 期。

燕连福、郭世平、牛刚刚：《新时代乡村振兴与共同富裕的内在逻辑》，《西北农林科技大学学报》（社会科学版）2022 年第 5 期。

徐向海：《扎实推进农民农村共同富裕》，《经济日报》2022 年 6 月 8 日。

产 业 发 展

Industrial Development

B.2
河南农业农村发展十年成就及展望

黄 成　杨广玉*

摘　要： 从 2012 年到 2022 年这十年，是中国特色社会主义进入新时代的十年，也是河南"三农"发展历史上具有里程碑意义的十年。十年来，河南在新思想新理论新战略指引下，坚决扛稳粮食安全重任，启动实施乡村振兴战略，在中原大地打赢了脱贫攻坚战，历史性地解决了绝对贫困问题，农村地区同步实现了小康社会目标，农业农村现代化加快推进，不断巩固提升了河南作为全国重要农业大省、粮食大省、畜牧大省、农产品加工大省的优势地位，充分发挥了"三农"开新局、应变局、稳大局的"压舱石"作用。当前河南"三农"发展面临的挑战和机遇并存，应深入实施乡村振兴战略，坚持农业现代化与农村现代化一体设计、一并推进，加快推进农业农村高质量发展，促进农民农村共同富裕。

---

* 黄成，河南省委农办秘书处副处长；杨广玉，河南省农业农村厅农田建设管理处一级主任科员。

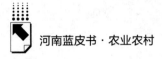
关键词： 农业农村　乡村振兴　河南

一　河南农业农村十年发展成就

（一）粮食综合产能持续巩固

十年来，河南始终胸怀粮食安全这个"国之大者"，坚持把保障粮食安全作为乡村振兴的首要任务，加快建设新时代全国重要的粮食生产核心区，让中原大地成为举世瞩目的"国人粮仓"，让中国人的饭碗装上了更多的中原粮食。一是粮食产量不断提高。十年来，全省粮食总产从2012年的1179.68亿斤增加到2022年的1357.87亿斤、增长15.1%，先后于2013年、2017年迈上1200亿斤、1300亿斤两个百亿斤台阶，连续6年稳定在1300亿斤以上。河南用全国1/16的耕地，生产了全国1/10的粮食、1/4的小麦，不仅解决了自身约1亿人的吃饭问题，每年还调出原粮及其制成品600亿斤左右，为保障国家粮食安全做出了重要贡献。二是粮食面积保持稳定。全省耕地面积稳定在1.12亿亩以上，基本农田稳定在1.02亿亩以上，粮食播种面积稳定在1.6亿亩以上，其中，小麦面积常年稳定在8500万亩以上，稳居全国第一。率先在全国开展大规模高标准农田建设，累计建成高标准农田7580万亩，同步发展高效节水灌溉面积2426万亩，打造高标准农田"升级版"，把更多"望天田"变成了"高产田"。三是科技支撑持续加强。聚焦种业科技自立自强，规划建设"中原农谷"，积极推进国家生物育种产业创新中心、国家农机装备创新中心、河南周口国家农业高新技术产业示范区建设，省委、省政府出台《关于加快建设现代种业强省的若干意见》，设立现代种业基金，整合组建种业集团，挂牌成立神农种业实验室，开工建设河南省农作物种质资源保护利用中心，打造国家农业创新高地。2021年全省农业科技进步贡献率达64.1%，高于全国平均水平2.6个百分点，主要农作物良种覆盖率超过97%，耕种收综合机械化率达86.3%。

（二）农业发展质量逐步提高

十年来，河南深入推进农业供给侧结构性改革，推动农业产业链、价值链、供应链"三链"耦合，高效种养业和绿色食品业加快转型升级，农村一二三产业加速融合发展。一是重要农产品实现有效供给。以优质小麦、优质花生、优质草畜、优质林果、优质蔬菜等十大优势特色农产品为重点，调整结构、优化品种、提升品质，不断提高农业质量效益和竞争力，优势特色农业产值占比达 57.7%。2021 年蔬菜产量达到 7428.99 万吨，食用菌产量达到 178.16 万吨，瓜果产量达到 1459.49 万吨，稳居全国前列。2021 年全省猪牛羊禽肉产量达到 641.17 万吨，居全国第 3 位。2021 年末全省生猪存栏 4392.29 万头，其中能繁母猪 404.62 万头，2021 年生猪出栏 5802.77 万头，分别居全国第 1 位、第 2 位和第 3 位；外调生猪及猪肉折合生猪 2758 万头，外调量居全国第 1 位。2021 年全省禽蛋产量 446.42 万吨，是 2012 年的 1.2 倍，居全国第 2 位。牛奶产量达到 212.15 万吨，居全国第 6 位。二是绿色食品业加快转型升级。围绕面、肉、油、乳、果蔬五大产业，开展企业升级、延链增值、绿色发展、质量标准、品牌培育五大行动，以农产品加工业为主的食品加工成为万亿级产业和全省第一支柱产业，生产了全国 1/3 的方便面、1/4 的馒头、3/5 的汤圆、7/10 的水饺，成为名副其实的"国人厨房"。推进品种培优、品质提升、品牌打造和标准化生产，培育出双汇、牧原、三全、思念、白象、想念等一大批全国知名品牌，创建 25 个国字号、821 个省级农业品牌。三是农业全产业链加快构建。以十大优势主导产业为重点，推进全产业链发展，创建双汇全国肉制品全产业链重点链和延津优质小麦、泌阳夏南牛、信阳浉河茶叶 3 个全产业链典型县。构建了 10 个国家级、100 个省级、274 个市级、278 个县级现代农业产业园体系，创建了 6 个国家级优势特色产业集群、80 个国家级农业产业强镇、4 个首批全国农业现代化示范区。

（三）乡村发展动能加快释放

十年来，河南坚持把深化农村改革作为乡村振兴的重要法宝，推动

"三农"重要领域和关键环节改革发展取得了突破性进展，不断激发乡村振兴的动能和活力。一是农村土地制度改革稳步推进。坚持巩固和完善农村基本经营制度，顺利完成农村承包地确权登记颁证，全省完成确权到户面积10874万亩，土地承包经营权证书基本实现应发尽发。济源示范区成功获批全国第二轮土地承包到期后再延长30年试点。深化承包地"三权分置"改革，放活土地经营权，发展多种形式适度规模经营，全省适度规模经营耕地面积占家庭承包耕地面积的比重达69.3%。二是农村集体产权制度改革基本完成。制定支持新型农村集体经济发展的意见，研究农村集体经济组织收益分配等办法，赋予农民更多财产权益。基本完成农村集体产权制度改革，村级新型集体经济组织发展到4.9万个，有集体经营收益村占比78.5%。三是农村宅基地改革稳慎推进。建立完善河南省农村宅基地和村民自建住房管理办法。巩义、孟津、宝丰、长垣、新县5个县（市）获批开展深化农村宅基地制度改革试点，探索宅基地所有权、资格权、使用权分置有效实现形式，适度放活宅基地使用权。探索盘活利用闲置宅基地和闲置农房，全省宅基地盘活利用85840宗16361.3万平方米。四是新型农业经营主体蓬勃发展。开展农民合作社质量提升整县推进试点，实行家庭农场纳入农业农村部门名录管理，农民合作社发展到19.8万家，家庭农场发展到26.2万家，农业社会化服务组织发展到12.5万家。全省1575.9万户小农户已经纳入社会化服务，生产社会化服务总面积达到1.86亿亩次。

（四）乡村基本面貌明显改善

十年来，河南坚持把乡村建设作为实施乡村振兴战略的重要任务，推动农村基础设施和公共服务更加完善，广阔的中原乡村更加宜居宜业宜游。一是乡村基础设施建设扎实推进。全省农村公路总里程达23.3万公里，88%的乡镇通二级及以上公路，98%的乡镇通三级及以上公路，20户以上自然村通硬化路率达到100%，建制村通客车率达到100%。创建国家、省"四好农村路"示范市3个、示范县71个。全省农村集中供水率达93%，自来水普及率达91%。全省可再生能源装机达4395万千瓦，地热供暖累计达

1.2亿平方米，农村天然气用户370万户。全省乡镇、农村热点区域实现5G网络全覆盖，农业物联网连接终端达18.9万个。推进30个数字乡村示范县和67个农村数字化应用项目，让农民享受到更多数字红利。建成农产品产地冷藏保鲜设施1700余个，实现快递服务到村全覆盖。全省广播、电视综合人口覆盖率分别达99.7%、99.6%，IPTV交互式网络电视用户达到1923.7万户，居全国第5位。二是乡村公共服务能力不断提升。农村九年义务教育巩固率达96.1%，全省行政村和社区综合性文化服务中心实现全覆盖，注册乡村文化合作社4957家，省、市、县三级"文化豫约"公共文化服务平台实现互联互通。全省组建179个医共体，2211所乡镇卫生院和社区卫生服务中心达到服务能力基本标准，占比87.5%，公有产权村卫生室比例达70%以上。全省共有乡村医生10.5万人，具有执业医师以上资格乡村医生3.6万人，占比达34.6%。城乡居民基本养老保险参保人数5286.7万人，参保率达99%以上，214.6万残疾人享受"两项补贴"。三是农村人居环境明显改善。全省85%以上的县（市、区）建成全域一体市场化保洁机制，生活垃圾收运处置体系覆盖所有行政村。完成无害化卫生厕所改造826.8万户，无害化卫生厕所普及率达65.9%。全省农村生活污水治理率达33%，乡镇政府所在地村庄生活污水集中处理覆盖率达72%。全省共创建"美丽小镇"500个、"四美乡村"9200个、"五美庭院"183万个，涌现出信阳郝堂村、焦作莫沟村、三门峡北营村、安阳庙荒村、鹤壁桑园村等一批美丽宜居乡村，太行山区、伏牛山区、大别山区等建成一批乡村文化旅游民宿集中连片示范带。四是乡村治理体系不断完善。开展"五星"支部创建活动，新创评省、市、县三级基层党建示范村5200个。完善农村治理体系，98%的村制定村民自治章程，95%的村修订完善村规民约，99%的村建立民主理财、财务审计、村务管理等制度。开展"零上访、零事故、零案件"单位（村、社区）创建，全省平安乡镇（街道）、村（社区）占比动态保持在80%以上。建成新时代文明实践中心154个、实践所2221个、实践站32734个，50%以上的乡镇和村达到县级以上文明村镇标准，平安乡镇村数量保持在80%以上。

（五）农民生活水平不断提升

十年来，河南坚持走共同富裕道路，始终把促进农民增收作为乡村振兴的中心任务，多措并举增加农民收入，不断改善农村生产生活条件，广大农民群众获得感幸福感安全感不断提升。一是胜利打赢脱贫攻坚战。全省718.6万农村贫困人口全部脱贫，9536个贫困村全部出列，53个贫困县全部摘帽。严格落实"四个不摘"的要求，健全防止返贫动态监测和帮扶机制，做好受灾群众帮扶救助，守住了不发生规模性返贫的底线。二是农民收入水平持续提高。2021年河南农村居民人均可支配收入17533元，较十年前增长9570元，累计增长120.2%，年均增长9.2%。全省农村居民人均可支配收入年均增速9.2%，比城镇居民人均可支配收入年均增速高出2个百分点；城乡居民收入比值由十年前的2.49缩小至2021年的2.12，下降0.37。农村居民收入结构不断优化，农村居民人均工资性收入由2012年的2346元增长至2021年的6695元，年均增长12.4%；经营净收入由2012年的3583元增长至2021年的5605元，年均增长5.1%；财产净收入由2012年的105元增长至2021年的253元，年均增长10.3%；转移净收入由2012年的1929元增长至2021年的4980元，年均增长11.1%。三是农民消费水平持续提升。2021年河南农村居民人均生活消费支出14073元，较2012年的5685.8元提高了8387.4元，累计增长147.5%，年均增长10.6%，居民消费能力全面提升。农村居民消费结构不断优化，蔬菜、肉、禽、水产品、蛋、奶的消费量快速增长，农村居民人均蔬菜消费量由2012年的70.5公斤增长到2021年的95.8公斤；人均肉禽类消费量由2012年的10.9公斤增长到2021年的32.1公斤，蛋类人均消费由2012年的9.1公斤增长到2021年的20.1公斤。农村居民家庭购买的耐用品数量快速增长，消费呈现加速升级换代趋势。2012~2021年，河南农村居民平均每百户汽车拥有量由5.1辆增加到39.3辆，平均每百户空调拥有量由37.3台增加到135.1台，平均每百户热水器拥有量由32.4台增加到83.7台，每百户电冰箱拥有量由66.9台增加到101.0台。

二 河南农业农村发展面临的挑战和机遇

（一）面临的挑战

一是粮食生产基础仍不牢固。资源刚性约束趋紧。河南人多地少，人均耕地仅有 1.1 亩，占全国平均水平的 4/5，靠扩大粮食面积增加产量基本没有空间。河南属于北方地区严重缺水的省份之一，水资源总量仅为全国的 1.42%，人均水资源量不及全国平均水平的 1/5，供需矛盾日益尖锐。科技装备水平不高。全省 80% 的种业企业没有创新能力，没有一家企业进入全国农作物种业综合排名 10 强，高层次育种人才短缺，生物育种技术研究应用水平亟待提升。防灾减灾能力不足。已建成的高标准农田建设标准低，农田防洪排涝应急动员和保障不足。

二是现代农业产业发展还不够强。产业链条较短，全省农产品加工转化率为 70%，低于发达国家 15 个百分点；农产品精深加工仅占 20% 左右。特别是在粮食、油脂、奶制品加工上河南知名品牌少。配套服务业发展较慢，呈现第二产业与第一产业结构不协调、第三产业比重偏低现象。农业经营主体弱，全省 2019~2021 年营业收入超百亿元的农产品生产企业仅双汇、牧原 2 家，龙头企业示范带动作用不足。农民合作社和家庭农场整体经济实力、带动能力和可持续发展能力不够强。农业综合效益低，2021 年全省农民收入在全国排第 21 位，比全国平均水平低 1398 元，其中经营性收入低 961 元。

三是乡村基础建设依然薄弱。乡村建设规划编制任务重，全省还有近 2.7 万个村庄未完成规划编制，已完成的规划很多质量不高、操作性不强，不符合乡村发展实际。农村基础设施短板突出，农村道路建设标准不高，供水保障能力仍需提升，通信网络、冷链物流等基础设施还不配套。生活污水处理率比较低，农村户厕改造任务重，群众生活习惯转变有个过程。公共服务水平不高，农村基础教育资源分布不平衡、不充分，基层医疗体系建设任务重，区域性养老中心覆盖面不足，社会救助水平偏低。乡村自治、法治、德治、数治融合水平不高，移风易俗、精神文明建设还有待提升，薄养厚葬、高价彩礼等陋习还不同程度存在。

（二）面临的机遇

一是党中央对河南"三农"工作高度重视寄予厚望。2012年以来，习近平总书记先后5次到河南考察调研、参加全国"两会"河南代表团审议，显示了对河南的重视和厚望。2019年3月8日，习近平总书记在参加全国"两会"河南代表团审议时，对河南实施乡村振兴战略、做好"三农"工作提出了"6个要"的明确要求，要求河南扛稳粮食安全这个重任，推进农业供给侧结构性改革，树牢绿色发展理念，补齐农村基础设施这个短板，夯实乡村治理这个根基，用好深化改革这个法宝。[①] 2019年9月，习近平总书记到河南视察，在信阳大别山革命老区提出"要把革命老区建设得更好，让老区人民过上更好生活"的殷殷嘱托，并再次嘱托河南要扎实实施乡村振兴战略，在乡村振兴中实现农业强省目标。[②] 2021年5月，习近平总书记再次来河南视察，指出要坚持农业科技自立自强，从培育好种子做起，加强良种技术攻关，靠中国种子来保障中国粮食安全。这一系列重要指示，充分体现了以习近平同志为核心的党中央对河南"三农"工作的关心重视，为新时代河南推进乡村振兴指明了方向、注入了强劲动能。[③]

二是构建新发展格局为河南实施乡村振兴提供难得机遇。在外部挑战日益增多的情况下，构建以国内大循环为主体、国内国际双循环相互促进的新发展格局，在扩大内需上农村有巨大空间。一方面是巨大的投资空间。河南农村常住人口还有5000多万人，是全国农村常住人口最多的省份。在构建

---

① 《习近平参加河南代表团审议》，中国政协网，2019年3月9日，http://www.cppcc.gov.cn/zxww/2019/03/09/ARTI1552090824758240.shtml。

② 《习近平在河南考察时强调 坚定信心埋头苦干奋勇争先 谱写新时代中原更加出彩的绚丽篇章》，新华网，2019年9月18日，http://www.xinhuanet.com/politics/leaders/2019-09/18/c_1125011847.htm。

③ 《谱写新时代中原更加出彩的绚丽篇章（沿着总书记的足迹·河南篇）》，《人民日报》2022年6月11日。

新发展格局的大背景下，全省几千万农民同步迈向全面现代化，将释放出巨大的投资需求。特别是随着乡村建设行动的实施，城乡基础设施一体化和公共服务均等化方面还有较大的改善空间，将有大量的财政、金融等政策支持和资金投入，是河南迈向高质量发展的最大投资空间所在。另一方面是巨大的消费空间。目前我国人均国内生产总值已突破1万美元，14亿人口中有近一半的中等收入群体处于消费优化升级的阶段，是全球最大最有潜力的消费市场。体现在农业方面，人们对优质、绿色、安全农产品的需求大幅度增加，为河南调整农业结构，发展高效农业、特色农业带来难得的市场机遇。

三是重大国家战略叠加为河南实施乡村振兴提供广阔平台。近年来，河南进入国家战略机遇交汇期。2021年中共中央、国务院印发《黄河流域生态保护和高质量发展规划纲要》，黄河流域生态保护和高质量发展上升为国家战略，为河南推进新时代治黄事业，推动黄河滩区整治改造，推动沿黄地区转型发展，增强沿黄人民群众幸福感安全感获得感带来重大战略机遇。2021年4月中共中央、国务院出台《关于新时代推动中部地区高质量发展的意见》，提出要增强城乡区域发展协调性，全面推进乡村振兴，推动中部地区加快崛起，为河南实施乡村振兴提供了发展机遇。同时，郑州市被国务院确定为国家中心城市，支持建设郑州航空港经济综合实验区、中国（河南）自由贸易试验区、郑洛新国家自主创新示范区和中原城市群，构建支撑河南未来发展的改革开放创新引擎，打造带动区域协调发展的新增长极。这些叠加的国家战略，对河南加快新型工业化、信息化、城镇化、农业现代化"四化"协调联动，发挥承东启西、连南贯北这个优势，实现河南农产品"买全球""卖全球"具有巨大的推动作用。

四是河南省委、省政府为实施乡村振兴战略构建了完善的政策体系和实施路径。河南省第十一次党代会提出，要始终把解决好"三农"问题作为重中之重，将实施乡村振兴战略列入"十大战略"之一进行重点安排部署，明确了加快建设现代农业强省、乡村振兴走在全国前列的目标，扛稳粮食安全重任、推进农业高质量发展、巩固拓展脱贫攻坚成果、有力有序推进乡村建设、增强农村发展活力五项重点任务，为新征程全省农业农村改革发展明确了重点、指明了方向，将有力推进农业农村现代化进程。河南省政府发布《河南省"十四五"乡村振兴和农业农村现代化规划》，确定了 9 项重点任务，部署了 62 项重大工程和相关的重大项目、重大载体、重大平台，确定了新时期河南农业农村发展的路线图、施工表。

三　河南推进乡村全面振兴的对策建议

党的二十大报告专门提出，要全面推进乡村振兴，坚持农业农村优先发展，加快建设农业强国。党的二十大闭幕后，习近平总书记第一次外出考察，深入陕西延安和河南安阳考察时强调，全面推进乡村振兴，为实现农业农村现代化而不懈奋斗，充分体现了对广大农民的关心厚爱、对农村发展的深切关怀。作为农业大省，河南要把全面推进乡村振兴摆在更加突出的位置来抓，因地制宜、久久为功，为实现农业农村现代化不懈奋斗。①

（一）在扛稳粮食安全重任上展现新担当

一是实施"两藏"战略。坚持实施"藏粮于地"战略。采取"长牙齿"的硬措施，确保全省耕地保有量和永久基本农田保护面积稳定在国家下达的目标任务之上。严格耕地用途管制，坚决遏制耕地"非农化"、防止耕地"非粮化"。持续推进高标准农田建设，着力提高建设标准，增强农业防灾减灾能力。坚持实施"藏粮于技"战略。抓住种子这个关键，持续实施现代种业振兴行动，加快建设国家生物育种产业创新中心，推动神农种业实验室成为国家种业实验室的重要组成部分。围绕农业生产的关键核心技术开展联合攻坚，加快推进"中原农谷"、周口国家农高区建设，打造全国农业科技创新高地。二是落实两个责任。落实粮食安全党政同责。落实《地方党委和政府领导班子及其成员粮食安全责任制规定》，制定实施方案和具

① 《为实现第二个百年奋斗目标不懈奋斗——习近平总书记在陕西延安和河南安阳考察时的重要讲话引发广大干部群众强烈反响》，央广网，2022 年 10 月 29 日，http：//tv.cctv.com/2022/10/29/VIDEf7p8aKbuchoq9FMt09Gj221029.shtml。

体考核办法，确保党政同责落到实处。落实耕地保护党政同责。按照耕地和永久基本农田、生态保护红线、城镇开发边界的顺序，统筹划定落实三条控制线，把耕地保有量和永久基本农田保护目标任务足额带位置逐级分解下达，省级和地方签订耕地保护目标责任书，作为刚性指标实行严格考核、一票否决、终身追责。三是调动两个积极性。着力调动农民种粮积极性。落实好各项强农惠农富农政策，合理保障农民种粮收益，让农民种粮无后顾之忧。严格执行小麦和稻谷最低价收购政策，稳定农民种粮收入预期。推进小麦、玉米、水稻三大主粮作物完全成本保险全覆盖，开展花生"保险+期货"试点。着力调动产粮大县抓粮积极性。加大对产粮大县的支持力度，完善转移支付、奖励补助政策，把乡村振兴的项目资金向产粮大县倾斜，在产粮大县布局更多农产品加工业项目。探索建立产粮大县的利益补偿机制，让产粮大县产粮不吃亏，逐步赶上全省县域经济社会发展平均水平。

（二）在发展壮大乡村产业上取得新成效

一是大力发展优势特色农业。加快建设优质小麦、花生、草畜、林果、蔬菜、花木、茶叶、食用菌、中药材、水产品等十大优势特色农产品生产基地，创建一批国家级、省级特色农产品优势区。突出抓好肉牛、奶牛"两牛"产业发展，振兴奶业和中药材产业。二是大力发展农产品精深加工业。坚持"三链同构"，实施"五十百"工程，培育面制品、肉制品、油脂制品、乳制品、果蔬制品五大产业集群，构建小麦、玉米、花生、猪、牛、羊、禽、果蔬菌茶、中药材、渔业十大优势特色产业链，以国家级农业产业化龙头企业为重点培育一百家"链主"企业，建设具有世界影响力的万亿级现代食品集群，实现一群多链、聚链成群。三是加快推动三产融合。拓展农业多种功能，完善国家、省、市、县四级现代农业产业园体系，建设农业产业强镇，打造"一县一业""一镇一特""一村一品"。挖掘乡村多元价值，培育"互联网+""旅游+""生态+"等农业新产业新业态，促进农业与旅游、文化、康养、体育等深度融合。大力发展农村电子商务，推进农产品流通现代化，完善农产品冷链物流体系。

（三）在乡村建设上迈出新步伐

一是推进乡村规划编制。坚持农业现代化与农村现代化一体设计、一体推进，按照前瞻30年的要求，积极有序推进县域城镇规划和村庄规划，实现村庄规划应编尽编，确保各项建设依规有序开展，统筹推进乡村发展、乡村建设、乡村治理同步提升。二是实施农村基础设施建设工程。实施农村道路畅通工程，继续开展"四好农村路"示范创建，推动农村道路建设项目更多向进村入户倾斜。实施农村防汛抗旱和供水保障工程，加强防汛抗旱基础设施建设，深入实施"五水综改""四水同治"，不断提高防灾减灾和水保障能力。实施乡村清洁能源建设工程，减少全省农村地区用户年均停电时间，提高可再生能源发电装机总量，着力实现重点乡镇燃气管网基本实现全覆盖。实施农产品仓储保鲜冷链物流设施建设工程，基本建成设施完善、运转高效、多方协同、绿色创新的县域城乡物流体系。实施数字乡村建设工程，着力实现乡镇、农村热点区域5G网络全覆盖。实施村级综合服务设施提升工程，实现全省村级综合服务设施全覆盖，服务能力明显提升，形成覆盖城乡的应急广播体系。实施农房质量安全提升工程，深入开展农村房屋安全隐患排查整治，加强新建住房的规划管理，形成完善的农村房屋建设管理长效机制。实施农村人居环境整治提升工程，持续推动农村无害化卫生厕所普及，厕所粪污基本得到处理。推进农村生活污水治理、生活垃圾分类、资源化利用，深入实施"十县百乡千村"示范创建工程，建设一批美丽乡村。三是统筹推动公共服务均等化。发挥县域内城乡融合发展支撑作用，强化县城综合服务功能，推动服务重心下移、资源下沉，提高农村居民享受公共服务的可及性、便利性。在教育服务方面，稳步提高农村教育普及水平，促进城乡教育差距进一步缩小。在公共文化服务方面，推动全部县（市、区）建有三级以上公共图书馆、文化馆，每个县、每个乡镇至少形成1个特色文化活动品牌。在医疗卫生服务方面，基本建成优质高效的紧密型县域医共体，着力提高县域内就诊率，加大乡镇卫生院、社区医院、村卫生室建设力度，增加具有执业医师资格的乡村医生数量。在社会保障服务方面，着力提高低保标准和救助水平，健全县、乡、村三级养老服务网络。四是深入开展农村人居环境整治。持续开展"六治、六清"整治行动。开展农村人居环境整治提升行动，对垃圾、污水、厕所、村容村貌开展系统治理，建立完善长效机制，让农村真正净起来、绿起来、亮起来、美起来。

（四）在深化农村改革上取得新突破

一是深化农村土地制度改革。坚持和完善农村基本经营制度，做好农村土地承包到期后再延长 30 年试点工作。深化承包地"三权分置"改革，推动以土地流转、土地托管等方式促进土地规模经营。抓好巩义、孟津、宝丰、长垣、新县 5 个农村宅基地制度改革试点。稳妥有序推进农村集体经营性建设用地入市改革。二是深化农村集体产权制度改革。在清产核资、摸清家底的基础上大力发展新型集体经济，盘活用好各类扶贫资产，推动资源变资产、资金变股金、农民变股东，增加农民财产性收入。建立健全产权交易平台，让农村资产能流动能变现。三是持续培育新型农业经营主体。积极培育家庭农场、农民合作社两类新型农业经营主体，推进土地入股、土地流转、土地托管、联耕联种等多种经营方式，促进农业适度规模经营。创新农业社会化服务机制，建设覆盖农业全程、综合配套、便捷高效的社会化服务体系，推动小农户和现代农业发展有机衔接。四是深入实施"五水综改"。统筹推进水源、水权、水利、水工、水务"五水综改"。坚持"四水四定"，以水定城、以水定地、以水定人、以水定产，加强水源保护和科学利用，以水务统筹水源、水权、水利、水工，加速推进城乡水务一体化进程。

B.3
以基层创新推动河南县域
富民产业发展研究[*]

李婧瑷[**]

摘　要： 产业强则县域强，产业兴则人民富。产业是县域经济发展的核心，
是强县富民之本。富民产业经济效益好、带动能力强、影响范围
广，是关乎民生的重要产业，是促进农民农村走向共同富裕的重
要抓手。发展县域富民产业，需要基层创新的强大支撑。河南要
坚定不移实施创新驱动、科教兴省、人才强省战略，结合县域各
地实际，立足产业基础和资源禀赋，积极开展创新事业，推动科
技创新向基层延伸，培育县域富民产业发展新动能。

关键词： 县域富民产业　基层创新　河南

2022 年中央一号文件强调，要大力发展县域富民产业，加强县域基层
创新，强化产业链与创新链融合。河南省第十一次党代会强调，推动县域经
济"成高原"，并将加快县域经济高质量发展列为加快推进新型城镇化的重
点任务之一。县域作为连接城乡的关键空间载体，是全省国民经济和社会发
展的重要基础和基本单元。在河南迈入现代化建设的新征程中，要坚持把发
展县域富民产业作为壮大县域经济、增加农民收入、实现社会稳定的根本之
策。当前，县域富民产业发展进入新阶段，面临转型升级提质增效的战略任

---

　　* 本文系河南省软科学研究"河南省科技支撑县域主导产业高质量发展对策研究"
　　（222400410016）的阶段性研究成果。

　　** 李婧瑷，河南省社会科学院助理研究员，主要研究方向为产业发展。

务，也蕴藏着改革动力和创新活力。因此，要持续推动科技创新向基层延伸，培育县域富民产业发展新动能。

一 县域富民产业的内涵与特征

2021年3月，习近平总书记在福建考察时指出，"乡村要振兴，因地制宜选择富民产业是关键"。[①] 2021年12月，中央农村工作会议首次提出县域富民产业，"要聚焦产业促进乡村发展，深入推进农村一二三产业融合，大力发展县域富民产业"。2022年2月，中央一号文件就推进乡村振兴做出部署安排时提出，"聚焦产业促进乡村发展"，要求"大力发展县域富民产业"。

（一）县域富民产业的基本内涵

县域富民产业是指县域范围内形成的经济效益好、带动能力强、影响范围广的产业，是带动县域经济发展和乡村振兴的重要产业，也是带动农村农民增收致富的民生产业。从产业体系看，富民产业可以为第一产业、第二产业、第三产业，也可以是三产融合的产业形式；从生产经营主体看，既包括行业龙头企业、大型企业、中小微企业等企业组织，也包括乡村作坊、家庭工场、个体工商户等多种组织形式。

（二）县域富民产业的特征特点

1. 行业类别多，三产融合度高

县城是城市与乡村的连结点，是城乡区域合作和承接产业转移的重要阵地，因此，县域产业主要由城乡现有产业链的上下游延伸而来。县域富民产业主要分为两种：一是县城的主导产业，指县城区工业领域的主导型产业，大多为承接大中城市产业梯度转移或高端产业链延伸；二是以农业、加工

---

① 《在山海间奏起壮丽新交响——沿着总书记的足迹之福建篇》，新华网，2022年6月6日，http://www.xinhuanet.com/politics/leaders/2022-06/06/c_1128718538.htm。

业、手工业等传统产业为基础的乡村产业，利用乡村资源和乡村社会基础，就地取材、因地制宜，发展更高层级的符合乡土农情的现代产业，让农民就近就业创业、就地致富。

2. 就业容量大，影响范围广

2021年，全国脱贫人口人均工资性收入为8527元，同比增长22.6%，占总收入比重的67.9%，可以看出，稳就业对巩固拓展脱贫攻坚成果至关重要。发展富民产业是拓展就业渠道、确保脱贫人口务工规模稳定的重要途径，可以创造大量的就业机会和岗位需求，使大部分县域居民灵活就业、就近上班。

3. 经济效益明显，带动能力强

富民产业的核心是"富"，即能够产生较大的经济效益，带动农村农民增收致富，让农民更多地享受到农业产业链增加带来的价值增值，从而缩小城乡收入差距，改变传统农村贫穷落后的局面。农民在富民产业企业工作，共享富民经济发展成果，生活水平得到普惠性的改善提升。通过完善乡村富民产业联农带农机制，帮助脱贫人口参与现代化生产经营，更多分享产业增值收益，提高家庭经营性收入。

（三）全国县域富民产业的典型案例

虽然富民产业的提法较为新颖，但从我国县域经济和乡村经济的历史演进看，富民产业已长期存在于县城、乡镇和农村的发展实践中。例如：陕西柞水木耳通过直播带货、网店等电商渠道提高销量；山西大同黄花2021年产量达14.1万吨，约占全国总产量的1/4，全产业链产值突破30亿元，带动13.2万人增收致富，户均增收5400元；福建沙县小吃在全国已有8万多家店，年营业额在500亿元以上，带动就业超过30万人；广西柳州螺蛳粉以方便食品的形式销往全国，已经形成数百亿元的产业规模；河南南阳艾草产业既能就地取材，又能就近解决就业，把就业岗位和增值收益更多留给了农民；青海藏毯产业每增加1万美元藏毯产品出口，就可以安排16人就业，有增收致富、推进乡村振兴的作用，还可以促进民族团结；新疆吐鲁番葡萄是当地培育壮大的特色优势产业，也是典型的富民产业。

二 河南县域富民产业的发展现状与经验举措

县域既包括城又包括乡，农业主要集中在县域，农村主体分布在县域，农民多数生活在县域。河南现有 102 个县（市），常住人口约 6948 万人，占全省的 70%；地区生产总值约 3.37 万亿元，占全省的 61%。县域是全省区域发展的重要空间，县域经济是全省国民经济和社会发展的重要基石。而县域富民产业则是推动县域经济"成高原"的重要力量，关系居民收入水平和生活质量。

（一）河南县域富民产业的发展现状

1.县域产业持续壮大升级，富民产业底盘更加坚实

近年来，河南各县（市）县域经济高速发展，积极发展优势产业为富民产业，一二三产业均取得了显著的发展成效。一是农业基础保障能力更加巩固。2022 年，河南粮食总产达 1357.87 亿斤，连续 6 年稳定在 1300 亿斤以上，稳居全国第二位；蔬菜及食用菌、园林水果、猪牛羊禽肉产量均居全国前列，带动全省十大优势特色农业产值达到 6063.35 亿元，占农林牧渔业总产值的 57.7%，比 2016 年提高 5.9 个百分点。农产品主产区县依托农业资源禀赋，构建生态旅游度假一体的一二三产业融合的新型绿色农业。二是工业支撑作用持续凸显。2020 年，河南县域规模以上工业增加值占全省的 61.4%，民营企业发展到近 40 万家，推动食品制造、装备制造两个产业迈上万亿元台阶。传统工业强县立足产业基础，侧重于企业数字化转型和产业链升级。三是服务业呈现较快增长势头。2020 年，河南县域服务业"两区"数量达到 37 个，占全省的 42.5%，服务业增加值占三次产业比重较 2015 年提高 9.9 个百分点，高于全省 2 个百分点，电商经济、休闲康养、乡村旅游等新业态新模式蓬勃发展。

2.农业现代化步伐加快，富民产业科技含量显著提升

2021 年，全省农业主推技术到位率超过 95%，主要农作物良种覆盖率

超过97%，畜禽良种覆盖率达到90%以上，测土配方施肥技术覆盖率达到90.5%，农业科技进步贡献率达到64.1%，高于全国平均水平约2.6个百分点。全省先后建成小麦苗情远程监测系统、大田智能物联系统等多个信息化应用系统，并在农业大田生产、设施农业经营、水产养殖等农业生产领域建立了农业物联网示范基地；启动了智能传感器、信息安全、智能交通、精准农业等特色物联网产业园建设，实现了农业生产的数字化、精准化、集约化。例如，渑池县果园乡李家村的大杏种植基地精准农业示范园区，通过物联网技术，根据果树根部的传感器获取的墒情、养分、温度等监测数据，由滴管将水分和营养液输送到每棵果树；再例如，临颍高标准智慧辣椒种植基地，不仅有一流的智能灌溉系统，还配有病虫害监测器、巡航无人机、植保无人机、田间气象站、墒情监测站等"硬核装备"，通过智能物联网，提供数据监测、指标分析、指令下达、田间管理等一系列农业生产服务。

此外，在农产品安全追溯领域全省已完成省追溯平台与"三农"信息平台对接，推动追溯平台功能优化、逐步完善，累计1800个省级追溯点上线运行，1.1万家"三品一标"获证企业、农民合作社、家庭农场等生产经营主体入驻追溯平台。

3. 依托互联网等信息技术，富民产业更加融合多元

互联网技术作为推动产业信息化、智能化、数字化转型的基本手段，深刻影响着河南县域富民产业的发展模式，打破产业界限，促进产业融合，提升原有产业竞争力。

电子商务的快速推进就是利用互联网技术为传统农业、加工业、手工业拓宽销售渠道的典型做法。2021年，全省农村网络零售额达752.9亿元。河南已制定实施《"一村九园"数字化建设规范（试行）》，认定电子商务进农村综合示范县10个，推动建设6个省级电商物流示范园区，实施特色农产品电商出村工程，建成益农信息社40285个，在线上共开展政务审批、市场行情发布、专家远程支撑等公益服务6094万次。

此外，在互联网技术与县域旅游资源的整合、创新和利用中，河南实现了县域全域旅游和乡村旅游文化内涵与盈利模式的双提升。依托县城、乡镇、农村的文化、历史、生态自然等旅游资源打造功能性休闲旅游产业，通过互联网打造县域旅游产业品牌，提升知名度，实现多元化推动、集群化发展、特色化建设、规范化管理，全面提升县域全域旅游发展质量和服务水平。2021 年，全省休闲农业和乡村旅游接待人数达 1.5 亿人次，营业收入约 160 亿元。

（二）河南推动县域富民产业发展的经验举措

近年来，河南持续践行县域治理"三起来"，以强县富民为主线，以改革发展为动力，以城乡贯通为途径，聚焦制约县域富民产业发展的难点重点，进一步激发县域经济发展的动力活力。

一是持续深化县域管理体制改革。党的十八大以来，河南持续深入推进县域管理体制改革，印发《中共河南省委 河南省人民政府关于推进县域经济高质量发展的指导意见》，认定公布了践行县域治理"三起来"示范县（市）名单，将 156 项省辖市级经济社会管理权限赋予其中的非直管县域。2021 年进一步深化放权赋能改革，赋予县域 255 项经济社会管理权限，将财政直管县的实施范围扩大至全部县（市）。印发《关于推进新发展格局下河南县域经济高质量发展的若干意见（试行）》，部署推进放权赋能改革、开发区体制改革、财税体制改革等三项改革，推动县域发展要素配置更加高效。

二是充分发挥龙头企业的富民带动作用。龙头企业为农业发展提供先进技术和优秀人才，同时将农民与市场联系起来，能够更好地根据市场需求提供适销对路的农产品，既能够带动农业农村农民发展，又能够满足市场需求，在实施乡村振兴、助力产业扶贫、发展富民产业方面发挥着重要作用。

三是积极建设农业现代产业园富民载体。截至 2021 年底，河南全省共创建 8 个国家级、80 个省级、187 个市级、98 个县级现代农业产业园。其中，2021 年，国家级产业园总产值平均值达 86 亿元，全国领先；省级产业园农民人均可支配收入达 2.1 万元，高于全省平均水平 30%。伴随农业现代产业园载体建设，一大批河南县域富民品牌发展壮大，例如延津小麦、泌阳夏南牛、灵宝苹果、内乡生猪、清丰食用菌、兰考蜜瓜、孟津西瓜等。

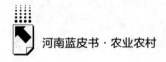

三 河南县域富民产业创新发展存在的问题

回顾河南县域产业发展与科技创新的历史演进可以发现，河南县域产业从以农业农耕为主到以农产品初加工或依赖矿产、煤炭、石化等的资源型产业为主，再到承接城市产业转移及技术引进，县域本土创新能力被弱化，再到高速发展时期，科技创新能力与产业发展水平不匹配。县域基层科技创新起步晚、速度慢、整体水平不高，在一定程度上制约了县域富民产业的发展。

（一）创新意识不足

由于科技创新具有高集聚性，往往集中在少数发达地区，例如大城市或少数中小城市，因此县域层面的基层创新比较少见，大多为新技术的应用和推广。从思想意识上看，大家普遍认为创新行为是城市的，而县域、乡镇、农村没有必要也没有条件创新。在河南部分县（市），有些领导干部和企业家守成意识重，创新意识薄弱，易满足于现有产业的眼前经济利益，面对新形势不敢尝试专业化程度和技术水平高的产业，对富民产业没有长远规划，思路方向不明确。随着大量青壮年劳动力流入城市，县域本土人口老龄化严重，缺乏创新激情和活力。

长期以来，我国县域发展的典型驱动是资源型投入，包括劳动力投入和资金投入等。但在资源和环境的双重约束下，县域经济增长需要转向创新驱动，这是一个大的趋势。如今，随着数字经济和网络技术的快速普及，县域基层创新迎来了新契机，一些公司或研发机构愿意将科研场所布局在生产制造一线，在产业链的生产加工环节直接布局创新链，尝试开展基础理论性研究和前沿性研究，从而使县域的基层创新实现跨越式发展。

（二）产业基础薄弱

河南是传统的农业大省，多数县域以第一产业为主，即便涉及第二产业，也主要是第一产业基础上的初级加工业。从产业层级看，县域大多数企业停留在初级加工环节，大多以原材料、粗加工品为主，产品加工深度不够，加工增值率低，附加值低。例如，河南小麦加工量占全省小麦总产量的2/3，但还是以面粉、面条等为主，产品品种少，产业链条短，普通面粉产量占到年小麦实际加工总量的79%，而市场上供不应求的营养强化粉等高端产品仅占4%；再例如，由于缺乏深加工产业，2022年大蒜收购价仅为2.0~2.4元/公斤，种蒜成本为1.52~1.74元/公斤，但如果将大蒜加工成蒜粉、食品防腐剂、医药制品等，农民收益会增加数倍，富民效应会更加明显。

（三）产业结构雷同

由于缺乏基层创新，河南各县（市）在选择富民产业时会沿同一思路对相似的县域农业资源、自然生态资源进行开发利用，全省富民产业存在同质化现象。部分县域主导产业定位不明晰、特色资源挖掘不深入，产业产品雷同，缺乏个性特色，缺乏区域品牌。例如食品加工业，河南很多县域食品加工企业为贴牌生产企业，缺少对自有品牌的培育打造。再例如休闲观光农业、乡村旅游业大多以古村游览、看花等项目为主，形式比较简单，缺乏特色乡情乡韵。

（四）创新人才匮乏

河南作为劳务输出大省，人口常年处于净流出状态，大量青壮年劳动力外出务工创业，其中就包括大量的技术型人才。而留守县城、乡镇、农村的人口多为农民，普遍年龄偏大，受教育层次偏低，思想观念、文化素质、技术技能难以达到开展创新活动的基本要求。新型职业农民队伍中高素质年轻人占比较低，基层农技人员和乡村本土实用技能人才严重缺乏。

（五）创新资金紧缺

宏观经济下行压力下，社会资本特别是民间投资低迷，存量资产与新增投资循环不畅，县域产业发展资金不足，加上创新本身具有不确定性和风险性，因此，对县域基层科技创新活动的资金投入也在收缩，企业创新的积极性难以提升。数据显示，2021 年，河南县域存贷款总额仅占全省存贷款总额的 34.6%，其中县域贷款余额仅为全省的 27.4%。大量的县域存款被抽到中心城市，致使县域资本供给严重不足，农村和县城企业贷款难题比较突出。

四 以加强基层创新推动河南县域富民产业高质量发展的对策建议

按照全省上下贯彻落实创新驱动科教兴省人才强省战略的宏观趋势，县域富民产业的高质量发展也必须在科技创新方面持续发力。

（一）深度推广农业科技应用，发展智慧农业

对河南来说，涉农产业仍然是大部分县域富民产业的主要组成部分，因此要加大农业科技的应用力度，积极发展电子商务、农商直供、加工体验、中央厨房等新业态，拓展涉农富民产业盈利空间。先进技术能够使现代技术要素，先进管理理念和富民产业的土地、劳动力、资金等资源相互融合、相互渗透，促进农业增效、农村繁荣和农民增收。利用互联网和现代技术的聚集效应，提升涉农富民产业各环节的可控性和规范性。将农产品加工业纳入"互联网+"现代农业行动，培育发展网络化、智能化、精细化现代加工新模式。紧抓农村电子商务发展机遇，在产品销售环节通过大数据准确把握消费需求，提高产品投放市场效率，顺应农货上行引发的农产品标准化、商品化和规模化趋势。系统整合县域内农产品种植养殖、加工、物流、包装、销售等诸多环节与各类资源，形成县域涉农富民全产业链技术创新。

（二）加大关键技术科技攻关力度，提升技术水平

瞄准富民主导产业，引导现代信息技术创新能力建设，组织实施一批省级、市级重大科技专项和自主创新专项等，重点攻克农业图像识别、农业人工智能、智能农机装备等一批关键核心技术。探索开展"天空地"多源数

据采集与融合、智能诊断与分析。深入开展高光谱遥感技术、农作物参数反演、农作物健康诊断、农业自然灾害监测评估等农业遥感关键技术攻关。强化农业数字经济主体培育，加大高新技术企业培育力度，在农业数字经济领域培育一批创新引领企业。

（三）全面优化创新创业环境，激发全民热情

一是增强领导干部勇于创新的责任担当。建议县（市）党政机关主要领导干部亲自抓基层创新，积极投身创新事业，充分协调调动科技创新的资源和资金，坚持招才引智与招商引资并重，在引进创新人才团队、先进技术、创新型企业方面狠抓落实。对难以直接引进的创新人才团队，在大中城市及周边城市布局设立创新人才"飞地"，在县域孵化"飞地"创新成果并落地应用。

二是充分发挥"回归式人才"的科技创新引领作用。优化创新创业环境，强化服务保障，发展"雁归经济"，吸引豫籍技术骨干、创新团队、大学生、乡贤带资金、带技术、带市场返乡就业创业，引入发达地区相关产业的先进技术，形成县域基层创新的策源地。

三是尊重本地知识人才。爱护经验丰富的能工巧匠，外送培养自有人才，培育和造就一批思想观念新、生产技能好、既懂经营又善管理的农村生产经营管理者和农村科技示范户，带动其他农户增收致富。

四是加大实用型技术人才培训力度。县域企业的生产技术人员大多来自农村，学历层次偏低，要根据富民产业发展和生产需求，切实开展实用型的技术培训。组织科技人员深入车间和村组，良种良法直接到岗、到人、到户、到田间地头，技术要领直接到位。

（四）积极承接优质产业转移，引进消化吸收再创新

持续优化县域营商环境，推动县城积极融入都市圈和周边中心城市发展，县域产业融入区域产业链供应链体系，积极承接省内外中心城市优质产业外溢，提升产业链供应链参与度。县域聚焦细分领域精耕细作，在产业承

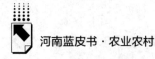

接转移过程中推动创新链技术应用环节、技术研发环节、成果转化环节的转移落地。在引进产业的基础上一并引进先进技术,并逐步做到对产品结构、工艺方法、材料配方的提高和创新。

参考文献

高昕:《后发地区县域经济跨越式发展的障碍与突破》,《区域经济评论》2022年第2期。

河南日报智库编著《县域经济何以"成高原"——基于十个县(市)的调研》,河南人民出版社,2022。

魏后凯:《新时期我国县域发展全面转型战略》,《光明日报》2022年4月16日。

张旭、魏福丽、袁旭梅:《县域科技创新与经济高质量发展耦合协调评价》,《统计与决策》2021年第20期。

《张占仓:创新赋能 稳住县域经济发展的基本盘》,大河网,2022年9月7日 https://theory.dahe.cn/2022/09-07/1092661.html。

B.4
以农村现代服务业发展促进
农民农村共同富裕研究

侯红昌*

摘　要： 脱贫攻坚胜利之后，促进农民农村实现共同富裕成为全面推进乡村振兴战略的重要任务，农村现代服务业发展作为乡村振兴的重要内容，在促进农民农村共同富裕方面具有不可替代的重要作用。河南作为农业大省，加快农村现代服务业发展，既是农业和农村高质量发展的重要内容，也是建设现代农业强省，促进全省农民农村共同富裕的重要途径。2022年以来，面对复杂严峻的外部环境和各类突发因素的超预期冲击，河南农村现代服务业继续保持良好的平稳发展态势，但在现代化水平提升和内部结构优化方面面临不小的挑战，为此，要紧紧抓住当下的产业变革和国家重大发展战略叠加机遇，以及河南特有的战略腹地综合效益机遇，加大全省农村服务业向高质量现代化转型，以促进全省农民农村共同富裕。

关键词： 农村现代服务业　共同富裕　河南

习近平总书记指出，"共同富裕是中国特色社会主义的根本原则"，"促进共同富裕，最艰巨最繁重的任务仍然在农村"。① 促进农民农村实现共同

---

* 侯红昌，河南省社会科学院农村发展研究所副研究员，研究方向为现代服务业。

① 《继续扎实推进全体人民共同富裕》，"人民网"百家号，2022年10月16日，https：//baijiahao. baidu. com/s？id=1746802805395822596&wfr=spider&for=pc。

富裕,是全面推进乡村振兴战略的重要任务,农村现代服务业发展作为乡村振兴的重要内容,在促进农村产业兴旺、生态宜居、乡风文明、治理有效和生活富裕方面具有不可替代的基础性作用。河南作为农业大省,加快乡村现代服务业发展,既是农业和农村高质量发展的重要内容,也是建设现代农业强省、促进全省农民农村共同富裕的重要途径。

一　河南农村现代服务业发展态势分析

2022年以来,面对复杂严峻的外部环境和各类突发因素的超预期冲击,河南全省上下坚决落实党中央、国务院一系列稳经济大盘和疫情防控的决策部署,先后出台一系列涉农惠农政策举措,统筹各项农业农村工作,全省农业发展积极因素不断增多,农村现代服务业发展呈现"加速修复、企稳向好"态势。

(一)农林牧渔服务业发展保持平稳

2022年上半年,河南农林牧渔服务业实现增加值143.72亿元,同比增速为10.3%,与第一季度11.2%的增速基本持平。这既说明河南在推进稳经济大盘系列政策加快在农村地区落地方面成效明显,同时全省广大农村地区的疫情防控形势持续向好,积极因素不断增多,农村服务业正在快速地恢复以往的发展态势。事实上,党的十八大以来,河南农林牧渔服务业一直保持较为稳定的高速发展态势(见图1)。2012年以来,全省农林牧渔服务业年均增速保持在15.77%的水平,高于全省经济的平均增速。可以预计,2022年全年的增长速度将会超过15%,基本恢复到近些年的较高速增长态势,为农村服务业的现代化发展、促进农民农村共同富裕打下良好基础。

(二)农村服务业基础条件稳步改善

农村服务业的发展和壮大离不开农业生产基础设施条件的改善。近年来,河南农业固定资产投资整体都保持在一个较高的水平上。2022年上半

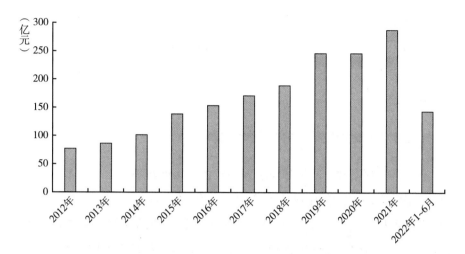

图1　2012年至2022年6月河南省农林牧渔服务业增加值

资料来源：根据历年《河南统计年鉴》及《河南统计月报》整理。

年全省固定资产投资增速为10.3%，但是水利管理业的固定资产投资增速为40.6%，远远高于近些年的全省固定资产投资增速（见表1）。

表1　2018年至2022年6月河南省农林牧渔业固定资产投资增速

单位：%

年份	全省固定资产投资增速	农林牧渔业	第一产业	水利管理业
2018	8.1	15.9	16.9	31.3
2019	8.0	−10.9	−12.1	4.2
2020	4.3	12.1	11.2	2.0
2021	4.5	−7.9	−10.4	6.2
2022（1~6月）	10.3	−9.6	−13.0	40.6

资料来源：根据《河南统计月报》整理。

党的十八大以来，河南农村服务业基础条件日益改善。在农业生产性服务业的基础条件改善方面，农田水利基础设施建设力度持续加大。2021年全省灌溉农田面积达到8522.90万亩，是2012年的1.1倍；全省已建成高标准农田7580万亩，约为2012年的7.2倍；全省农业机械总动力达到 10650.20 万千瓦，拥有农用大中型拖拉机（混合台）41.83 万台，是 2012 年的 1.2 倍，农业生产抗灾减灾能力进一步得到提升，在进一步改善河南现代服务业发展条件的同时，也夯实了全省农民农村共同富裕的基础。

（三）农产品流通服务体系稳步发展

近年来，河南农产品流通服务发展较快，借助新一代信息技术和电子商务的数字赋能，全省农村现代流通服务业体系得到加快发展，以县（市）级批零市场和乡（镇）集贸市场为节点的全省农产品商贸流通体系初步完善。2022 年上半年，全省限额上涉农商品销售额为 2370.80 亿元。其中粮油、食品类销售额为 974.87 亿元，比上年同期增长 8.7%；烟酒类销售额为 904.14 亿元（见图 2）；粮油类销售额、化肥类销售额以及农机类销售额增速在 20% 以上，分别为 22.8%、22.2% 和 20.8%。

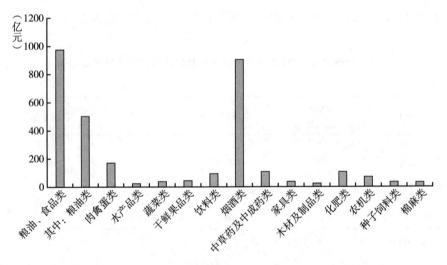

图 2　2022 年上半年河南省限额以上批发零售业涉农商品销售额

资料来源：根据《河南统计月报》整理。

虽然受到新冠肺炎疫情和水灾的影响，但是 2021 年河南全省农村社会消费品零售总额为 4351.89 亿元（见图 3），继续保持 8.0% 的高位增速发展态势。2021年全省农村社会消费品零售总额占当年社会消费品零售总额的比重为17.85%，基本与上年持平。

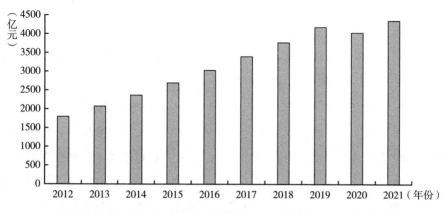

图3　2012~2021年河南农村社会消费品零售总额

资料来源：根据历年《河南统计年鉴》整理。

可以预见，2022年河南农村社会消费品零售总额增速依然不会低于8.0%。持续增长的河南农村社会消费品零售总额在为农村现代服务业发展提供重要支撑的同时，也为促进全省农民农村共同富裕提供了重要基础。

二　河南农村服务业现代化发展面临的挑战与机遇

（一）河南农村服务业现代化发展面临的挑战

当前，国际贸易摩擦加剧、逆全球化升温，加之新冠肺炎疫情的影响，这些不利因素给全球产业链和供应链带来不可预测的变化，在给河南制造业的高质量发展带来挑战的同时，给全省农村服务业向高质量的现代化发展带来挑战。与此同时，河南作为国家重要的粮食生产核心区，粮食产量稳居全国第二，用全国1/16的耕地生产了全国1/10的粮食，为保障国家粮食安全做出了重要贡献。作为生猪养殖和调出大省，2021年，全省外调生猪及猪肉折合生猪2758万头，外调量居全国第一，为保障全国市场供应做出了河南贡献。但农民收入较低，农村地区经济发展水平不高，还是普遍现象，这是河南农村服务业向高质量的现代化发展面临的巨大挑战。

1.农村服务业现代化水平提升面临的挑战

规模不大、占比不高是河南农村服务业现代化发展中面临的首个瓶颈。长期以来，河南农林牧渔服务业增加值占农林牧渔业增加值的比重一直都在4.5%左右。2021年河南农林牧渔服务业的增加值为287.74亿元，占农林牧渔业增加值的比重仅为4.87%，2022年上半年进一步提升到5.75%，但仍低于全国平均水平。农村服务业向高质量的现代化发展，必须有一定的总量规模和较高的内部占比。河南的城乡差距较大是农村服务业现代化发展的另一个瓶颈。2021年全省城乡居民人均可支配收入之比为2.12∶1。较低的农村居民可支配收入是农村服务业发展的严重制约，无论是从农村服务业供给的角度，还是从农村服务业需求的角度，都要求农村居民的可支配收入与城镇居民的可支配收入差距尽快缩减，这样才能繁荣农村的生活性服务业市场，进而使农村生产性服务业得以向高质量的现代化方向发展。

2.农村服务业内部结构优化面临的挑战

河南农村服务业向高质量的现代化发展必然要求服务业的内部结构科学合理，但现实情况是，河南的农村服务业无论是从产业结构的角度而言，还是从空间地理的区域发展角度而言，都面临不少制约因素。从产业结构的优化视角来看，河南现有的农村服务业主要是传统的农户经营模式的农村服务业，规模较小、竞争力不强，具体而言就是以农资销售和农技推广为主体的传统农业生产性服务业和以农村集贸市场和代购代销点为主体的传统生活性服务业所构成的，河南农村服务业在内部结构的重整优化方面还有很长的路要走，对全省农村服务业的现代化形成制约。从空间地理的合理布局来看，首先，各地市的农林牧渔业增加值差异较大，以南阳、周口、信阳、驻马店为代表的农业大市，农村服务业的发展水平与农业整体发展总量不相匹配。其次，农村服务业增加值在全省各个地市的发展存在较大差异，仅郑州和洛阳等地的农村现代服务业发展较好，其他地市的农村服务业以传统服务业为主。这种空间地理上的差异化发展，同样对河南农村服务业向高质量的现代化方向转型形成制约。

（二）河南农村服务业现代化发展面临的机遇

上述挑战和问题的存在，原因是多方面的，但主要包括三个方面。首先是传统发展理念上对服务业一直重视不够；其次是河南地域广阔，各个地市之间以及城市和乡村之间的发展差异较大；最后是长期以来的科教水平相对落后问题等。这些都限制了河南农村服务业向高质量的现代化方向转型发展。不过，虽然如此，河南农村服务业的现代化发展也面临一些新的历史机遇。

1. 世界产业变革与国家重大发展战略叠加带来的历史机遇

当前，随着新一代信息技术的发展所带来的第四次工业革命的展开，以云计算、大数据、人工智能等为代表的新技术催生出一系列的新模式、新业态，将给农业生产和农村服务业的发展带来新的历史契机。与此同时，国家构建"双循环"新发展格局、全面推进乡村振兴战略、推动黄河流域生态保护以及促进中部地区崛起等一系列重大发展战略叠加，使得河南农村服务业在数字赋能和扩大开放等向高质量的现代化发展上空间广阔。

2. 河南特殊地理位置的战略腹地综合效益带来的发展机遇

党的十九届五中全会提出 2035 年我国基本实现社会主义现代化的远景目标，在当前日趋复杂多变的国际经贸环境下，建设"新四化"必须通过构建以国内大循环为主体、国内国际双循环相互促进的新发展格局来实现。河南贯接南北、引连东西，以全国第一农村人口大省地位和全国第五的经济大省实力，在新发展格局下的现代化新征程中必然会发挥关键作用。特别是河南作为农业大省，在巩固拓展脱贫攻坚成果的基础上接续全面推进乡村振兴，必须立足新发展阶段，贯彻新发展理念，统筹推进乡村发展、乡村建设、乡村治理重点工作，建设现代农业强省，促进共同富裕，必然会极大地促进全省的农村服务业向高质量的现代化方向转型发展。

三　加快河南农村服务业发展促进农民
农村共同富裕的对策建议

加快农村现代服务业发展，是全面推进乡村振兴、实现农民农村共同富裕的重要举措。作为现代服务业的重要组成部分，农村现代服务业的发展在搞活农村集体经济方面具有独特的作用，通过改组改造传统服务，培育一批特色鲜明、管理规范的农村骨干服务企业，使之发展成为乡村产业发展的有力支撑，进而夯实农民农村共同富裕的产业基础。当前，河南现代农业强省建设进入新阶段，农业和农村现代化建设步入新征程，加快河南农村服务业发展，促进农民农村共同富裕应从以下几个方面推进。

（一）深化对农村服务业的要素改革和规划统筹

一要深化农村服务业的要素改革。农村服务业作为乡村振兴战略中产业振兴的重要内容，加快其向高质量的现代化发展转变，必须在各种供给要素方面深化改革，加快开发，以创新全省农村服务业的要素价格的形成机制。包括要充分释放农村劳动力、农村金融、农村物权和产权的各类束缚，通过设立负面清单的形式，充分发挥市场在农村服务业各类要素配置中的基础性作用。同时，要充分考虑小农户和新型农业经营主体在农村服务业市场中的弱势地位，推动一些政策性举措向其倾斜。

二要加快农村服务业现代化专项规划的统筹与制定。当前，"十四五"规划正在推进、乡村振兴战略正在实施、现代化河南建设正在进行，农村服务业现代化作为其中的重要环节，其专项规划的编制必须统筹安排。在时间上，要做到短期、中期和长期的目标可行和科学合理；在内容上要做到与河南的"三农"专项规划和经济整体发展规划，以及国家的"三农"政策等建设目标内在一致，并且重点突出，路径明晰，以确保农村服务业供给的多样性和多层级，并使各相关职能部门在推进中能协调一致且分工明确。

三要深入构建农村服务业在促进农民农村共同富裕中的利益联结机制。共同富裕，是中国特色社会主义的根本原则。农村服务业因其自身的特殊产业属性在促进农村农民共同富裕中具有不可替代的重要作用。要持续完善和构建农村服务业联农带农的利益联结机制，在一些有财政帮扶资金引导的相关项目中，要把提高农民的可持续性收益作为一项重要考评标准，同时鼓励一些农村服务业龙头企业与农民或农村集体经济建立稳固的利益联结机制。

（二）加大对农村服务业的财政支持和融资扶持

加快现代农业强省建设，离不开各类资金的持续投入，加快农村现代服务业的发展同样离不开各类资金的持续投入，因此，必须按照"投入力度不断增强、总量持续增加"的要求，统筹协调财政资金、金融市场和民间资本等方面的资金来源，共同推进河南农村现代服务业的发展步伐。

一要推动投向农村的相关财政资金在具体使用中向农村服务业倾斜。农村服务业由于自身的产业发展属性，其投入收益不像农产品加工业那样直接，且在很多情形下，农村服务业的收益或者较低，或者投资回收期较长。这使其对政策性资金的使用具有天然的依赖属性。故此，要以财政引导资金、贴息资金、税费减免等政策性资金的形式，加大对全省农村服务业的扶持力度，以重点发挥政策性资金在"造血"方面的功能。

二要推动资本市场上的各类资金进入全省农村服务业。资本市场的资金有自身的逐利性要求，因此在推动其进入河南农村服务业市场时，必须遵循国家的相关金融政策法规要求，在给予其政策便利性的同时，要严格遵循政策，对其进行严格要求。与此同时，不可因噎废食，忽视资本市场对农村服务业发展的重要作用。要借助新一代信息技术，有序稳步推进城市金融机构在农村市场拓展业务，深入实施"普惠金融"，审慎推进农村金融创新，稳步建立健全农村现代金融服务业综合平台。

三要积极引导民间资本进入全省农村现代服务业。很显然在民间资本进入农村现代服务业领域时，只能加强政策的监管和引导，使其在获取正常利润的同时，为全省农村和农民的共同富裕带来良好的引导作用。具体而言就是，引导民间资本进入农业生产性服务业领域，在农业生产的产前、产中和产后等种子、化肥、农机具使用、农产品加工等环节，借助民间资本使农业生产的现代化程度进一步加深，农业生产性服务业进一步壮大。一方面减轻农民农业生产环节的劳动强度，另一方面减少对其外出打工挣钱时间的占用，农产品加工环节的规模扩大也使得留守农民能够在家门口获取相当的收益。

（三）推动农业生产性服务和数字化赋能大发展

推动农村服务业向现代化方向转型，离不开农业生产性服务业的加快发展，农业生产性服务业是整个农村服务业的重要主体，是农村服务业现代化的主要内容和发展方向。因此，需要从以下三个方面来推动全省农业生产性服务业的快速发展。

一要大力培育各类农业生产性服务组织，尤其要重视农业生产性服务业龙头企业的培育。河南作为农业大省，在粮食生产方面占据了全国的1/10，其中小麦占1/4，特别要紧紧围绕粮食生产，尤其是小麦的产前、产中、产后，从育种、有机化肥和食品加工等环节，协助小农户和新型农业经营主体打造农业生产性服务组织或联盟，一方面稳定粮食的产量，另一方面拓宽农民的增收渠道，以实现共同富裕的发展目标。此外，要重视对农业生产性服务业龙头企业的培育和扶持，只有规模化、连锁化和集团化，才能有较强的市场竞争力和盈利能力，从而更好地为全省农村和农民的共同富裕服务。

二要大力推行农业生产的托管服务。作为释放农村劳动力和提高农业生产效率的重要途径，农业生产的托管服务，既是深化农村改革的重要内容，也是农业生产性服务业的主要组成部分。通过链接小农户和现代规模种植农场，农业生产的托管服务可以从多个方面来提升农业生产效率，并惠及相关的各方面利益主体。因此，一方面要引导小农户对农业生产托管服务的需求，包括传统思想观念上的引导，并利用政策倾斜来增加小农户的托管收益。另一方面要重视对托管农业经营主体的扶持和监管，使其不仅能做到普通农业生产的全程托管服务供给，也能做到小麦等涉及粮食安全等农业生产的全程托管服务供给。

三要大力推动农村服务业数字化赋能向深处发展。当今世界，数字经济快速发展，不断向各个领域渗透，农村服务业的现代化必然要与数字经济融合发展，通过数字农业云平台和农业大数据中心的建设，使信息化、数字化和智能化成为农村服务业现代化的新特征，进而促进乡村产业链条的延长。首先要加快农村数字化基础设施的建设步伐，要深入推进新基建的建设，进一步提升全省乡村网络的覆盖质量，要在物联网和宽带通信等关键节点上进一步发力，在农田水利的数字化改造和乡村供水供电的数字化升级等方面进一步提升数字化应用水平。其次要围绕全省乡村产业发展和农村现代服务业的发展方向，大力培育乡村数字产业，尤其是在农机装备的数字化服务、农村种养业的数字化服务等方面要加大供给力度。同时在农产品的销售和农村电商的发展等方面，要大力培育相关数字化服务平台，助力各地农产品的品牌提升，增加农民收入。

（四）强化对农村服务业的科技支撑和人才支持

农村服务业向高质量的现代化方向发展，必然离不开科技的支撑和人才的支持。就河南的农业科技服务发展和人才支撑政策而言，应从以下三个方面推进。

一要加大农业科技攻关和示范推广。要深入实施良种重大科技攻关项目，做到"把中国人的饭碗牢牢端在自己手中"。要在资金和政策等方面对农业生产的各个链条科技创新给予扶持和倾斜，统筹省内科研院所和国内农业科研机构的紧密合作，建立基于农户、公司和科研机构的全链条协同创新平台或联盟。持续推行农业科技特派员制度，并加大在农业生产环节的示范推广力度，使农户、公司和科研机构能够从科研成果的试点和推广中实现共赢。持续完善农业科技成果的利益分配机制，建立健全农业科研人员的激励机制。

二要加强基层农业科技人才队伍建设。首先要通过专门文件明确基层农技人员岗位配置的编制数量，确保人才供给稳定。其次要渠道培育和储备基层农技人才，各地应根据自身农业生产的实际需求，每年有计划地组织基层农技人员接受培训和继续教育。最后要完善对基层农技人员的考评和激励机制，使其真正做到解决农业生产中的实际难题，同时自身的职称晋升及生活待遇也能稳步提升。

三要加大农业专门技能人才的培养力度。要高度重视农业专门技能人才的培育，加大农村现代服务业的人才供给。积极拓展农村再就业培训工程，通过开展免费的农业职业教育，并提供相应岗位技能的专门培训，逐步提升农村留守人员尤其是留守妇女的就业和创业意识。充分利用现有乡村公共教育服务的资源结合传统文化和现代信息传播工具，树立良好的乡风文明导向，进一步提升农业专门技能人才的成长环境。创新乡村治理方式，充分发挥乡贤的榜样作用，使其参与家乡公共服务建设。

参考文献

张红宇：《接续全面推进乡村振兴》，《人民日报》2022年4月6日。

叶兴庆、金三林、韩杨等：《走城乡融合发展之路》，中国发展出版社，2019。

李红松：《乡村振兴视野下农业生产性服务业的发展策略研究》，《农业经济》2020年第1期。

郝爱民：《农业生产性服务业外溢效应——乡村振兴背景下的思考》，社会科学文献出版社，2019。

孙宏滨：《发展乡村新型服务业要做到四个有机结合展》，《河北日报》2019年4月3日。

李天娇、荆林波：《农业服务投入对农业生产效率的影响——基于10国面板数据的实证研究》，《商业经济研究》2018年第5期。

张天佐：《农业生产性服务业是振兴乡村的大产业》，《农业经营管理》2018年第

12 期。

李周：《全面建成小康社会决胜阶段农村发展的突出问题及对策研究》，《中国农村经济》2017 年第 9 期。

姜长云：《农业生产性服务业发展的模式、机制与政策研究》，《经济研究参考》2011 年第 51 期。

B.5
共同富裕视角下农业低碳转型
发展的机制与路径研究

乔宇锋*

摘　要： 共同富裕和低碳转型相辅相成，统一于农业高质量发展，是共同
战略目标下两个不同的子系统，需要通盘谋划，做到协同治理、
齐头并进。农业低碳转型能够为农民共同富裕奠定经济基础，共
同富裕则为低碳转型确立社会目标。在实现共同富裕的过程中，
一方面，农民的消费升级和改善性需求，增加了低碳转型的压
力；另一方面，农民消费方式和观念的改变，又能够对冲碳排放
的压力。农业低碳转型不仅有利于促进农业产业升级，也有利于
将农业生态效益转换为经济效益，进而增加农民收入。为做好二
者的协同推进，需要积极使小农户融入现代农业，注重金融和财
税政策等的支撑作用，健全促进低碳转型的法律法规，使农业低
碳转型发展成为农民的共同富裕之路。

关键词： 共同富裕　农业低碳转型　碳中和　协同治理

一　引言

2021年12月中央经济工作会议指出"实现碳达峰碳中和是推动高质量
发展的内在要求"，将"正确认识和把握碳达峰碳中和"列为新发展格局下

---

* 乔宇锋，河南省社会科学院农村发展研究所副研究员，主要研究方向为科技创新、农村经济。

我国面临的新的重大理论和实践问题之一。[1] 2022 年国务院《政府工作报告》中，进一步明确全年的政府工作任务之一是"有序推进碳达峰碳中和工作……加快形成绿色低碳生产生活方式"。2022 年 8 月，河南召开全省绿色低碳转型工作会议，就深入实施绿色低碳转型战略进行专题部署。碳达峰碳中和目标，体现了我国走低碳绿色发展道路的决心，也是践行"以人为本"发展理念的务实之举。[2] 自"双碳"目标提出以来，全国形成了低碳转型发展的热潮，农业领域亦不例外，绿色低碳成为农业高质量发展的共识。

在此热潮之下，还需要清醒地认识到，共同富裕是社会主义制度的本质要求和奋斗目标，碳达峰碳中和是当前经济发展的热点，共同富裕更是我国经济高质量发展的主目标，农民是实现共同富裕的重中之重。党的十九届六中全会进一步指出："在高质量发展中推进共同富裕，稳步迈向第二个百年奋斗目标。"

在现有国内外研究中，尽管已有一些学者研究了低碳发展、应对气候变化和其他可持续发展目标之间的关系，但大多集中在固碳减碳与生态保护、公众健康等之间的协同关系，碳达峰碳中和与其他经济社会发展目标之间的联系机制则少有研究。缩小贫富差距、实现共同富裕事关人民福祉，是我国高质量发展的必然要求。因此，需要准确把握和理解低碳转型发展与共同富裕目标之间的关联性，提升对政策协同效应重要性的认识，加强政策设计的科学性和系统性，在全国和全省范围内下好高质量发展"一盘棋"。

考虑到农民是实现共同富裕最重要的群体，农业是我国碳排放的第二大源头，本报告从共同富裕的视角出发，对共同富裕约束下农业低碳转型发展的协同机制、路径选择和对策建议等方面进行了研究，以期为政策制定中二者协同治理提供理论借鉴和参考。

---

[1] 经济日报评论员：《通盘谋划稳步推进碳达峰碳中和 论贯彻落实中央经济工作会议精神》，《经济》2022 年第 1 期。
[2] 郑馨竺：《"以人为本"推进碳中和的路径创新与政策协同》，《中国环境管理》2022 年第 14 期。

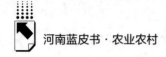

二　共同富裕和农业低碳转型协同的理论内涵

农业低碳转型是在多重目标、多重约束条件下推进的，决不能就碳论碳，要树立系统性思维，处理好整体和局部的关系，从经济社会发展的多方面进行通盘谋划。共同富裕和低碳转型在本质上是高度一致的，因此需要合理的制度安排，正确处理效率和公平的关系，除了从经济效益角度度量之外，还需要以有利于民生领域的多重目标为导向，推动农业经济和农村社会的高质量发展。

（一）低碳转型为共同富裕提供经济基础

农业既是第二大碳排放源，又是一个巨大的碳汇系统，这种对立统一使得农业绿色低碳转型发展具有与工业、交通、建筑等其他碳排放部门完全不同的特点。一方面，农业现代化生产过程中化肥、农药、地膜的大量投放，产生了较大的碳排放。据统计，我国农业碳排放占排放总量的17%，河南农业碳排放占18%，略高于全国水平。与世界其他国家相比，高于全球平均水平的11%，更高于美国的7%，农业绿色低碳转型任重道远。另一方面，农业生产具有强大的生态功能，在保持好农业生态功能的前提下，能够抵消超过80%由自身产生的温室气体。因此，绿色低碳转型势在必行，它指明了未来农业的发展方向，与之相关的生态农业、低碳农业、数字农业等也必将获得更大的发展空间，为农民带来更多的实惠，真正实现农业生态价值向经济价值的转变，为农民共同富裕奠定坚实的物质基础。

绿色低碳转型是农业生产领域的重大变革，农业碳达峰碳中和将引起农村和农业广泛的经济和社会变革，重构农业价值链和供应链，倒逼农业产业升级，为农业提供更多的绿色投资，也为农民创造更多的在地就业机会，有助于乡村振兴和农民增收。新经济孕育新动能，新动能带来新机遇，长期城乡二元结构造成的区域发展不平衡，可以通过农业低碳转型发展扭转，其直接效果就是缩小城乡居民收入差距，为共同富裕提供了新的历史机遇。

从供给侧改革和"双碳"目标政策设计的角度看，农业绿色低碳转型发展能够加快推进农业生态价值向经济价值转化，通过设计科学合理的碳配额机制和碳定价政策，实现农业生态功能正外部性的经济价值。Hepburn 等的研究表明，低碳转型发展对促进社会整体就业有积极作用，有利于实现共同富裕。同时，与广大农村地区的分布式光伏项目、碳汇项目相结合，加强"双碳"政策和实现路径与乡村振兴战略、共同富裕战略的有机结合，能够真正使农村和农民成为碳达峰碳中和进程中的直接受益者。[①]

（二）共同富裕为低碳转型划定社会边界

低碳转型作为一种"颠覆性"创新，在实现过程中必然会对产业结构和劳动力结构产生不可逆转的改变，在使碳密集型部门丧失就业的同时，创造出新的就业机会。Xu 等的研究表明，我国的光伏扶贫项目能够为创造就业和增加当地居民收入做出积极的贡献。尽管低碳转型发展能够为农村地区提供更多的就业机会，但这并不意味着天然地能够促进共同富裕，对提高农民收入而言，其中存在脱节的风险，主要原因有二。[②]

一是结构性失业问题。碳密集型生产部门萎缩后形成的失业群体，尤其是农村进城务工人员，其劳动技能和职业知识与低碳部门新创造的就业岗位存在错配，在缺乏必要培训的情况下，往往无法顺利就业，容易形成新的收入差距。此外，新兴的低碳部门与劳动力丰裕的农村地区，在地理分布上有较大距离，地理空间上的错位也不利于农民务工就业。

二是技能性歧视问题。低碳转型发展对不同收入群体的影响是不同的，

---

① C. Hepburn, B. O'Callaghan, N. Stern et al., "Will COVID - 19 Fiscal Recovery Packages Accelerate or Retard Progress on Climate Change," *Oxford Review of Economic Policy* 36 (2020).

② L. Xu, Q. Zhang, X. P. Shi, "Stakeholders Strategies in Poverty Alleviation and Clean Energy Access: A Case Study of China's PV Poverty Alleviation Program," *Energy Policy* 135 (2019).

大多数研究表明，低碳转型创造的新岗位以及低碳技术创新，更偏好具有较高劳动技能的群体。① 劳动力市场的技能性歧视，使得农民务工人员的失业风险进一步加大，这恰恰是实现共同富裕需要重点关注的群体。

因此，在低碳转型的政策设计中，无论是责任分配、成本分担，还是利益分享，都需要注重政策的科学性和合理性，注重倾听人民群众的呼声和意见，保证政策制定的透明度和程序合法。农业低碳转型，涉及面广，影响程度深，对于不同的地理空间和气候特点、不同的发展阶段和人口群体，都需要有针对性地设计不同的转型策略，在此过程中，需要及时注意可能出现的不良苗头，因地制宜地部署符合国情、省情和地区特点的低碳转型方案。

（三）共同富裕是低碳转型的根本目的

"绿水青山就是金山银山"，在高质量发展的总基调下，共同富裕是绿色低碳发展的根本目标，绿色低碳发展是共同富裕的前提条件，二者统一在社会主义现代化国家建设的伟大历史进程中。绿色低碳发展的初衷，是为了进一步提高人民福祉，真正推动经济高质量发展，因此在路径选择和政策设计方面，就必须将共同富裕置于决策核心。在实践中如何达成二者的统一协调，如何发挥政策之间的协同效应，仍面临诸多需要协调的问题。如果单一、片面地强调低碳发展或共同富裕，不仅容易导致各职能部门各自为政、政策一盘散沙的局面，也容易构成目标之间的互相冲突，阻碍共同富裕和"双碳"目标的协同推进。

绿色低碳转型发展的目的，不仅是为了实现"双碳"目标，共同富裕也是蕴含其中的关键任务之一；在低碳转型发展的过程中，不断创新出现的新技术和新机遇，也为共同富裕创造了新的重大契机。特别是随着脱贫攻坚战取得全面胜利，我国历史上首次解决了绝对贫困问题，通过高质量发展化解发展不平衡的问题，帮助中低收入群体实现收入可持续增长，

---

① 中国社会科学院宏观经济研究智库课题组：《更加注重扩大内需　着力提升内生动力》，《财经智库》2021 年第 4 期。

最终实现共同富裕，成为我国今后发展的核心问题。在低碳转型发展中实现共同富裕，既是解决发展不平衡问题的必然选择，也是促进建立统一的国内大市场、充分释放国内消费潜力的必由之路。实现经济社会高质量发展，离不开共同富裕和低碳转型的共同发力，统筹兼顾将会形成"1+1>2"的合力效应。

需要注意的是，尽管低碳转型和共同富裕同属高质量发展的不同侧面，但二者作为两个相对独立的子系统，仍存在互相制约关系：一是低碳转型会影响碳密集型产业部门的人员（特别是进城务工农民）就业，进而影响该群体的家庭收入，碳税等减排机制也会通过影子价格影响中低收入群体的家庭支出；二是中低收入群体的生活质量改善性需求会增加碳排放，客观上需要实现高水平的碳中和。如何协同增效设计政策，在低碳转型的同时实现共同富裕，目前还没有明确的答案。

三 共同富裕和农业低碳转型的相互影响机制

共同富裕和农业低碳转型之间相互影响，具体表现在两个方面。一是广大农民在收入增加后的消费升级带来的碳排放，可能会加剧农业和农村如期实现碳中和的压力。二是低碳转型能够减缓气候变化，特别是对于农村地区和农业生产而言，可以明显减少气候变化所导致的经济损失，有利于实现共同富裕。

（一）实现共同富裕对农业低碳转型的影响

在实现共同富裕的过程中，随着农民可支配收入的不断增长，以及农村社会保障体制的不断完善，无论是消费总量还是消费品质，势必会出现比较大的升级。随着消费结构的提升改善，与改善性需求相匹配的商品和服务消费，特别是住房、交通、娱乐等方面的消费，将构成农村新增碳排放的主要来源。Hubacek 等的研究表明，从全球范围看，尽管消除绝对贫困对碳排放的影响较小，但一旦达到中低收入水平（即每天 2.97 美元），碳排放将显著增加。① 我国亦不例外，Wei 等的研究发现，2012～2016 年，由于城市人口率先富裕起来，我国中产阶层和富人阶层的所产生的碳排放，分别占增长总量的 26% 和 38%。② 可以预见，随着农村人口逐步富裕起来，农村碳排放将增加。

实现共同富裕不只是收入的提高，也包括社会规范和消费习惯的改变，即使是在相同的收入水平范围内，也会由于社会保障、消费价值观、地区差异、家庭规模等不同而产生差异。尽管随着可支配收入的提高，农民的直接和间接能源消耗会导致碳排放的急剧增加，但随着消费从物质性消费逐渐转向服务性消费，碳排放又会有所减少。特别是伴随着消费观念的升级和低碳观念深入人心，农民将更加注重绿色消费，对新能源汽车、绿色家电、低碳商品和服务有更强的支付倾向，能够在一定程度上缓解消费升级带来的碳排放压力。以新能源汽车为例，2022 年 5 月河南省政府办公厅下发了《关于进一步加快新能源汽车产业发展的指导意见》，明确提出"力争到 2025 年，新能源汽车年产量突破 150 万辆"，从消费侧看，河南农民人口超过 4500 万人，占全省总人口的 46.8%，无疑对新能源汽车发展具有重要影响。

共同富裕嵌入我国高质量发展的进程中，经济增长模式逐渐由投资型驱动转向消费型驱动，碳排放将明显减少。在绿色低碳转型的过程中，伴随着城乡贫富差距的缩小和农民消费水平的提高，特别是随着低碳消费观念的深入人心，我国向消费型社会转型能够降低总的碳排放量，对冲掉一部分由于家庭消费升级而产生的碳排放。共同富裕的实质性推进，将会塑造出具有较强消费能力和绿色消费观念的新型农民群体，势必会在碳中和过程中起到主导作用。因此，在农业低碳转型的过程中，应注重引导形成绿色低碳的生产和生活方式，避免路径依赖产生的碳锁定效应，与美丽乡村建设相结合，塑造有利于低碳转型的消费观念和生产方式。

① K. Hubacek, G. Balocchi, K. S. Feng et al., "Poverty Eradication in a Carbon Constrained World," *Nature Communications* 1 (2017): 912.
② L. Y. Wei, C. Li, J. Wang et al., "Rising Middle and Rich Classes Drove China's Carbon Emissions" *Resources, Conservation and Recycling* 159 (2020): 104839.

（二）农业低碳转型对共同富裕的影响

从供给侧改革的角度看，低碳转型的实现离不开生产方式的改变和能源结构的变革，减排路径也会对经济和就业产生不同程度的影响。从广义的角度看，能源密集型产业和高碳地区，由于经济多样化程度低，面对经济冲击的弹性较小，势必会通过就业影响工薪阶层的收入，特别是农村进城务工人员较为集中的建筑、采掘等高耗能行业。诚然，一方面，低碳转型的挤出效应会影响传统高碳行业的就业；另一方面，低碳转型过程中形成的相关低碳产业也会创造新的就业机会。以我国的光伏扶贫政策为例，在实现低碳转型的同时，为当地农民增加了收入。[1] 越来越多的研究表明，低碳转型和新兴产业的兴起，能够较好地对冲高碳产业的萎缩。从净就业的角度看，其影响是中性甚至是积极的，为共同富裕创造了有利条件。

尽管低碳转型对就业有积极的影响，可以提供更多的就业机会，但是对农民（特别是农村进城务工人员）而言，并不完全意味着一定能够实现工资性收入增加。低碳转型创造的新岗位以及低碳技术创新，更偏好具有较高劳动技能的群体。[2] 低碳产业部门形成的就业机会，需要较高的劳动技能和职业能力，在缺少必要培训的情况下，农村进城务工人员较难获得这些新的就业机会，容易形成实质上的结构性失业。此外，新兴的低碳部门更多地集中在沿海地区，与传统的资源型城市在地理分布上距离较远，与农村劳动力资源丰富的中西部地区客观上存在地理错位，增加了农村进城务工人员就业的机会成本。

从消费侧的角度看，农业低碳转型有助于农民减少农业生产成本和家庭消费支出，特别是对于中低收入群体，经济负担的减少有助于共同富裕。农村新能源项目如农光互补、渔光互补等项目的推广普及以及能源效率的提

---

[1] L. Xu, Q. Zhang, X. P. Shi, "Stakeholders Strategies in Poverty Alleviation and Clean Energy Access: A Case Study of China's PV Poverty Alleviation Program," *Energy Policy* 135 (2019).

[2] 中国社会科学院宏观经济研究智库课题组：《更加注重扩大内需　着力提升内生动力》，《财经智库》2021 年第 4 期。

高，在增加农民收入的同时，有利于降低生产和生活方面的能源支出。低碳转型促进共同富裕的另一个重要渠道是转移支付，随着我国碳定价市场的建立和完善，将会形成新的财政收入来源。农业作为弱势产业，农民作为中低收入群体的主要组成部分，以税收或补贴反哺农业和农村，调节城乡收入差距，进行合理的收入再分配，是实现共同富裕的关键措施之一。

此外，农业低碳转型有利于充分发挥农业的生态价值，提高农、田、湖、林、草等生态系统的固碳能力，通过碳指标市场交易的形式，将农业的生态价值转换为实实在在的碳汇收入，在促进农村经济可持续发展的同时，逐步实现共同富裕的目的。

四　农业低碳转型的路径选择与制度设计

河南是全国重要的农业大省和粮食主产区，建设现代化河南，实现高质量发展，大头重头在"三农"。农民要富裕，农业要发展，需要在协同治理的范式下推动共同富裕和农业低碳转型同步发展，有效规避由政策不兼容所导致的战略目标冲突，消除政策打架、互相掣肘的潜在风险，通过系统谋划激发不同领域政策的自洽能力。

（一）推动小农户与现代农业衔接，为农业低碳转型创造基础条件

小农户生产是河南农业的基本现状，小农户占各类农业生产经营主体的95%以上，小农户所经营的耕地面积占全省耕地面积的70%以上，这种基本省情是河南农业低碳转型所必须首要注意的。农业低碳转型不是为了低碳而低碳的低水平转型，而是农业高质量发展在现阶段的具体体现。实现小农户和现代农业的有机衔接，提升小农户的现代发展能力，夯实乡村振兴的基础，实现广大农民的共同富裕，必须把小农户牢牢地纳入农业低碳转型的各个方面，并将其作为农业低碳转型的主力军。

小农户生产规模小、资金实力弱，与农业低碳转型所隐含的额外成本要

求和技术要求存在矛盾。从现代农业生产的规模效益和边际成本角度看，因地制宜地建立农业生产托管制度，可以为当前阶段农业低碳转型创造必要的外部条件。利用农业生产托管，可以将农业生产过程中部分甚至全部的经营权与小农户进行分离，在以小农户为主的条件下实现农业的纵向分工，便于低碳生产要素更好地进入农业生产，解决小农户个体在低碳转型中的风险和收益冲突问题。

从长期来看，深化农村土地改革，完善农业生产经营制度，是克服小农户难以独自完成农业低碳转型先天劣势的重要手段，具有至关重要的作用。农业低碳转型是农业现代化的重要任务，需要以规模化经营为前提，深化改革和全面完善农村土地流转制度，有助于农业横向专业化生产，促进农业实现规模化、集约化生产，降低农业低碳转型的边际成本。对于没有参与土地流转的小农户而言，一旦建立了低碳转型成本较低的社会环境，低碳转型技术就更容易普及，不仅有利于农业低碳转型的全面铺开，而且有利于农民持续增收。

（二）健全法律法规和约束激励机制，为农业低碳转型奠定制度基础

农业低碳转型具有明显的正外部性和公共产品属性，特别是考虑到农业所具备的独特生态价值，需要各地政府主动作为，充分发挥好政府对市场的纠偏功能，以有利有效的约束激励机制，避免"公地悲剧"的发生。以制度引导和监督各类农业生产经营主体的生产经营行为，将其主动纳入低碳转型，是实现低碳转型预期目标的根本保证。

农业低碳转型首先要"有法可依"，完善与农业低碳生产相关的法律法规体系是实现制度保证的首要前提。对河南农业来讲，要加强农业绿色低碳领域的地方立法工作，强化与河南省情相配套的规章制度建设，以健全的法律法规体系推动农业低碳转型在全省有序开展。在执法过程中，积极提升执法能力，确保执法效果，在有法可依的前提下，对各类违法农业低碳生产行为做到严格执法，消除违法行为对低碳转型的负面影响。

农业低碳转型的另一个重要制度保障是标准化，既包括低碳技术和农业

生产的标准化,也包括农业低碳转型评估、考核的标准化。低碳农业需要有明确的技术标准,与低碳农业对应的绿色低碳农产品也需要相应的标准,以制度化和标准化推动农业低碳转型是全省农业实现低碳转型的不二法门。农业低碳转型需要全过程的评估和考核,政策执行的效果也需要对应的监督,制定科学、规范的低碳转型标准,对农业生产低碳行为和消费导向能够形成可控的监督和引导,真正实现以制度保障农业低碳转型。

(三)创新多元化农村金融制度,为农业低碳转型提供资金支持

农业低碳转型离不开低碳创新技术的大量投入,这些技术从研发到应用,都需要大量的资金支持,有必要建立与之匹配的农村金融制度以支持低碳转型,为农业低碳转型提供全方位、市场化的金融保障。在实际路径上,应积极深化农村金融改革,建立金融机构与低碳农业之间的良性互动,创新金融产品和服务方式,持续保障低碳转型过程中的资金需求。

建立支持农业低碳转型的金融制度,首要的是依托国家整体生态和中长期规划目标,以及河南本省的中长期规划目标,创新农村金融服务模式,提供契合"三农"领域的绿色信贷资金。河南的农村金融发展不充分,能够支持农业低碳转型的信贷资金不足,农村金融网点较少,金融服务低碳转型的能力亟待提升。此外,对于已经获得金融支持的农业低碳项目应主动加强贷后管理,提高绿色信贷的资金使用效益。

除了金融机构的绿色信贷支持,河南农业低碳转型还需要主动利用清洁发展机制(CDM)和资本市场,打造市场化的多元融资模式。CDM为河南农业发展提供了一定的支持。一方面,为已获得CDM的项目提供资产抵押贷款所需的资金支持,以保障项目能够顺利完成;另一方面,对于正在申请和计划申请的项目,提供积极有效的引导和帮助,通过系统性的金融服务为项目申请提供支持。对于农业低碳转型所需的技术创新以及商业模式创新,还应积极利用资本市场,利用好创新基金和创投基金的优势,通过市场化手段解决农业低碳转型过程中的资金问题,并引导社会资本更好地进入农业领域。

（四）发挥财税政策的调节作用，为农业低碳转型提供政策支持

财税制度是农业补贴和收入再分配的主要途径，通过合理的财税政策，可以实现对农业低碳发展的有效调节。河南财政收入 2021 年为 4347.4 亿元，在全国排第 8 名，在中部地区排第 1 名，初步具备了促进农业低碳转型的财政调节能力。但是与广东、江苏、浙江等发达地区相比，在中央财政政策的范围之外，河南使用自身财力为农业低碳转型提供的补贴范围有限、力度不足。站在新的历史发展阶段，无论是农业低碳转型，还是农民共同富裕，都需要建立系统的、与当前发展相适应的农业低碳发展财税政策。

从广义和宏观的角度，首先要发挥好财政政策的整体调节作用。在对高碳、高能源消耗农产品征收碳税的同时，主动对低碳农产品及其延伸的制成品行业进行减税或补贴，以制度主动促成低碳农产品的成长和高碳农产品的萎缩。以此为基础进行政策细化，建立积极的价格补贴机制，对在农业生产和消费中主动使用或购买绿色低碳产品的行为进行合理的价格补贴，降低农业低碳转型的显性成本，增强农民的低碳消费意愿，以减少支出的方式间接为共同富裕提供助力。

此外，考虑到现阶段河南农业发展需要解决的主要问题，宜设立支持农业低碳转型的财政专项资金，结合山水林湖沙草等生态修复政策，加大生态补贴力度。在具体实施中，以覆盖生态环境成本为依据，制定科学合理的补贴标准。特别是对于生态脆弱地区，因地制宜制定退耕还林还草的补贴政策，保障农民的基本收益，弥补因退耕所减少的经营性收入。

B.6
巩固提升河南粮食产能面临的
约束及应对策略

生秀东*

摘　要： 当前河南省粮食产能提升面临农业基础设施薄弱，资源环境约束
趋紧，劳动力素质结构性下降，粮食生产比较效益低下，农民生
产行为短期化等诸多挑战。为此，要以新思路规划高标准粮田建
设，巩固提升粮食产能，支持培育新型农业经营主体和服务主
体，重点发展面向小农户的农业生产性服务业，加快健全主产区
利益补偿机制，完善小麦最低收购价政策，调动地方和农民种粮
的积极性。

关键词： 粮食产能　高标准农田　河南

在全国粮食主产区中，河南粮食产量多年位居全国第二，是名副其实的
产粮大省，产量占全国的1/10，小麦产量占全国的1/4。2020年以来，河南
先后出台《河南省人民政府办公厅关于加强高标准农田建设打造全国重要粮
食生产核心区的实施意见》和《河南省人民政府关于加快推进农业高质量发
展建设现代农业强省的意见》等一系列政策举措，为全面推进粮食生产核心
区建设、巩固提升粮食产能提供了有力支撑。2009年河南省被确定为全国粮
食生产核心区，10余年来河南省深入落实"藏粮于地、藏粮于技"战略，
2017~2022年，连续6年粮食产量稳定在1300亿斤以上，为国家粮食安全做

---

* 生秀东，河南省社会科学院农村发展研究所研究员，主要研究方向为农业经济。

出突出贡献。但总体来看，粮食生产效益不高、农民缺乏种粮积极性、产业竞争力不强的现状仍未发生根本改变，分析河南省巩固提升粮食产能面临的约束并提出相应的策略，对于保障我国粮食安全具有重要意义。

一　关于粮食产能的理论

粮食产能即粮食生产能力，是指一定时期、一定地区在一定社会经济技术条件和正常气候状况下，通过各种生产要素综合投入、有机组合及相互作用所形成的，能够相对稳定地实现一定产量的粮食产出能力。粮食产能反映了投入要素与产出之间的系统关系，它由耕地、水资源、资本、劳动力、科技等要素投入能力及配置方式所决定，由粮食产量所表现。传统上，一般把粮食产能构成要素分为资源要素（如耕地、水资源等）与投入因素（如劳动力、农田水利基础设施、农资、自然灾害防御等）两个大的类别。

关于粮食生产能力的研究，学术界普遍采用定量分析方法，主要是从宏观角度利用系统工程或者柯布—道格拉斯生产函数方法对影响粮食生产的因素进行计算。马晓河、蓝海涛，聂英、夏英分别应用柯布—道格拉斯生产函数或者灰色系统理论，测算各项生产投入要素对粮食产出的贡献大小和关联程度。[1] 但是生产函数等定量分析方法的缺陷十分明显，它把组织制度因素视为"自然状态"的一部分，排除在粮食生产函数之外。一方面，它忽视了农户的不同性质和规模经济效应。当前新型农业经营主体和服务主体正在成为粮食生产和供给的重要力量，而他们在生产的成本结构和生产行为上与小农户有重要区别。另一方面，它忽视了农户在粮食生产及要素投入上的积极性，而农民种粮积极性是粮食生产的首要驱动因素，因此无法揭示组织制度因素对粮食产能发挥的作用。

如果把传统生产函数表达为 $Q=tF(L, K, M)$，式中 Q 代表粮食产出，t 表示与生产有关的技术和知识状况，L、K、M 分别表示劳动力、投入因素、

---

[1]　马晓河、蓝海涛：《我国粮食综合生产能力和粮食安全的突出问题及政策建议》，《改革》2008 年第 9 期；聂英、夏英：《东北地区粮食产能变化及影响因素》，《经济纵横》2016 年第 4 期。

土地资源，F 表示生产函数。那么，反映组织制度因素的生产函数可以表述为 $Q=F_R$ $(L, K, M: T)$，式中 R 表示组织制度因素，F_R 表示对应于组织制度因素的一个生产函数，T 表示技术知识，其他符号含义与前一个生产函数相同。在粮食生产中，组织制度通过改变投入要素的边际报酬来引导各类投入要素的配置，可以说组织制度因素通过影响投资和效率来影响粮食生产能力，因此小农户的粮食生产函数与专业大户的粮食生产函数是完全不同的，他们的要素配置方式不同，函数性质不同。本报告从资源、劳动力、科技、市场和制度等方面论述巩固提升粮食产能面临的约束，以弥补定量分析方法上的缺陷。

二 巩固提升粮食产能面临的约束

巩固提升粮食产能是保障国家粮食安全的核心和基础，在粮食价格和生产成本的双重压力下，要巩固提升河南粮食生产能力，面临诸多限制因素。从中长期来看，主要表现在以下五个方面。

（一）资源约束：土地数量和质量下降

目前河南处在工业化、城市化快速发展的历史阶段，建设用地需求迅速增加，土地数量减少成为粮食产能提升的重要瓶颈。《第三次全国国土调查主要数据公报》显示，河南省耕地面积 11271 万亩，较 10 年前"二调"耕地面积 12288 万亩减少 1017 万亩，年均减少 101.7 万亩，已越来越逼近永久基本农田红线。全国同期耕地面积减少 1.13 亿亩，年均减少 1130 万亩。

粮食产能的基础是耕地生产力，从土地生产力视角看，当前粮食生产方式粗放化问题日益凸显，耕地质量呈现长期下降趋势。粮食生产上的兼业化经营方式、口粮化生产目标，是小农户土地投资减少、地力下降的主要原因，而家庭农场、种粮大户由于流转的土地缺乏长期稳定性，也不愿意投资土地，改良土壤。为提高粮食产量，只能大量施用化肥、农药，虽然达到了增产目的，却不可避免地带来农业面源污染加剧、土壤有机质含量降低、地力透支严重的副作用。根据调研，河南土壤有机质平均含量仅为 1.7%，低于全国 2.4% 的水平。

基本农田仍有约 60% 为中低产田，粮食生产可持续发展受到影响。

当前农村资源环境和生态问题比较突出，化肥、农药施用数量虽然已得到控制，但地下水超采引发的问题仍然凸显，资源环境约束持续趋紧。从现实情况看，制约河南粮食生产稳定发展的一个重要因素是水资源，最薄弱的环节就是农田水利的"最后一公里"。目前河南农业水资源实际利用量已超过水资源的可持续利用量，农业用水严重不足且利用率低。2021 年河南突发特大洪涝灾害，2022 年发生特大干旱，表明农业生产"靠天吃饭"的局面还没有发生根本改变，有效应对灾害能力依然不足。自农村改革以来，农户承包的土地零星分散、相互交叉，小块土地的产权结构使得田间水利设施变成村庄的准公共物品，无人愿意管理和投资。农村小型农田水利工程管理不善、老化失修现象非常普遍，导致粮食生产能力下降。因此，同样的投入要素生产的粮食数量，与过去相比就会下降，粮食产量下降所造成的损失可以看成由产权模糊引起的制度费用。这是组织制度因素影响生产函数的一个例证。

（二）人力资本约束：农业劳动力素质结构性下降

农业劳动力是粮食生产的基本要素。粮食生产主体是小农户，生产规模小，资源配置效率不高，致使亩均粮食生产成本高。2021 年河南小麦亩均生产成本维持在 531.34 元，亩均生产收益 636.77 元，农民种粮纯收入与外出务工的工资收入有较大差距。农村青壮年劳动力大量外出务工，老人和妇女留守农村从事粮食生产，粮食生产劳动力季节性、结构性短缺问题日益突出。而且随着农业劳动力的老龄化，其不能胜任繁重的田间劳动，一方面会直接减少粮食生产过程中的劳动供给量，另一方面会通过降低复种指数、减少粮食播种面积而间接减少劳动供给量，导致粮食生产能力下降。老年劳动力科技文化素质较低，思想保守，接受新事物的能力弱，限制了农业新品种新技术的推广应用，制约了粮食生产科技水平的提升。

（三）科技约束：科技创新和推广应用不足

粮食产能等于粮食播种面积和粮食单产的乘积，科技进步的重要作用之一表现在粮食单产的提高上。目前全省粮食单产水平与世界先进水平相比还有不小差距。究其原因,一是创新能力弱。例如在育种方面,新品种研发滞后,优质、高产、抗逆品种少,如优质专用小麦品种新麦 26、郑麦 366、郑麦 7698、扬麦 15 等品质好,但抗逆能力较差,新麦 26 不抗倒,郑麦 366 不抗"倒春寒"和纹枯病。国外种子公司已经大规模进入国内市场,抢占市场份额,对未来粮食安全构成了威胁。二是推广应用不足。在农业科技推广体制方面,农技人员待遇偏低,很多专业技术人才难以留下,而且推广经费不足,服务功能弱化,影响了推广业务开展。同时推广机构改革滞后,没有形成有效的激励与约束机制,农技推广人员缺乏深入生产第一线开展宣传推广活动的动力。

科技短板的存在,也导致资源利用效率低下,推高了粮食生产成本。一是农业资源利用率低。农田灌溉还是大水漫灌方式。根据调研,河南省农田灌溉水有效利用系数为 0.61,低于发达国家的 0.7~0.8;主要农作物肥料、农药利用率不到 40%,发达国家为 60% 左右。二是农业劳动生产率低。河南农村人口受教育水平总体偏低,农业从业人员占比高于全国平均水平 10个百分点左右,人均农业劳动生产率仅相当于全国平均水平的 60% 左右。

(四)市场约束:粮食生产比较收益低

1. 价格机制调节粮食产能

价格机制是粮食生产以及粮食产能的基本调节机制,价格机制通过农民种粮纯收益或利润率的升降引导农民的生产决策,决定粮食产量的高低。而且也会对农户土地投资的积极性产生影响,引起耕地质量的上升或下降,从而影响中长期的粮食产能。

以此观之,近几十年来,粮食价格总体上呈现下降趋势,而投入要素价格呈现长期上涨态势,导致粮食增产与农民增收之间存在尖锐矛盾。根据 2005~2020 年国家发改委价格司编的《全国农产品成本收益资料汇编》中三种粮食的相关数据,2004~2019 年三种粮食(稻谷、小麦、玉米)每亩平均总成本从 395.45 元增长到 1100.9 元,增长了 1.78 倍,但是同期粮食生产者价格指数从 136.3 下降到 96.5。其结果是,三种粮食平均每亩成本利润率从

2004 年的 49.69% 降低到 2019 年的 -2.77%。可见，在成本上升和价格下降的双重压力下，粮食生产的成本利润率呈现长期下降趋势，农民种粮积极性受挫，导致土地投入的积极性下降，加剧了中长期耕地生产力下降的风险。进一步根据比较静态分析，在均衡状态下，粮食价格下降幅度（或相应的生产性成本的上升幅度）等于投资于耕地的边际投资支出的减少幅度，即农民以耕地质量的下降来维持生产的正常进行；粮食价格上升幅度（或相应的生产性成本的降低幅度）等于投资于耕地的边际投资成本的增加幅度，即农民以耕地质量的提升来响应价格激励，因为这时投资土地更加有利可图。

2. 新型农业经营主体生产上出现非粮化倾向

面对兼业小农的"低效率"，发展新型农业经营主体，实现规模经营，取得规模效益，提高劳动生产率，是保障粮食产能的应对之策。但我国家庭农场、种粮大户的一个显著特征是，与发达国家的家庭农场相比较，90% 以上的土地是流转而来，地租在农业成本结构中占了很大比重。土地流转租金过高，一个主要原因是土地租金中包括了小农户家庭劳动力的工资，而不是单纯的租金。农民家庭都存在一个结构性特征：家庭中年轻一代外出务工，老年一代在家务农。农村中留守老人在城市就业困难，换句话说他们从事农业生产的机会成本是零。只要农产品收益超过生产性投入的价格和小块土地租金，他们便愿意从事农业生产，超出的部分是回报给留守劳动力的工资性收入。因此理论上讲，这个工资性收入具有经济租金的性质。小规模农户从事农业生产的净收入是工资和地租，按照市场规律，家庭农场能够承受的土地流转价格就是地租，但是小农户要求的土地流转价格是农业生产的净收入，也就是工资和地租。工资内化到了地租里，这个过程可以称作农业弱劳动力价值的租金化，这是老人农业特有的现象。

家庭农场的成本结构不同于兼业小农户，导致其生产函数和经济行为迥异于小农户。家庭农场的劳动力成本高于小农户，根据比较静态分析，在均衡状态下，其劳动生产率必然高于小农户；家庭农场的土地成本高于小农户，在均衡状态下，其土地生产率也必然高于小农户。因此从理论上讲，土地流转和新型农业经营主体的发展促进了农业生产逐步摆脱传统方式，转向提高劳动生产率与土地生产率的现代农业道路，但在粮食生产上，却产生了不利影响。

新型农业经营主体进行粮食生产的目的是追求利润最大化，对价格机制的反应比兼业小农户更加灵敏，工资成本和土地租金成本不断攀升，不但导致种粮绝对效益不断下降，而且比较效益同步下降。河南的调查结果显示，种 3.9 亩粮食才相当于种植 1 亩露地蔬菜或水果的收益，种 5 亩粮食才相当于种植 1 亩花卉苗木的收益，种 9 亩粮食才相当于种植 1 亩大棚蔬菜的收益，因此，新型农业经营主体种粮积极性较低，而发展经济作物和设施农业的积极性较高。规模化生产下的非粮化问题开始凸显，不利于粮食的稳定生产。以河南省为例，2021 年，全省家庭承包耕地流转土地面积 3519.23 万亩，其中用于粮食作物种植的面积为 2432.88 万亩，占流转总面积的比例为 69.1%。

（五）组织制度约束：农民生产行为短期化

1. 兼业化对粮食产能的影响

工业化、城市化进程的加快带动农业生产进入兼业化发展阶段。农户的兼业化、副业化虽然有利于农户家庭内部效率的提高和收入增加，但缺乏社会整体效率，会引起农业投入要素质量下降和土地粗放经营问题，导致粮食产能的下降。一般地说，农户的兼业化经营通过两个途径影响粮食产能：其一，老人和妇女属于弱劳动力，这使得传统的农作制度向节省使用劳动力的方向转型。农业生产要避免繁重的体力劳动，就会减少劳动密集型作业环节，减少复种指数，降低农业生产率和土地利用率，导致粮食总产量下降。在理论上，兼业化条件下小农经济进一步向粗放经营演变的过程可以描述如下：假设技术水平等其他条件和环境保持不变，在进行粮食生产时，劳动供给量因为弱劳动力而首先下降，就会打破以前生产过程中早已形成的要素投入的最优结构或均衡结构，不均衡的生产结构引起资源利用率下降、产出减少和收入降低，从而形成向新均衡运动的压力。种粮收入降低，农户就会相应地减少土地投资，土地质量开始下降，最终达到一个新的（适应弱劳动力的）要素投入均衡结构。新均衡结构与旧均衡结构相比，产量、劳动量和土地质量同时降低了。也就是说，兼业农户的粮食生产方式由精耕细作逐步演变为粗放经营。其二，在城乡二元结构、农村土地产权结构等制度性因素的限制之下，随着兼业化程度的不断提高，承包地为农户带来的收入越来越少，而作为农民最后的退路，承包地给农户带来的安全感会越来越强，即承包地的社会保障功能超越其生产功能。这时农户对耕地的珍惜程度就越来越低，耕地保护型投入会减少，从而影响粮食的长期产能。

2. 新型农业经营主体的短期化行为

新型农业经营主体的短期化行为根源于流转土地的产权稳定性差。据河南省统计局对150个种粮大户的调查，他们普遍反映流转合同期限短，影响生产长期投入，70%以上的种粮面积流转期限在6年以下，其中流转期限在5年以下的占42.5%，有些甚至一年一签。流转期限短诱发了种粮大户的短期化土地利用行为，在合同期限内过度使用土地而加速土壤退化。从产权角度看土地流转合同，种粮大户规避了土地长期投资引起的合同签订、度量和执行的交易费用，但其短期化行为却产生了另一项性质不同的交易费用，即土地质量下降或土壤生产力下降抬高的土地利用的社会成本。

三　当前粮食产能提升规划实施情况及存在的问题

进入21世纪以来，我国粮食持续增产难度不断加大，水土资源、气候等制约因素日益突出。为突破资源约束，提升粮食产能，国家在粮食主产区等重点区域实施了一系列粮食产能提升规划。2009年，国务院发布《全国新增1000亿斤粮食生产能力规划（2009—2020年）》；2013年，国务院发布《全国高标准农田建设总体规划》；2019年，国务院办公厅发布《国务院办公厅关于切实加强高标准农田建设提升国家粮食安全保障能力的意见》。这些规划、意见的实施对我国粮食供给实现稳定增长发挥了重要作用。河南省自2011年以来的10余年，以高标准农田建设为抓手，全力打造全国重要的粮食生产核心区，全省建成高标准农田累计7580万亩，根据该省农业农村厅统计，平均每亩耕地提升粮食产能150斤，取得了明显成效。

所谓高标准农田，按照《全国高标准农田建设总体规划》是指"土地平整、土壤肥沃、集中连片、设施完善、农电配套、生态良好、抗灾能力强，与现代农业生产和经营方式相适应的旱涝保收、持续高产稳产的农田"。河南的实践表明，高标准农田建设是落实"藏粮于地、藏粮于技"战略，巩固和提高粮食产能的必然路径，但在建设中仍然存在投资标准偏低、建设内容不配套、重建设轻管护等问题，影响耕地产能潜力的充分发挥，需要在下一轮高标准农田建设中引起重视。

（一）现行投资标准偏低

近年来，国家和地方逐步提高高标准农田建设投资标准，达到 3000 元/亩以上。河南省过去一直按 1500 元/亩的投资标准组织执行，已建成的高标准农田普遍标准不高，存在农业用水效率低、农田建设信息化水平低等情况，已不适应现代化智能化农业发展的要求。特别是由于钢筋、大沙、商品混凝土等主要建设材料近几年价格大幅上涨，道路建设成本翻了一番，机井成本上涨了 1/3，多年以前的 1500 元/亩的投资标准在目前只能解决农田基本的灌排问题，距离旱涝保收标准相差甚远。

（二）农田建设内容不配套

只重视工程项目建设而不重视地力提升，根据《高标准基本农田建设规范》（GB/T 33130—2016）的规定，建设内容主要包括"田、土、水、路、林、电、技、管"等 8 个方面。但在工程实施中，比较重视水利、道路、生态林、配电设施等农业生产的外部条件的建设，忽视了对耕地生产力有持久影响的土壤改良和地力培肥等内容。各地粮食主产区耕地过度开发、农用化学品过量投入导致土壤板结，防旱排涝能力差，土地生产率下降。在高标准农田建设中忽视耕地质量标准，使得高标准农田的综合效益难以得到充分发挥。同时，高标准农田建设中要改造的田地，仍然是原来的小农户分户经营的土地，由于分户经营的格局未变，高标准农田内部分地块田间道路和排水渠建设不到位，在一定程度上影响机械化作业和防汛效果，设计产能下降。

（三）重建设轻管护，工程利用期限缩短

农田建设，"三分建、七分管"，维护好基础设施是高标准农田建设的关键环节和基本要求。但是各地对高标准农田项目的建设过程较为重视，忽视事后管理维护工作，没有同步建立明晰的管理维护机制，表现为农田水利设施管护责任主体不统一，由于机构改革，水利和农业部门对灌溉机井的管理维护职责不清，建后管护措施不到位，管护资金不落实等问题突出。高标准基本农田基础设施建成后，一般交由当地村委会管理和维护，而村委会既缺少维护经费也没有管理维护的内在动力，出现了"政府管不到、集体管不好、农民不愿管"的困难局面。很多工程项目建成后，基础设施损毁、失修，有些已经不能使用。

（四）建设标准不统一

由于对耕地"非粮化"政策理解不一致，在高标准农田建设时，部分地方自然资源和规划部门一般不同意建设机耕路、田间道路、排水渠等涉及硬化的农田水利设施，这样不利于机械化作业和汛期排涝，影响高标准农田产能的正常发挥。

（五）地方资金配套压力大

高标准农田建设需要省、市、县三级财政配套资金，粮食主产区大多财力不足问题突出，又面临种植面积大、实施范围大的问题，资金配套给地方财政带来巨大压力。2021年河南高标准农田建设任务756万亩，位居全国第二，中央财政拨付补助资金74亿元，省级财政配套资金26亿元，占中央补助资金的35%。河南作为农业大省，人均一般公共预算支出水平长期位于全国倒数第一，资金配套压力很大。尤其是项目建成后，管理维护资金由县级财政负担，粮食大县一般是财政穷县，财政负担过重，例如产粮大县（区）淮阳区2020年维护资金支出600万元。

四 巩固提升粮食产能的对策建议

河南省作为国家粮食生产核心区，承担着保障国家粮食安全的政治责

任，面对粮食持续增产制约因素增多，亟须建立粮食稳定增长、农民持续增收的长效机制，调动农民种粮和地方政府抓粮积极性，提高土地产出率、资源利用率和劳动生产率，不断巩固提升粮食产能。

（一）建设国家粮食安全产业带

建设国家粮食安全产业带，要进一步落实"藏粮于地、藏粮于技"战略，以新思路规划高标准农田建设，巩固提升粮食安全保障能力。

1. 以新思路规划高标准农田建设

粮食主产区开展新一轮高标准农田建设需要新的思路，过去规划的弱点是标准太低，产能提升不多，而且没有土地肥力提升的内容，不得不依靠扩大播种面积来实现粮食产能的稳定提升。新的高标准农田建设规划，需要提高投资标准，补充完善建设内容，增加信息化建设和土地肥力提升内容，健全管护机制，探索高效利用的多种经营模式。

一要提高投资标准。将高标准农田建设工程的最低投资标准由 1500 元/亩提高到 3500 元/亩。投资标准只有达到 3500 元/亩，才能实现农业智能化高科技配置，将物联网、大数据、云计算等先进科技和农业节水灌溉技术高效结合，实现多种功能，大幅度提升粮食生产能力。

二要推广先进技术，改良土壤理化性状。高标准农田建设要立足改善影响粮食产能的主要限制性因素。2019 年河南省农业农村厅对全省耕地质量状况的监测显示，土壤有机质含量较低，中低产田所占比例仍然较高，下一轮高标准农田建设亟须培育土壤肥力，通过深耕深松、增施有机肥和种植绿肥以及生物技术等提升耕地地力。工程建成后，要持续实施测土配方施肥，采取秸秆还田等措施，不断提高土壤生产力。推广保护性耕作制度，避免耕地过度开发引起耕地退化。

三要健全管护机制。因地制宜，积极探索行之有效的农田管护模式，明确管护主体，落实管护责任，建立健全管护机制。高标准农田流转以后，引导和激励专业大户、家庭农场、农民合作社参与高标准农田设施的管护；高标准农田流转前，由农民用水合作组织或村集体等参与农田设施的管护，明确管护责任。建立健全农田管理维护基金制度，落实管护资金，做到有人管、有钱修，确保耕地产能长期稳定。

四要推动良田高效利用。项目竣工后，鼓励和支持高标准农田向专业大户、家庭农场、农民合作社流转。开展规模经营，有效发挥高标准农田现代化设施的功能，促进粮食潜在产能向现实产能转化。积极开展土地托管、代耕代种等农业生产性服务，带动小农户发展现代农业，充分提升粮食生产的规模效益和产能潜力。

2. 加强农田水利基础设施建设

加快实施大中型灌区重点水利建设工程，扩大有效灌溉面积。以改善农田水利条件为重点，配套和改造现有农田灌排设施，大幅度改善中低产田的生产条件。加快推广节水灌溉技术，提升灌溉效率，减少地下水超采。加强抗旱应急水源工程建设，配备小型抗旱应急机具，全面提升农业抗御自然灾害的能力。

3. 加快农业科技创新，强化技术推广应用

巩固提升粮食产能，必须加快科技创新步伐，在生物遗传育种、劳动替代与自动化、生态循环模式、绿色标准规范等方面着力，加强核心技术研发。构建生物育种体系、公共技术服务平台等，推动粮食生产由主要依靠物质要素投入转向依靠科技进步。加快技术推广应用，必须加强基层农业技术推广体系改革与建设，逐步完善分工协作、服务到位、充满活力的多元化基层农业技术推广体系，加快推动基层农业技术推广体系向"强能力、建机制、提效能"转变。探索建立科教产学研一体化农业技术推广联盟，推广普及标准化种养、病虫害防治、测土配方施肥等技术。以智慧农业、精准农业为突破口，加快农村信息化进程。积极开展"互联网+"现代农业行动，打造农村科技服务云平台，推动农村电子商务发展。

（二）支持培育新型农业经营主体和服务主体

完善农村承包地"三权分置"制度，积极推进土地流转，突出抓好家庭农场和农民合作社等新型农业经营主体和服务主体培育，发展多种形式适度规模经营。为提高小农户粮食生产效率和种粮积极性，要重点发展面向小

农户的农业生产性服务业。

1. 以土地股份合作制推进土地流转

在大中城市郊区、产业园区周围的农村地区，大多数农户家庭成员长期在城镇就业，有较为稳定的工作和收入，农村承包地的社会保障作用大幅降低，具备了长期出租、转让土地经营权的现实条件。要积极发展农村土地股份合作社，推动整村、整区域土地流转，提高规模经营水平。

2. 探索统一流转土地经营权

以高标准农田建设和土地整理整治为契机，集中连片流转土地，发展农业规模经营。河南省邓州市孟楼镇进行了成功的探索，市政府注资成立农村土地开发公司，公司以较高的价格从农户手中集中连片流转土地，统一进行土地整治、提升土地生产力，再出租给农民专业合作社、农业龙头企业进行规模经营，形成了土地集中流转—土地整理—再流转模式。该模式成功运行的内在机制是以政府信用作担保，以国有土地开发公司为"中介"，解决了小农户与新型农业经营主体间的信息不对称和信任问题。最终实现了农户、村集体经济组织、新型农业经营主体和土地开发公司四方共赢的格局：农户从土地开发公司取得的土地租金要高于全镇农业的平均亩收益；村集体经济组织拥有增量土地的产权，从中获得土地租金收入；土地开发公司通过土地整理，提高了耕地生产力的等级，也从经营权规模化流转溢价中取得满意的投资报酬；新型农业经营主体从农业规模经营的生产效率提高及交易成本节约中得到较高收入。

3. 重点发展面向小农户的农业生产性服务业

小农户相对于家庭农场和种粮大户来说，仍然有其优势，它的劳动力的机会成本是零，这是它的效率来源。而家庭农场和种粮大户的土地租金和劳动力工资成本则相对较高。2021年河南省土地流转面积占全省家庭承包耕地总面积的31.75%。这也说明以小农户为主体的农业生产格局并未发生实质性变化。如何在以小农户为主体的条件下，实现小农户和现代农业有机衔接？近年来的实践说明，需要重点发展面向小农户的农业生产性服务业。近年来，随着农业兼业化的发展和老人农业的出现，对农业社会化服务的市场需求空前旺盛，另外，各类新型农业服务主体纷纷涌现，推动了农业生产环节"外包"市场的发展，为老人农业提供代耕代种、土地托管等多种服务。这是兼业化条件下农业分工深化的表现，实现了小农户劳动力成本低的优势与新型农业服务主体先进技术装备优势的有机结合，对提高小农户种粮积极性、巩固粮食产能发挥了重要的作用，对构建现代农业经营体系的作用也日益突出。

（三）进一步完善农业农村支持政策体系

1. 健全粮食生产支持体系，提高农民种粮积极性

坚持完善小麦最低收购价政策，适当提高稻谷、小麦最低收购价标准，稳定玉米、大豆生产者补贴和稻谷补贴政策，加大保险对粮食生产的支持力度，让农民务农种粮不亏本、有钱挣。进一步激励新型农业经营主体发展优质专用粮食，增加经营收入。为提高粮食主产区粮食生产的积极性，加快健全粮食主产区利益补偿机制。当前粮食主产区利益补偿机制的问题表现在两个方面：一是现有补偿是由中央财政承担的粮食奖补，奖补资金有限，没有解决产粮大省或大县"粮财倒挂"问题；二是各种现有粮食奖补政策尚未把粮食主产区的粮食调出量和销区的调入量作为重要依据。要加大对粮食主产区的转移支付力度，加大对粮食净调出省份的奖补力度，落实产粮大县奖励政策，让粮食主产区抓粮得实惠，调动地方政府重粮抓粮积极性。受益地区也应对粮食主产区进行补偿，平衡地区之间的经济利益。同时要减少高标准农田建设中地方配套资金比例，这既属于支持农业发展的绿箱政策，符合国际通行规则，也有利于减轻粮食主产区的财政压力。

2. 强化财政优先保障

新型农业经营主体当前正处于起步成长阶段，投资数额大，经营风险大，需要加大资金政策扶持力度。另外，龙头企业承担了为农户提供社会化服务、建设农产品生产基地的社会义务，振兴了地方经济，承担了较高的外部成本。因此各级财政部门要设立专门基金，不断加大资金投入力度。粮食主产区要重点支持优质专用粮食生产基地建设、粮食加工业发展和粮食产业链现代化建设，进一步提升粮食资源的优化配置能力，提高种粮综合效益。

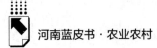

3.完善农村金融市场，创新金融服务

首先，从长期来看，有序开放农村金融市场，激发农村金融活力。引导政策性金融、合作性金融、商业性金融及其他新型金融机构多元协同发展，互为补充。发挥民间金融对农村正规金融的补充作用，是发达国家发展家庭农场和现代农业的成功经验之一。其次，就当前来说，借鉴佛山市农业"政银保"合作贷款经验，搭建担保平台，构建财政金融支农新体系。构建以财政投入资金为扶持专项资金，以银行金融资金为基础，以保险公司的保证保险为保障的农业贷款体系，构建运用财政资金撬动金融资本的支农新体系。再次，创新金融产品。引导商业银行针对农业行业特点开发"量体裁衣"式的金融产品，加大对农业生产项目的投入力度。最后，推进农业保险工作，调整部分财政救灾资金予以支持，提高保险覆盖率和赔付标准。增加农业保险产品供给，扩大农业保险覆盖面，提高农业保险保障程度。

参考文献

马晓河、蓝海涛：《我国粮食综合生产能力和粮食安全的突出问题及政策建议》，《改革》2008 年第 9 期。

思拉恩·埃格特森：《经济行为与制度》，吴经邦等译，商务印书馆，2004。

《我省小麦种植量价同增　收益大幅提高》，中原经济网，2021 年 8 月 6 日，https：//www.zyjjw.cn/news/henan/2021-08-06/691923.html。

郭林涛：《我国中长期粮食供应的脆弱性分析及其应对》，《中州学刊》2020 年第 8 期。

生秀东：《粮食主产区耕地质量下降的经济分析及提升策略》，《中州学刊》2021 年第 12 期。

韩长赋：《坚决扛稳国家粮食安全重任》，《人民日报》2020 年 8 月 7 日。

吕胜根：《创新支农机制　破解融资难题》，《江门日报》2016 年 6 月 20 日。

B.7
耕地"非粮化"治理的难点及对策

苗 洁[*]

摘 要： 耕地"非粮化"治理事关耕地保护和粮食安全长远大局。近年来，河南省非粮作物播种面积占比低于全国平均水平，但高于其他几个粮食调出省份。种粮比较收益低是造成耕地"非粮化"的主要动因。这两年河南加大耕地"非粮化"排查整治力度，取得了一定进展，但仍有不少困难和挑战，包括与农民增收存在矛盾、配套政策和工作机制不健全、"非粮化"治理的负外部性以及如何与农业结构调整协调推进等。破解这些难题，需要加大对粮食生产的支持力度，做大做强粮食产业，大力发展农业社会化服务，完善"非粮化"治理相关政策机制，充分调动和激发地方政府重农抓粮、农民务农种粮、工商资本投农营粮的积极性，真正实现良田种粮。

关键词： "非粮化"治理 粮食安全 耕地保护

在新冠肺炎疫情、气候变化、国际冲突交织叠加的背景下，粮食的战略意义更加凸显，粮食安全的不确定性和复杂性进一步加剧，引发了国内对粮食问题的高度关注和广泛担忧。2020年11月，国务院办公厅印发了《关于防止耕地"非粮化"稳定粮食生产的意见》，这是国家为保障粮食安全而出台的土地管控新政策。作为粮食主产区和全国仅剩的5个粮食净调出省份之一，近年来，河南省耕地保护取得较好成效，粮食产量也一直在高位运行，但面对新的形势和挑

---

* 苗洁，河南省社会科学院农村发展研究所副研究员，主要研究方向为农村经济。

战,保障粮食安全的压力越来越大。2021 年 2 月,河南省出台《河南省人民政府办公厅关于防止耕地"非粮化"稳定粮食生产的实施意见》,明确提出坚决遏制耕地"非粮化"倾向,扛稳粮食安全重任。这两年河南加大耕地"非粮化"排查整治力度,坚决遏制耕地"非粮化"增量,取得了一定进展,但耕地"非粮化"治理涉及面广、情况复杂、困难较大,需要综合考虑农民意愿、经济成本、社会稳定等因素,统筹兼顾、稳妥推进,以更好地守牢耕地保护红线和粮食安全底线,让粮食生产这张王牌更加闪亮,在确保国家粮食安全方面展现新担当新作为。

一　河南省耕地"非粮化"的状况

耕地"非粮化"是指耕地转变为非粮食生产用途,如种植经济作物、从事林果业、挖塘养鱼以及闲置抛荒等,通常不改变耕地农用的性质。由于数据的可得性,借鉴已有研究成果,在此主要使用"非粮作物播种面积占农作物播种面积的比重"来反映"非粮化"水平。

从耕地"非粮化"变化趋势来看,河南农业生产处于"非粮化"和"趋粮化"交替波动的变化、调适之中,而且 2010 年以来,河南省非粮作物播种面积占比一直低于全国平均水平。2020 年,河南非粮作物种植面积为 3949.2 千公顷,占农作物播种面积的比重为 26.9%,比全国非粮作物播种面积占比低 3.4 个百分点(见图 1)。从与其他粮食主产区的比较来看,虽然河南非粮作物播种面积最大,但非粮作物播种面积占比远低于湖南、湖北、江西、四川等中西部省份(见图 2)。从粮食调出省份的情况来看,河南、黑龙江、内蒙古、吉林、安徽 5 省耕地"非粮化"程度均低于全国平均水平,其中,河南作为第二产粮大省,其非粮作物播种面积最大,非粮作物播种面积占比最高。在这样的情况下河南能够连年实现稳粮增产,彰显了粮食生产这张王牌的优势,也说明未来保粮稳粮的压力较大。从流转耕地的"非粮化"状况来看,2021 年底全省家庭承包流转耕地面积发展到 3519.23 万亩,占全省家庭承包经营耕地面积的 31.75%,流转后的土地用于种植粮食作物的面积为 2432.88 万亩,占流转总面积的比重达到 69.13%,即非粮作物播种面积占比为 30.87%,比全省"非粮化"总体水平高 4.0 个百分点。从耕地"非粮化"的形式看，一是种植结构"非粮化"，2020 年河南非粮作物种植中，油料作物占 40.5%，蔬菜和食用菌占 44.4%；二是农业生产"非粮化"，近年来受生态修复以及休闲农业、乡村旅游兴起的影响，个别地方耕地存在转变为养殖鱼塘、林地园地等其他类型农用地的状况。由于整体耕作条件较好，河南省闲置抛荒耕地的情况不多。不管是种植结构"非粮化"还是农业生产"非粮化"，农地农用的性质基本上没有发生改变，仍存在恢复粮食生产的可能性。

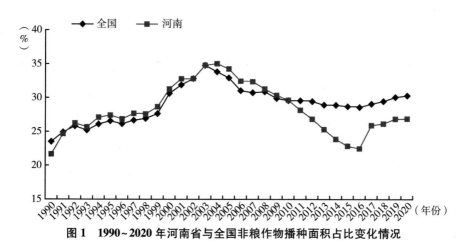

图1　1990～2020 年河南省与全国非粮作物播种面积占比变化情况

资料来源：历年《中国统计年鉴》《河南统计年鉴》。

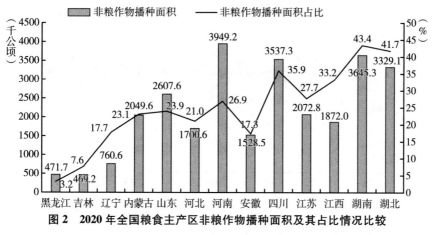

图2　2020 年全国粮食主产区非粮作物播种面积及其占比情况比较

资料来源：《中国统计年鉴 2021》。

二 造成耕地"非粮化"的原因分析

耕地"非粮化"的原因比较复杂，有成本收益层面的原因，主要是市场经济背景下粮食作物种植比较收益较低，导致劳动力、土地、资金等生产资料向经济效益更高的非粮生产转移，除此之外，也有政策制度层面和思想认识层面的原因。

（一）成本收益层面

农民种地始终面临种粮和增收的矛盾，种粮收益相对较低是导致耕地"非粮化"的主要原因。以小麦为例，由于农药、化肥等农资和劳动力投入以及土地租金快速上涨，2020年之前河南小麦亩均生产收益明显低于生产成本（见图3），2021~2022年小麦亩均生产收益有大幅增长，主要得益于价格的上升，尤其是2022年小麦市场收购价格上涨至每公斤3.06元，上涨20%以上，弥补了由生产成本上涨造成的损失，但远不及种植经济作物收益高。相关调查显示，单从经济效益算，河南农民种3.9亩粮食才相当于种植1亩露地蔬菜或水果的收益，种5亩粮食才相当于种1亩花卉苗木的收益，

图3 2010~2022年河南省小麦生产亩均生产成本和收益变动情况

资料来源：河南省统计局网站（https：//tjj.henan.gov.cn/）。

种 9 亩粮食才相当于种 1 亩大棚蔬菜的收益。因此,农民特别是新型农业经营主体,由于土地流转和融资等费用偏高,成本上升使其更倾向于选择收益更高的经济作物和设施农业,种粮积极性不高。而且随着农村劳动力向第二、第三产业转移,部分半工半农农户对农地粗放经营,如不种或部分种植或降低耕种轮次等,粮食生产副业化、兼业化,农村高质量人力资源大量流失对粮食生产效率造成了消极影响。需要注意的是,虽然比较收益低是"非粮化"的主要动因,但结合调研情况看,这并非决定性动因,是否从事"非粮化"生产还取决于经营习惯、资源禀赋、经营门槛、经营能力等。

(二)政策制度层面

一是受农业结构调整、生态退耕等政策影响产生"非粮化"。受国家农业结构调整政策驱动,加上适应市场需求变化,河南各地大力发展特色优势农业,并逐步形成专业化规模化格局,农业生产的空间扩散效应也在引导农民种植结构调整的方向。此外,1999 年以来,我国启动了两轮退耕还林工程,河南等粮食主产区也在实施范围内,退耕还林还草显著改善了生态环境,但存在用减少粮食生产换取生态环境改善的短期效应。二是耕地保护制度上存在漏洞,对于耕地具体的经营范围没有做出明确要求和严格限制,如《中华人民共和国基本农田保护条例》《中华人民共和国土地管理法》等对于基本农田内种树种草、发展林果业、挖塘养鱼等行为,只有禁止占用的条款,并没有相应的处罚条款,各地也没有具体明确利用农田发展非粮项目的相关要求和条件,尤其是对工商资本和新型农业经营主体大规模、长时间流转土地的"非粮化"行为没有足够重视,缺乏相应的制约和监管。

(三)思想认识层面

从耕地使用者的角度看,农户对粮食安全和耕地保护的认识不到位,在调研中,有不少农民认为种植非粮作物不会影响土地质量,认为耕地"非粮化"对粮食安全没影响或影响不大。事实上,耕地作为重要的自然资源具有巨大的生态价值，但是耕地的生态价值长期被忽视，耕地使用者往往只重视耕地的经济价值，为实现收益最大化而采用高强度的土地利用方式，造成耕地质量下滑，同样会影响粮食安全。而且，随着消费习惯、消费结构的改变，人们日常生活中直接消费的口粮比重在下降，不少人认为发展现代农业、调整农业结构必然要减少粮食生产，认识上的偏差和误解助推了耕地"非粮化"。

三　河南省耕地"非粮化"治理的进展

建立耕地用途管制制度，加快落实耕地"进出平衡"。2022 年 5 月，河南省自然资源厅、河南省发展和改革委员会、河南省农业农村厅、河南省林业局印发《关于严格耕地用途管制落实耕地"进出平衡"的实施意见》，对一般耕地转为林地、园地等其他农用地及农业设施用地的，要求必须从现状林地、园地等其他农用地中恢复出同等数量的耕地。为确保耕地"进出平衡"重大制度落地，制定印发了《河南省耕地"进出平衡"实施暂行办法》等配套文件，对进出平衡方案编制、补足耕地入库标准做了具体要求，并对 2021 年耕地流出问题进行全面排查、限期整改。此外，河南还研发了全省耕地"进出平衡"监管系统，实现了"进出平衡"全流程网上运行。河南省落实最严格的耕地保护制度，全省耕地面积保持在 1.12 亿亩以上。自 2013 年全省粮食播种面积首次突破 1.6 亿亩以来，已连续 9 年稳定在 1.6 亿亩以上，为粮食丰产丰收打下了基础。

积极开展耕地"非粮化"排查整改，坚决遏制增量。自《国务院办公厅关于防止耕地"非粮化"稳定粮食生产的实施意见》出台之后，河南各地逐步加大排查整治力度，如焦作市要求依法依规将 2020 年 11 月后新发生的"非农化""非粮化"耕地恢复耕种。从 2021 年 10 月开始，河南聚焦工商资本、新型农业经营主体开展流转耕地"非农化""非粮化"专项整治，其中，"非粮化"整治主要针对在永久基本农田从事林果业及挖塘养鱼、闲置撂荒和不按技术规范发展稻渔、稻虾、稻蟹等"非粮化"行为，以及整治耕地流转、基本农田信息填写不规范等问题，共排查流转主体 15 万个，整改"非粮化"问题 1245 个，整改"流转不规范"问题 1.3 万个。

在此次专项整治中，驻马店市排查流转耕地"非农化""非粮化"主体 16244 个，涉及流转耕地面积 216.61 万亩。排查发现存在流转耕地"非粮化"问题的主体 101 个，涉及面积 11245.98 亩，其中有 100 个主体的流转耕地"非粮化"问题发生在国务院办公厅"非粮化"文件印发前，涉及面积 11144.98 亩。截至 2022 年 2 月，该市在流转永久基本农田上从事林果业的主体已整改 35 个，涉及面积 3070.48 亩，其他 23 个主体也已制定整改方案；在流转耕地上种植药材等的 43 个主体已全部完成整改，涉及面积 5568 亩。排查发现存在流转耕地不规范问题的主体 1587 个、不规范的流转合同 2689 本，也已全部完成整改。①

原阳县是全国粮食生产先进县，该县成立了耕地"非粮化"专项整治专班，同时，各乡镇（街道）切实履行主体责任，对辖区内的耕地保有量和基本农田保护面积负责，做到问题排查到位、整改到位。2022 年以来，全县排查农业合作社、家庭农场 830 家，排查面积 13 万余亩，未发现耕地"非粮化"的问题，排查发现部分土地流转合同不规范，已全部整改，有效堵塞了耕地"非粮化"漏洞。

四　耕地"非粮化"治理的难点

通过一系列强有力的措施，河南耕地"非粮化"治理取得了一定进展。但是，总体来看，耕地"非粮化"治理不仅关系粮食安全保障，也关系农民群众增收，关系农业结构调整和规模化经营，要有效遏制"非粮化"，还存在一些堵点难点。

---

① 《驻马店市人民政府关于流转耕地"非农化""非粮化"专项整治工作开展情况的报告》，驻马店市人民政府网，2022 年 2 月 17 日，https：//www.zhumadian.gov.cn/html/site_ gov/articles/202202/154268.html。

（一）"非粮化"治理与农民生计改善存在矛盾

"非粮化"不是近几年出现的新鲜事，多年来，河南农民综合考虑成本、效益等因素，选择少种粮或不种粮的现象一直存在。实践经验表明，种植经济作物、发展特色农业是增加农民收入的重要手段，显著提高了农民生活水平，但也造成了一定程度的耕地"非粮化"。"粮转非"主要是基于农民的行为决策变化，具有较强的市场性特点，而且现行法律明确规定，农户有生产经营自主权，政府不得干涉农民自主安排的生产经营项目。因此，与"非农化"不同，很难依靠行政或法律手段有效遏制"非粮化"，关键还是要解决种粮经济效益过低的问题，增强农民种粮动力。目前，粮食主产区利益补偿机制尚不健全，引导农民种粮缺乏有效手段。一方面，现有补偿是由中央财政承担的粮食奖补，奖补资金有限；另一方面，现有粮食奖补政策未把粮食主产区的调出量和销区的调入量作为重要依据，难以长期维持粮食主产区种粮积极性。由于粮价很难持续大幅度提升，即使加上粮食生产补贴，依然难以掩盖种粮利润微薄的基本事实，粮食经营作为农民增收的传统动能在逐渐减弱，很难让小农户以种粮为主要收入来源且不降低收入水平，要求农民改种粮食的底气不足。如果不考虑农民意愿，强制让"非粮化"耕地改种粮食，会损害农民利益，影响农民特别是一些主要靠特色农业产业实现脱贫的地区和农户持续增收，也容易引起群众对产业政策稳定性的质疑，影响政府公信力，这样既不利于巩固脱贫攻坚成果，也不符合脱贫不脱政策的要求。

（二）防增量减存量配套政策和工作机制不健全

坚决遏制增量，稳妥解决存量，目的是严格控制"非粮化"总量，防止过度"非粮化"。这需要在摸清底数的基础上，考虑多方因素和多重需求进行科学测算，比如哪些区域允许进行适度的"非粮化"，哪些区域要杜绝新增"非粮化"。而且，有些"非粮化"现象是显性的，通过粮食总产量、粮食播种面积指标变化等，可以直观地发现"非粮化"问题，但有时候种植粮食的耕地面积和播种面积可能并没有发生明显变化，粮食单产、粮食生产效率发生变化以及耕地质量下降等因素同样会影响粮食生产，还有一些"非粮化"利用对耕地质量和粮食生产的影响是缓慢的、渐进的，很难被察觉，容易出现"隐性非粮化"，对此怎么认定和处理也需要考虑。调研发现，在实践中对"非粮化"还没有清晰统一的界定，如自然资源部门和农业部门对于"非粮化"的界定存在差异，加上"非粮化"监督执法缺少主体和专业化队伍，很难做到早发现、早制止。相比于遏制增量，解决存量问题要复杂得多。由于国家层面尚未出台"非粮化"整治工作的统一方案，对于解决存量问题具体怎么办，比如如何补偿以及整治成本怎么分担等，缺乏明确统一的政策文件和可参考的依据，任务重困难多，难以施行。一些农田在改为鱼塘或种树后才划为永久基本农田保护区，还有一些需要整治的地块涉及巩固脱贫攻坚成果和村集体分红、农民增收等，如果整治工作不注意方式方法，易产生矛盾和隐患。

（三）流转耕地"非粮化"治理可能产生负面影响

随着农村劳动力转移和老龄化，工商资本进入农业和开展土地规模化经营成为助力农业现代化和乡村振兴的必然途径，不仅解决了农业投入不足和要素短缺的问题，也有助于创新农业生产和经营模式，促进传统农业的现代化改造。当前，河南将流转耕地的工商资本、新型农业经营主体作为"非粮化"整治的重点对象，但是从调研情况看，还存在将流转耕地"非粮化"治理简单化为对基本农田非粮作物的"一刀切"现象，如对处于盛果期的林果作物要求"一拔了之"，会造成较大的经济损失。如果不能将资本无序扩张、"圈地"与工商资本下乡入乡专注适度规模经营相区分，会影响工商资本进入农业和规模主体转入土地的积极性，甚至会使已经进入农业生产环节的规模经营主体退出，容易造成地区农业种植结构和农业产业单一化，以及损害与非粮经营相关的农业主体、田间雇工、上下游（如农资、运输、销售）就业群体的利益。由于生产种植环节被"卡"，可能会造成本地非粮经营产业若干环节退出、断裂或转移，降低农业产业效益和发展水平，尤其是对经济作物种植区，"非粮化"整治产生的负外部性可能更为明显。

（四）"非粮化"治理与农业结构调整统筹推进难

随着收入水平提升，城乡居民饮食更加注重多样化、营养化，主食所占的比例在不断下降，膳食结构升级换代已经成为一种不可逆转的趋势。一方面强调推进农业供给侧结构性改革，树立大农业观、大食物观，保障各类农产品和食物有效供给，另一方面又要求坚决遏制耕地"非粮化"，强化耕地保护和用途管制。从某种意义上讲，"非粮化"治理与农业结构调整、大食物观似乎存在内在冲突，是相互矛盾的、对立的。也有人提出树立大食物观背景下"非粮化"整治重点是不是应该从保障粮食安全向保障食物安全转变，或者是否应该将防止"非粮化"调整为防止"非食物化"。如果不能正确认识和处理好"非粮化"治理和农业结构调整的关系，把耕地"非粮化"治理与农业结构调整对立起来，以非此即彼的思维来制定政策、开展工作，很难有效统筹粮食生产和其他农产品生产，也将直接影响"非粮化"治理工作的推进。以大食物观和农业结构调整为由，将防止"非粮化"变异为防止"非食物化"，是对粮食安全的极端不负责任。将"非粮化"治理简化为清理经济作物，强制实施"退经还粮"会造成农业供给与需求不匹配，同样是对大食物观下食物安全的不负责任。因此，如何统筹推进粮食生产和农业结构调整，也是"非粮化"治理需要破解的难题。

五　河南耕地"非粮化"治理的对策建议

推进耕地"非粮化"治理，关系耕地保护、粮食安全和农民增收长远大局，除了发挥规划、功能分区的强制性作用及相应的行政推进手段外，必须辅之以义、辅之以利，充分调动和激发地方党委、政府重农抓粮、农民务农种粮、工商资本投农营粮的积极性，真正实现"农田姓农、良田种粮"。

（一）加大对粮食生产的支持力度，提高粮食种植收益

一是完善粮食补贴等惠农政策。加大粮食直补、良种补贴和农资补贴力度，探索实行有机肥补贴，降低或取消非粮补贴。改进补贴方式，坚持谁种粮谁受益，确保种粮主体真正得到好处。二是加强科技支撑。实施"藏粮于技"，加大科技投入，加快种业高质量发展，推行高产优质新粮食品种；提高粮食生产农机装备智能化水平，加快研发适应丘陵地区的农机装备；建立数字农业智慧平台、智能物联网平台等，建设"数字粮田"。三是加大高标准农田建设投入力度。高标准农田建设需要省、市、县财政配套资金，粮食主产区尤其是一些产粮大县财力不足问题突出，资金配套给地方财政带来较大压力。建议降低粮食主产区高标准农田建设地方配套资金比例，减轻粮食主产区的财政压力，调动地方抓粮积极性，并动态提升高标准农田的建设标准。四是强化粮食主产区利益补偿。进一步加大对粮食主产省的转移支付力度，加大对粮食净调出省份的奖补力度，抓牢产粮大县奖励政策落实。对粮食主产区要优化利益补偿资源的配置，完善农地发展权补偿机制，推动粮食主产区农地集约经营、人口适度集中、产业集聚发展，充分发挥粮食生产的优势。五是做大做强粮食产业。农民是粮食生产的主体，促进农民增收是推进农民农村共同富裕的关键。实践证明，要想持续增加种粮农民收入，并在更高水平上保障粮食安全，需要构建现代化粮食产业体系。要深入推进优质粮食工程，促进优粮优产、优购、优储、优加、优销"五优联动"。鼓励粮食主产区与主销区深度开展产销协作，在粮食主产区共建仓储物流等设施和发展粮食精深加工等，不断延伸粮食产业链条。加快培育农业产业化龙头企业，打造从田间地头到餐桌的粮食全产业链，推进一二三产业融合发展，拓宽农民增收渠道，助力农民农村共同富裕。

（二）规范规模经营主体行为，大力发展农业社会化服务

一是健全市场化流转机制，降低土地流转成本。因地制宜研究确定本地区土地规模经营合理标准，健全市场化的土地流转机制和运行规则，通过土地契

约市场化，保持土地租金租约的稳定性。二是有序引导工商资本、新型经营主体进入农业。既要保障工商资本等主体持续投资农业的积极性和热情，也要对大面积、长时间租赁农户土地的行为持谨慎态度。准确把握对工商资本、新型经营主体进入农业进行鼓励、限制、禁止的政策界限，做好工商资本、新型经营主体租赁农地监管和风险防范工作。对规模经营主体的经营能力、风险承担能力进行评估，对合同履行、土地利用等进行动态监管。三是健全粮食生产的社会化服务体系。大力发展覆盖产前、产中、产后全过程的粮食生产性服务，努力解决粮农一家一户办不了、办不好、办起来不合算的问题。从现实情况看，工商资本等规模经营主体进入农业后的"非粮化"经营行为与其涉农的方式有较大关系。应鼓励和引导工商资本进入农业从事良种繁育、粮食加工流通以及通过代耕代种、统防统治、土地托管等方式提供粮食生产社会化服务。四是完善利益联结机制。鼓励规模经营主体对周边普通农户进行带动和帮扶，引导农民以土地经营权以及劳动、资金、技术等为纽带加入家庭农场、合作社或以其他形式开展联合经营，让种粮农民分享粮食产业增值收益。

（三）完善配套政策和工作机制，因地制宜稳妥有序推进

一是完善"非粮化"整治的相关依据。针对"非粮化"整治工作缺乏相关依据的情况，尽快修订完善功能区划和防止"非粮化"的法律法规，设立"非粮化"红线和预警线。二是因地制宜逐步推进。由于"非粮化"存量问题多是发生在《关于防止耕地"非粮化"稳定粮食生产的意见》出台之前，不可操之过急、强制执行，需要分阶段分类型逐步推进。现阶段可将那些补贴倾向型和资本无序扩张型主体以及对耕地破坏性比较大的、处于闲置抛荒状态的耕地，作为"非粮化"治理的重点。对正处于盛果期的林果业，对退耕还林的速生林等暂时无法化解的存量，要制定时间表、把握好进程，创新种植模式，如鼓励经济作物中间套种粮食作物等，使其逐步回归到种粮食，尽量减少对农业投资和结构优化调整的冲击。在严禁新增"非粮化"行为的同时，引导新发展林果业等上山上坡，不与粮食争地。三是完善"非粮化"治理的补偿机制和成本分担机制。当前清除基本农田上的非粮作物

和田间设施等压力和困难较大，需要进一步明确是否需要赔偿，怎么赔偿，赔偿标准以及清除费用、土地复耕费用等谁来负担等问题，减少冲突和矛盾。四是建立健全监管体系。利用数字化技术持续开展"非粮化"监测，掌握种粮情况、"非粮化"动态变化数据。完善耕地占补平衡、耕地用途进出平衡机制，加快建设耕地保护和监督执法专业队伍，根据"非粮化"的程度设立预警机制和及时干预机制。五是稳定经营主体预期。关注"非粮化"专项整治等因素对农业投资的影响，进一步明确"非粮化"整治工作的政策走向和执行标准，减少各类经营主体的猜测和担忧，稳定农业投资和乡村发展。

（四）加强思想认识和宣传引导，营造护地种粮良好氛围

一是提高思想认识。虽然人们消费习惯、消费结构的改变，可能会让日常生活中直接口粮的消费下降，但肉、蛋、奶乃至精深加工食品等的生产均与粮食有关，所以要高度重视粮食生产和供应问题。要认识到，"非粮化"治理并非要求只能种粮食、不能种其他作物，不能将其与农业结构调整对立起来，而是要在确保粮食供给的同时，适度发展经济作物，形成同市场需求相适应、同资源环境承载力相匹配的现代农业生产结构和区域布局。要树立大食物观，全方位、多途径开发食物资源，从耕地资源向整个国土资源拓展，给约束日益趋紧的耕地减压松绑，更好地保障"非粮化"治理。二是加强宣传引导。从调研情况看，由于提出防止耕地"非粮化"的时间较短，很多经营主体对耕地"非粮化"仅限于知道但缺乏深入了解，需要加大对相关内容和政策措施的宣传力度，让新型经营主体、普通农户等全面深入地了解防止耕地"非粮化"的重要性，形成护地种粮的良好氛围和社会自觉，为"非粮化"治理工作顺利推进奠定基础。

参考文献

祝洪章、秦勇：《我国粮食主产区农地流转"非粮化"问题及对策研究》，经济科学

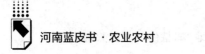

出版社，2020。

孔祥斌：《耕地"非粮化"问题、成因及对策》，《中国土地》2020年第11期。

杨红香、荆彦婷、朱悦：《中国耕地"非粮化"现状、原因及对策研究》，《安徽农业大学学报》（社会科学版）2022年第3期。

陈明星、唐轲、张淞杰：《完善粮食主产区利益补偿机制的路径及对策》，《区域经济评论》2022年第1期。

赵羚诣、彭海英：《耕地"非粮化"的成因及对策研究》，《农村工作通讯》2022年第11期。

胡冰川：《当前全球粮食安全局势与中国治理对策分析》，《国家治理》2022年第5期。

蓝海涛等：《整治耕地"非粮化"面临的新矛盾与隐忧》，《中国发展观察》2021年第17期。

王丽惠、赵晓峰：《"非粮化"整治的负外部性及政策优化》，《学术论坛》2021年第6期。

郝士横、吴克宁、吕欣彤：《耕地"非粮化"治理措施的逻辑与对策》，《中国农业综合开发》2022年第8期。

刘慧：《从大食物观出发更好满足人民需要》，《河南农业》2022年第8期。

苗洁：《我国粮食主产区耕地"非粮化"的比较分析》，《农村·农业·农民》2021年第20期。

邵宇飞：《河南省耕地"非粮化"空间格局分异、成因及对策研究》，《湖北农业科学》2022年第10期。

B.8
河南新型农村集体经济发展的
探索、问题及对策

周　艳*

摘　要： 近年来河南省持续深化农村集体产权制度改革，积极探索农村集体经济新的实现形式和运行机制，集体经济发展实力不断增强，在促进农民增收、全面推进乡村振兴中发挥了重要作用。但是新型农村集体经济的发展还存在认识不到位、全省新型农村集体经济发展不平衡、农村集体经济组织发挥作用不够及配套措施不完善等问题。为推动新型农村集体经济高质量发展，要建立改革发展的新思路、加强农村集体资产整治、积极培育农村集体经济组织及加大政策支持力度等。

关键词： 新型农村集体经济　农村集体产权制度　河南

实现全体人民共同富裕，是社会主义的本质要求，要大力发挥公有制经济在促进共同富裕中的重要作用。2022年河南省委一号文件再次强调发展新型农村集体经济，将其作为促进农民增收的渠道之一。近年来，河南省持续深化农村集体产权制度改革，加大政策支持力度，积极探索农村集体经济新的实现形式和运行机制，集体经济发展实力不断增强，为推进乡村全面振兴提供了重要支撑和保障。

---

* 周艳，河南省农业农村厅集体经济指导处副处长，研究方向为农村集体产权制度改革、农村集体经济等。

一　新型农村集体经济的特征

2020 年 12 月，习近平总书记在中央农村工作会议上强调，要完成农村集体产权制度改革阶段性任务，用好改革成果，发展壮大新型农村集体经济。[①] 由此可见，新型农村集体经济是农村集体产权制度改革的产物，新型农村集体经济的"新"，主要体现在农村集体产权制度改革成果中，其特征主要表现在以下几个方面。

一是资产产权明晰。农村集体产权制度改革的前提和基础是农村集体资产清产核资，按照国家的总体部署，从 2017 年开始用 3 年时间全面清产核资，将农村集体资产所有权确权到不同层级的农村集体经济组织成员集体。截至 2019 年底，河南省基本完成农村集体资产清产核资，建立了农村集体资产"一本账"。在此基础上每年开展一次农村集体资产年度清查，保持集体资产一本"明白账"走到底。截至 2021 年底，全省农村集体资产 3455.4 亿元、集体资源 2.1 亿亩，其中乡镇级集体资产 18.7 亿元、集体资源 28 万亩，村级集体资产 3016.3 亿元、集体资源 7452.8 万亩，组级集体资产 420.4 亿元、集体资源 13572.8 万亩。

二是成员边界清晰。确认农村集体经济组织成员是农村集体产权制度改革的关键环节，在新中国历史上还是第一次。各地按照"尊重历史、兼顾现实、程序规范、群众认可"的原则，统筹考虑多方面因素，积极协调平衡集体内部各方利益，规范有序开展成员身份确认，确认结果经公示无异议后载入本集体经济组织成员名册并备案，成员信息同时录入全国农村集体资产监督管理平台。截至 2021 年底，全省集体经济组织成员为 9200 万人。

三是组织运行机制新。农村集体经济组织建立了成员（代表）大会、理事会、监事会制度，完善法人治理机制。成员（代表）大会是最高权

---

① 习近平：《坚持把解决好"三农"问题作为全党工作重中之重　举全党全社会之力推动乡村振兴》，《求是》2022 年第 7 期。

力机构，由具有完全民事行为能力的全体成员组成，实行一人一票表决方式，负责审议、决定集体经济组织的重要事项。理事会是日常决策、管理和执行机构，实行一人一票表决方式，负责管理和运营集体资产，拟定提交成员（代表）大会讨论决定的重要事项。监事会是农村集体经济组织的内部监督机构，实行一人一票表决方式，负责监督农村集体经济组织经营管理活动。

四是组织分配方式新。按照农村集体产权制度改革的总要求，推进农村集体资产股份合作制改革，对其经营性资产折股或按份额量化到集体成员，将其作为成员参与集体收益分配的依据。建立农村集体经济组织份额登记簿，记载成员持有的集体资产收益分配权的份额，集体依照份额对其成员进行收益的分配，赋予集体成员对集体资产占有、收益等权利。

五是特别法人地位明确。《民法典》第九十六条明确农村集体经济组织是特别法人。农业农村部会同相关部门印发的《关于开展农村集体经济组织登记赋码工作的通知》，明确了各级农业农村管理部门是农村集体经济组织登记赋码的管理部门，农村集体经济组织凭借登记证书可办理公章及到银行开户等，为保障农村集体经济组织的独立市场主体地位提供政策支持。截至 2021 年底，全省共有 49307 个农村集体经济组织完成登记赋码发证，其中乡镇级 48 个、村级 49038 个、组级 221 个，实现了村级全覆盖。

二　河南省促进新型农村集体经济发展的主要做法

近年来，全省各地不断深化农村集体产权制度改革，推动新型农村集体经济的发展壮大，集体经济发展呈现方兴未艾的态势。2015 年以来，河南省积极推进扶持村级集体经济发展试点，建立工作机制，加大资金投入，示范带动各地加大政策支持力度，推动了农村集体经济加快发展。截至 2021 年底，全省农村集体资产 3455.4 亿元，比 2017 年底增长 25.4%；有集体经营收益的村占比 78.5%，比上年提高 4.3 个百分点，农村发展活力进一步增强。河南省发展农村集体经济的具体做法主要有以下几个方面。

（一）强化党建引领，提升新型集体经济发展能力

一是党委推动发展。河南高度重视，坚持把发展村级集体经济作为推进乡村振兴、提升农村基层组织组织力、巩固党在农村执政基础的重要抓手，实施扶持壮大村级集体经济三年行动计划，制定《河南省乡村组织振兴五年行动计划》，明确年度目标任务、细化具体工作举措。各地将发展集体经济作为党委重点工作，漯河市将壮大村级集体经济作为"书记工程"。许昌市委、市政府将新型农村集体经济发展纳入全市基层党建重点任务，成立了由市委常委、组织部长任组长的发展村级集体经济工作领导小组，专班推进工作。巩义市委书记定期召开全市镇（街道）党（工）委全体会议，进行月评比、季考核。二是配强发展"领头雁"。按照"四有四带"标准，选用社会责任感强、致富能力强、带富能力强的优秀人才担任村党支部书记。2021年3月全省完成村"两委"换届工作，全省村党组织书记平均年龄47.9岁，与换届前相比下降5.8岁，大专及以上学历人员占27.4%，上升5.6个百分点，一大批致富带富有项目、治理乡村有办法、服务群众有情怀的优秀党员进入党组织书记队伍，其中致富能手占43.4%，务工经商返乡人员占10.4%，本乡本土大学毕业生占5.2%，退役军人占8.7%，为发展农村集体经济、推进乡村全面振兴提供了坚强保障。三是推行村党组织书记"一肩挑"。在农村集体产权制度改革中，积极推动村党组织书记通过法定程序担任集体经济组织负责人，加强党对农村经济工作的领导。全省村"两委"换届工作结束后，按照法定程序及时对村集体经济组织负责人进行变更。

（二）加强政策支持，推动新型农村集体经济加快发展

一是加强人才支持。全省整合省、市、县干部力量，通过派驻第一书记支持集体经济薄弱村的发展。开封市成立由组织、财政、农业农村、科技等部门组成的专家团指导发展村集体经济。漯河市选派468名优秀党员干部和专家担任"乡村振兴服务专员"，围绕培育特色产业加强技术指导。洛阳市

各县（区）均建立了乡贤数据库、信息服务库、创业政策库、产业项目库和政策资讯库，成立乡贤之家（乡贤驿站）、乡贤联谊会、乡贤参事会等县、乡、村三级服务体系，全市收录乡贤7.47万人，落地项目1250个，完成投资112.7亿元，领办各类实体6609个，带动就业18.9万人。宝丰县招录300余名事业编制人员，派驻入村担任第一副书记，负责村集体经济发展工作。二是加强资金支持。2015年河南省被确认为全国扶持村级集体经济发展试点省，2016~2022年，中央和省、市、县财政累计投入47.5亿元，扶持了7040个村级集体经济发展试点，示范带动郑州、漯河、许昌等地设立集体经济发展专项资金，带动市、县两级整合其他项目资金、引导村民和其他社会资本投入约27.2亿元，推动了村级集体经济发展。郑州市围绕夯实基层基础，聚焦发展壮大村级集体经济，积极推进三年强村计划，市财政每年投入1亿元。漯河市、县两级设立专项扶持资金5000万元，许昌市襄城县每年拿出专项资金1000万元，用于扶持发展村集体经济。三是加强激励考核。省委农村工作领导小组印发《河南省推进乡村振兴战略实绩考核工作办法（2019—2020年）》，将村集体经济发展壮大列入考核指标，纳入省辖市、济源示范区领导班子和领导干部综合考核；省委印发《关于创建"五星"支部引领乡村治理的指导意见》，提出省级对"五星"支部通报表扬，给予10万元工作经费奖励，村"两委"干部当年基本报酬上浮20%，村党支部书记在录（聘）用乡镇机关公务员或事业编制人员中享受加分政策等激励措施。洛阳市出台《关于进一步提高村干部工作报酬激励担当作为的意见》，明确村干部工作报酬采用"基本报酬+业绩考核奖励报酬+发展村集体经济奖励报酬+其他报酬"方式发放。漯河市对村集体年纯收入超过10万元的村，从当年纯收入超额部分列支5%的资金，奖励做出突出贡献的村干部。

（三）深化产权制度改革，增强新型农村集体经济内生动力

按照整体部署，河南省从2015年开始推进农村集体产权制度改革，2019年承担全国农村集体产权制度改革整省试点，2020年按期完成改革任务。通过改革，建立了发展农村集体经济的制度基础。一是农村集体资产清

产核资解决了用什么发展的问题。对农村集体资产的清产核资是改革的首个环节，按照原有产权归属确权给相应的乡镇、村、组农村集体经济组织成员，通过全面清查集体资产底数，明晰了集体资产的产权关系，建立了按照市场经济运行机制盘活集体资产的基础。二是建立集体经济组织解决了由谁带领发展的问题。改革后全省共建立了4.9万个农村集体经济组织，这些组织是管理集体资产的主体，也是带领农村集体经济发展的主体，具有独立进行经济活动的自主权。农村集体经济组织被《民法典》赋予特别法人地位后，《农村集体经济组织法》列入十三届全国人大立法规划以及2022年全国人大常委会立法计划。随着法律和政策的逐步落实，农村集体经济组织的市场主体地位将进一步得到明确，独立进行生产经营活动，在乡村振兴中发挥重要组织作用。三是股份合作制改革解决了发展机制问题。通过对农村集体经营性资产的折股量化，构建起成员与集体的利益联结纽带，使农民与集体经济的关系更具体、更明确、更直接，增强了农民的集体意识和主人翁意识，极大地调动了发展集体经济的积极性。

三 河南省新型农村集体经济发展的实践探索

（一）河南省新型农村集体经济发展的主要模式

近年来，河南省各地以市场为导向，立足资源优势，激活内生动力，挖掘发展潜力，积极探索发展农村集体经济的有效实现形式，形成了多渠道、多类型、多元化的发展格局，具有代表性的发展模式主要有以下五种。

一是资源经济型。利用耕地、"四荒地"、养殖水面等集体土地，按照政策规定，以集中开发或者招投标等方式发展现代农业。如洛阳翟东村地处全国针织名镇翟镇乡中心镇区，全村800余户3410余人，人均耕地不足4分，有大小针织企业220家，村里90%以上劳动力从事针织产业。种地对于村民来说，就是"捎带"。为解决村民无暇顾及土地的问题，同时盘活资源、增加集体收入，村"两委"围绕土地统一规模经营做文章，由村集体与农户签订土地承包经营权出租合同，以每亩800元的价格从农户手中流转1100亩土地，其中800亩村集体直接经营，300亩以每亩1000元的价格转包给种粮大户经营。通过土地统一规模经营实现了共赢，群众每亩获得的租金比自行流转增加300元，2021年底村集体收入达39.8万元。

二是休闲旅游型。村集体发挥人文、历史、自然风景等优势，发展特色乡村旅游和休闲农业。如泰山村以"资源变资本、资金变股金、村民变股东"为目标，充分尊重民意，创新改革方法，探索发展路径，确立了"林业立村、生态富村、旅游活村、文化强村"的发展思路，积极开发泰山村特色旅游，不断推动村内旅游产业创新升级，推出"旅游+"特色发展模式，以旅游产业为平台，带动培训产业、民宿产业、农副产品深加工产业、中小学生研学产业等20余种集体产业发展。

三是物业经济型。利用集体各类房屋、厂房或利用集体经营性建设用地建设标准厂房、专业市场、仓储设施等，通过租赁经营等方式，增加集体收入。如南阳市宛城区李岗村利用南新公路临街地理位置优势，将村部南、北房屋和临街门面房等共计1663平方米的房屋建筑，出租给单位和个人经商、开办幼儿园，村集体年收取租金近5万元。西峡县汪坟村近年来依托国家脱贫攻坚政策，培育群众致富产业，全村培育香菇和黑李产业，村集体筹建冷库一座，库容1200立方米，筹建办公用房400平方米，供香菇和黑李收购客商租用，年租金4.8万元。许昌市长葛市水磨河村在闲置小学内建成近2000平方米钢结构的大型厂房，租赁给长葛市毅龙饰品有限公司，每年可稳定获得28万元的收入。近年来在财政资金的支持下，一些集体资源匮乏、资金不足、资产量较少的村也通过跨区域联建、联购，积极发展异地物业出租，实现了集体经济收入的稳定增长。

四是服务经济型。村集体通过土地流转、土地托管、用工组织等服务增加集体收入，还有一些村依托地处近郊和工业区的优势，发展餐饮、保洁、运输等服务业。如兰考县土岭村统一组织，将农户的1500亩承包地统一托管给荥阳市新田地种植专业合作社。新田地种植专业合作社每年向村里支付每亩30元的管理费用，增加村集体收入4.5万元。伊川县乐志沟村、上天院村利用毗邻伊电集团的优势，组织村民成立煤炭运输队，两个村每年分别增收 80 万元和 120 万元。温县韩郭作村成立了土地股份合作社、怀药加工经营合作社、怀药交易市场等服务实体，通过推行劳务服务、农资服务、仓储服务、入社服务等四种方式，帮助村集体获取产前、产中、产后服务收入。

五是股权经济型。以集体的山林、水塘、房屋等资产入股新型经营主体或经营稳健的工商企业，实现集体经济的发展。如依托叶县杨令庄村独特的地理优势和自然资源，村集体成立平顶山市杨令新能源公司，与中投盈科公司合作，共同投资建设村集体所有的风机 5 台，其中中投盈科占股 51%，杨令庄村占股 49%。建成后每台风机年收益为 300 万~350 万元，每年利润按股份进行分红。方城县二郎庙镇庄科村以 168 万元村级集体经济财政支持专项资金入股德云山风情植物园，每年分红不低于入股资金的 10%，实现每年 16 万元的村集体经济收入。

（二）河南省新型农村集体经济组织经营的主要方式

农村集体经济组织是农村集体资产管理的主体，立足农村集体资产和资源优势，促进集体资产的保值增值，亦需要农村集体经济组织采取适宜的经营方式。从组织形式看，河南省农村集体经济组织开展经营活动，主要存在以下几种方式。

一是农村集体经济组织自主经营资产出租和入股。农村集体经济组织作为特别法人，具备了作为市场主体从事经营活动的基本条件。出租、入股操作简单、收益稳定、风险较低，往往由村集体经济组织自主经营。如嵩县三合村，地处豫西伏牛山余脉，偏远闭塞，耕地贫瘠，资源匮乏，经济发展缓慢，曾是典型的贫困村。2016 年以来，在当地政府支持和返乡青年冯亚珂带动下，三合村通过修缮老房、新建民宿，改善了基础设施，引来数十家画室签约合作，逐渐成了集山水风景、土房农耕、古村旧貌等要素于一体的具有豫西地方特色的写生专业村。村集体利用财政资金建设精品民宿 4 套、900 平方米的艺术中心、写生餐厅，改造闲置老屋民宿 8

套，出租给第三方马雪粉用于接待写生学生群体、游客等，村集体每年收取租金 15.6 万元。

二是农村集体经济组织出资创办工商企业或农民合作社等。近年来，一些农村集体经济组织对外投资成立工商企业或创办农民合作社，由专业人员经营管理，自主开展经营活动，发展特色种植养殖、乡村旅游、民宿、康养等业态，既能解决农村自有人才不足问题，又能隔离市场波动对集体经济组织本身的冲击。如临颍县大郭镇胡桥村成立河南省胡桥实业有限公司和胡桥园林绿化工程有限公司等两家集体企业。河南省胡桥实业有限公司流转全村 2000 多亩耕地统一种植绿化苗木，采取"公司+农户""公司+农民合作社"的模式，与周边乡村农户及农民合作社签订苗木种植协议，统一供应育苗、统一提供技术服务、统一组织销售成品苗木，带动胡桥周边乡村 1500 多户农民、4000 亩土地发展绿化苗木种植。同时，为进一步延伸产业链条，2004 年胡桥村筹资 5000 万元，注册成立了具有国家二级资质的河南省胡桥园林绿化工程有限公司，专业从事园林绿化工程设计、施工。

三是发展混合所有制经营。2019 年中共中央、国务院发布《关于建立健全城乡融合发展体制机制和政策体系的意见》，要求"创新农村集体经济运行机制，探索混合经营等多种实现形式"，为农村混合所有制的发展提供了基本遵循。农村集体经济组织依托集体资本，与社会资本、金融资本等建立合作关系，共同发展集体经济项目，有力地推动了农村资产资源要素走向市场、融入城乡发展，增强了集体经济发展活力。如济源花石村原来是个穷山沟，近年来利用得天独厚的自然和人文资源，采取集体资本与群众资本、集体资本与金融资本、集体资本与社会资本等股份合作形式，打造了滑雪场、水上乐园、千亩梅园等集体经济多元发展项目，有力地促进了村集体经济发展和村民致富增收。

四　河南省新型农村集体经济发展存在的问题

总体来看，全省新型农村集体经济发展态势良好，但仍存在一些问题。

一是发展思路不清晰。目前各地发展集体经济的积极性很高，但有的地方村干部对集体经济的理解比较片面和滞后，仍将以往的发展思路套用到新型农村集体经济发展上来，缺乏改革发展意识，将新型农村集体经济发展不好的原因归结为"没资源、没资金、没政策"，对如何发展壮大村集体经济思路不清，存在"等靠要"思维。

二是集体经济发展不平衡。得益于多方的努力，河南村集体经济虽然近年来有了较大发展，但整体发展水平较低，存在发展不平衡现象。截至2021年底，全省没有集体经营收益和集体经营收益在 5 万元以下的村占49.7%，其中 21.5%的村没有集体经营收益，28.2%的村集体经营收益在 5 万元以下。村集体经营收益在 50 万元以上的村占比 3.9%，村集体经营收益在 100 万元以上的村占比 1.8%。

三是集体经济组织的引领作用不够。由于村集体经济组织长期缺位，村民委员会依法代行集体经济组织职能。改革后全省所有的村成立集体经济组织，领取组织登记证书，是带领农村集体经济发展的主体。但是由于村集体经济组织成立时间短、法律政策不完善等原因，有的地方仍然习惯由村委会带领发展集体经济，集体经济发展由集体经济组织带领的局面还没有完全确立。

四是集体经济发展配套政策不完善。目前可用于引导集体经济发展的专项政策少。省级没有专项扶持资金，金融、人才等方面没有专项政策。基层普遍反映，支持农村集体经济发展的措施不够，相关配套政策不完善。

五 河南省促进新型农村集体经济发展的对策措施

一是确立改革发展的新思路。彻底转变部分地方依靠财政投入过日子的思路，摒弃"等靠要"的老思想，将发展集体经济思路转变到主要依靠农村集体经济组织自身发展上来。要充分认识庞大的农村集体资产资源是集体经济发展的物质基础。集体经济基础薄弱、发展慢，主要是因为集体资产没有盘活和低效使用，今后要在盘活集体资产上下功夫，推动资源变资产、资产变资本、农民变股东，以资产生财。

二是加强农村集体资产整治。农村集体资产是农业农村发展的重要物质基础和资源基础。2019 年全省完成农村集体资产清产核资工作后，一些地方持续深化清产核资工作，对农村集体资产进行专项整治，取得了明显成效，迅速增加了集体收入。如洛阳市委开展了"三清两建"专项整治行动，即清资产、清"村霸"、清矛盾，建强农村合作经济组织、建强村民自治组织，首批试点村清收集体资产 3.11 亿元、固定资产 10.5 亿元，农村集体经济发展实现了"有米下锅"。但是，有些地方还存在清产核资工作不深入、不彻底，特别是债权债务清理不彻底、经济合同不规范等问题，应加强农村集体资产专项整治，解决农村集体资产被侵占、发展无资本难题，扫清干事创业的障碍，为乡贤返乡营造良好的创业环境。

三是培育农村集体经济组织。持续探索农村集体经济组织与村民委员会事务分离的工作路径，理顺新型农村集体经济发展的体制机制，逐步厘清村民委员会与集体经济组织的职责。在乡镇党委和村党组织的领导下，村民委员会承担村民自治职能，村集体经济组织的主要职责是带领、引领村集体经济的发展，具体从事集体资产管理增值、集体资源的开发利用、集体成员的服务等工作，引领农民实现共同富裕。

四是不断加大政策支持力度。创新新型农村集体经济发展的工作机制，建立发展新型农村集体经济联席会议制度，强化各涉农主管部门的协调配合，形成推动农村集体经济发展的工作合力。完善农村集体经济发展的政策体系，优化农村地区营商环境，引导社会资本、民间资本等多元化投入扶持集体经济的发展。建立发展新型农村集体经济专项资金，加大财政支持力度，落实农村集体经济组织应享受的税收优惠政策。鼓励各类金融机构创新支持农村集体经济组织发展的金融产品，推动实现集体资产抵押贷款，促进农村集体经济发展。鼓励各类人才下乡返乡参与、支持集体经济发展，在薪酬发放、职称评定、选拔任用等方面给予支持。

参考文献

《中共中央　国务院关于稳步推进农村集体产权制度改革的意见》（2016 年 12 月 26 日）。

余葵：《全面推开农村集体产权制度改革试点需要把握的八个问题》，《农村经营管理》2020 年第 6 期。

余葵：《关于农村集体经济组织开展经营活动案例分析与思考》，《农村经营管理》2021 年第 9 期。

陈锡文：《充分发挥农村集体经济组织在共同富裕中的作用》，《农业经济问题》2022 年第 5 期。

乡村建设
Rural Construction

B.9

农民农村共同富裕的发展逻辑、
市场化路径及政策响应

李国英*

摘　要： 实现共同富裕的核心在于以创新驱动产业升级来实现经济高质量
发展、通过三次分配调节机制缩小城乡收入差距、以高税收和全
面的保障体系为依托实现全社会公共服务均等化，缩小地区差
距、城乡差距和收入差距就成为实现共同富裕的三大抓手。当
前，推动农民农村共同富裕面临许多难题，突出表现为长期以来
的城乡二元结构导致的城乡区域发展不平衡、社会财富分配失
衡、农村居民增收难等。要破解这些难题，需要探究城乡融合发
展促进共同富裕的发展逻辑与内在机制，分析促进和实现共同富
裕的难点和堵点，在此基础上对未来的政策导向和发展路径进行
展望。

---

* 李国英，河南省社会科学院农村发展研究所研究员，主要研究方向为农业农村现代化。

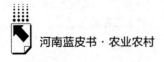
关键词： 城乡融合发展 乡村振兴 共同富裕 城乡差距

党的十九大明确提出，要建立健全城乡融合发展体制机制和政策体系，党的二十大再次明确强调要扎实推进共同富裕。立足于全面建设社会主义现代化强国的战略目标，城乡融合发展和实现共同富裕成为新阶段高质量发展进程中紧密关联的两个重要子系统。"十四五"规划也将"全体人民共同富裕取得更为明显的实质性进展"确立为2035年远景目标之一。人民日益增长的美好生活需要和不平衡不充分发展之间的矛盾，已经成为我国发展新阶段的主要社会矛盾，实现共同富裕是解决这一矛盾的不二之选，也是当前经济社会的发展重心。

2021年6月发布的《中共中央 国务院关于支持浙江高质量发展建设共同富裕示范区的意见》指出，实现共同富裕要"以改革创新为根本动力，以解决地区差距、城乡差距、收入差距问题为主攻方向"。其中第十五条针对城乡差距，提出"率先实现城乡一体化发展""推动新型城镇化与乡村振兴全面对接，深入探索破解城乡二元结构、缩小城乡差距、健全城乡融合发展的体制机制"，体现出缩小城乡差距在共同富裕中的重要性。《乡村振兴战略规划（2018—2022年）》明确提出："实施乡村振兴战略是实现全体人民共同富裕的必然选择。"这就明确了实施乡村振兴战略，推动农业农村现代化、缩小城乡差距、加强农村公共服务体系建设，是实现全体人民共同富裕的必然选择，对实现共同富裕具有重要促进作用。

收入差距是实现共同富裕的主要拦路虎，就河南全省城乡居民收入而言，从2012年至2021年，虽然2021年农民可支配收入较2012年增长120.2%达到17533元，年均增速9.2%，比城镇居民可支配收入年均增速高出2个百分点，但城乡居民收入比值依然达到2.12，城市居民收入是农民收入的2.12倍。因此要实现全省共同富裕，首先必须解决好城乡发展失衡问题。缩小城乡差距是实现共同富裕的三大抓手之一。我国城乡二元结构的形成和固化是城乡差距不断扩大的主要原因，虽然党的十九大以来，在乡村振兴战略的推动下，城乡差距有不断缩小的趋势，但是两者发展不平衡现象仍然突出，城乡居民收入差距也长期处于高位，农村落后于城市的发展格局并未发生明显变化。倘若农村居民的生存和发展问题未能得到根本解决，共同富裕的目标也就难以实现，因此缩小城乡差距将对实现共同富裕起到决定性作用。

一 城乡融合发展促进共同富裕的发展逻辑与内在机制

在共同富裕的战略目标指引下，我国的城乡融合发展有自身的发展逻辑和内在机制，与资本主义国家的城乡发展具有很大的不同。我国的城乡融合发展以社会主义制度为基础，是中国共产党带领全国人民共同奋斗的历史必然。城乡融合发展将城市与农村从对立的分割结构转变为融合的一体结构，蕴含着地理空间的融合、资源配置的融合以及体制机制的融合。

（一）城乡融合发展促进共同富裕的历史必然性

城乡融合发展是中国共产党百年来城乡发展实践不断深化、不断创新、不断完善的结果，具有连续历史轨迹和连贯的历史逻辑。从毛泽东同志到习近平同志，中共历届领导集体在城乡发展方面形成了一系列重要的历史性成果，实现了马克思主义城乡融合发展思想的中国化。特别是在新发展阶段，中共十九届五中全会提出要强化"以工补农、以城带乡，推动形成工农互促、城乡互补、协调发展、共同繁荣的新型工农城乡关系"，集中体现了城乡融合的发展观，是当前和今后我国城乡融合发展的指南针。

共同富裕具有厚重的历史基因，体现在我国城乡发展的各个阶段，是城乡融合发展的重要动力来源。在新民主主义革命阶段，中国共产党就以实现全国人民的共同富裕作为革命的基本前提，广大农民通过获得土地翻身做主，为革命胜利奠定了坚实的基础。新中国成立后，开始了社会主义改造，初步建立了社会主义工业体系，快速实现了由农业国向工业国的转变，但受制于社会生产力和国际环境，城乡发展依然不均衡。改革开放以来，农村集体所有制改革大大提升了农村生产力，"统筹城乡发展"和"城乡一体化新格局"成为该阶段的主要特征，共同发展、共同富裕构成了发展观的主基调。进入新发展阶段后，我国脱贫攻坚取得了历史性胜利，首次从根本上消除了绝对贫困，实现共同富裕、建设社会主义现代化强国成为我国新的战略目标。

从历史逻辑来看，中国共产党对城乡发展的认识是随着实践发展的，从统筹城乡发展到城乡一体化，再到城乡融合发展，历史的演进反映了顶层设计的历史连贯性，同时反映了不同发展阶段对城乡关系认识的深化过程。城乡融合发展是基于空间布局优化和制度供给创新的经济、社会、环境全面融合的发展，① 是对统筹城乡发展和城乡一体化的继承和升华，体现了城乡双向融合过程和体制机制的重大创新。在城乡融合发展的框架下，首次将城镇化和乡村振兴两大战略置于平等的地位，乡村和城市是对等、共生的互动群体，需要在经济产业发展、公共服务供给、生态环境保护、可持续发展等多个维度进行深度融合。在当前城乡发展仍然失衡的状态下，缩小经济、服务、精神、生态等各个维度的差距成为共同富裕需要解决的主要问题。

（二）城乡融合发展促进共同富裕的机制必要性

由历史形成的城乡失衡局面以及各个维度的差距，综合体现在地理空间、资源禀赋和体制机制等三个主要方面。破解城乡失衡问题，就要从这三个方面入手实现有机融合、有序组合的新格局，最终实现资源禀赋的合理搭配、分配并以体制机制提供强有力的保障，为实现共同富裕打造强劲可持续的动力。

地理空间的差异使得乡村和城市天然具有异质性，由此产生了各自的比较优势。一方面，城市在产业、资本、教育、医疗、科技等方面具有较强的

---

① 何仁伟：《城乡融合与乡村振兴：理论探讨、机理阐释与实现路径》，《地理研究》2018 年第 11 期。

优势，可以满足共同富裕进程中乡村必然会产生的改善性需求；另一方面，乡村所具有的资源优势和生态优势，是城市远远所不能及的，休闲农业和康养产业也能满足城市人口在步入中等收入阶层后必然会产生的消费需求。"绿水青山就是金山银山"，工业化和现代化融合后，会形成"1+1>2"的合力效应，资源、人口、产业、资本的双向互动，会促进形成"城市发展生态化"与"农村空间综合化"的耦合发展状态，进而为实现共同富裕奠定基础。

实现共同富裕离不开充沛的资源供给，乡村优异的资源禀赋既是农民提高收入的资本，也是历史上城乡形成"剪刀差"的主要原因。将乡村所拥有的土地、粮食、矿产等自然资源转化为实打实的可支配收入，需要城市资本、科技、人才、信息等优势资源的支持，在开放、共享的环境下实现城乡资源的优势共进和劣势互补，全方位补齐农业农村现代化过程中的各项短板，以真正的城乡融合为共同富裕提供经济基础。一旦城乡的优势资源实现优化配置，城市的优势资源和现代化生产要素主动向农业和农村倾斜，消除城乡发展之间的鸿沟，共同富裕就会具有源源不断的物质保障。

在城乡融合发展的进程中，既需要市场这只看不见的手实现对生产资源要素的优化调节，也需要政府这只看得见的手在社会福利和公共服务等方面主动作为。城乡融合发展必将逐步消除城乡边界，重塑新的经济社会空间，并反作用于生产关系和社会秩序。[①] 因此，合理可行的体制机制是保障资源在城乡之间实现高效配置和平等交换的基础，既关乎城市和乡村在地理空间上的优化，也关乎农民的机会平等和结果公正。共同富裕是全体人民共享社会发展成果，要将公共资源、财政资金等主动向乡村延伸，实现城乡公共服务均等化，主动为乡村绿色可持续发展提供更多的资金和技术。

---

① 郭星华、刘朔：《中国城乡关系七十年回望：国家权力的下沉、回缩与再进入——有关城乡关系变迁的社会学思考》，《社会科学》2019年第4期。

（三）城乡融合发展促进共同富裕的实践必须性

党的十八大以来，我国进入新发展阶段，在消除绝对贫困以后，民生得到显著改善，伴随着西部大开发、中部地区崛起和东北振兴等战略的实施，区域发展的协调性明显提高，具备了实现共同富裕所需的经济社会基础和体制机制条件。实践内生于时代背景，共同富裕是时代发展的新要求，城乡融合发展在实践逻辑上必须服从于这个目标。一方面，城乡融合发展必须提高社会生产力，为共同富裕夯实物质基础；另一方面，城乡融合发展必须及时调整生产关系，为共同富裕纠正分配偏差。二者共同构成城乡融合发展的"一体两翼"。

我国改革开放40多年来的成功经验表明，不断深化改革是提高社会生产力的主动力，以城乡融合发展促进共同富裕也必须将改革放在首要位置。首先要坚决打破阻碍城乡融合发展的旧体制，为城乡资源双向流动提供良好的制度基础和社会环境，构建城乡良性互动发展的新格局，促进城乡产业融合、资金融合、人才融合、科技融合，提高农村现代化水平和数字化水平，防止在数字经济时代出现新的差距。其次要加快推进城乡公共服务均等化和标准化，保证公共服务在广大农村地区的终端覆盖程度和深度，形成城乡共建共享的发展新模式，以创新为引擎促进形成新的经济增长点。

共同富裕是全体人民的富裕，既要把"蛋糕"做大，也要把"蛋糕"分得合理，坚决杜绝出现两极分化和返贫现象。城乡融合发展促进共同富裕，必须注重完善体制机制，通过对生产关系的主动作为，实现对发展成果的优化分配。在城乡融合发展的过程中，变革生产关系，以完善的制度建立合作机制，保障所有劳动者能够平等参与生产和发展，防止市场无序竞争和垄断行为。就目前的保障机制而言，由于城乡融合发展尚不健全，乡村发展水平落后于城市，农村居民发展水平落后于城市居民，未来很长一段时间内，城乡融合发展的重点是建立和完善社会治理制度，促进城乡之间的发展机会均等和竞争机会均等，以一系列保障性政策措施缓解当前的失衡局面。

二 实现河南省农民农村共同富裕的障碍与阻力

共同富裕的实现具有长期性、艰巨性和复杂性的特点。由于市场可以有效发挥作用的领域市场化未能完成（劳动力、土地等生产要素仍然受到户籍、土地性质等较多的行政管制等）、政府在履行自身职能方面（城乡公共教育资源的分配、税收监管和税收体制等）还存在改善的空间以及市场竞争不充分、信贷约束等因素的影响，目前我国城乡居民的收入分配差距在主要经济体中较大，而公共服务不均等可能会使实际的收入分配差距加剧。党的十九大以来，我国进一步深化城乡融合发展，但是部分改革措施落地难度大，效果不及预期，目前城乡发展不平衡的现象仍然十分明显。

（一）城乡二元结构的形成和固化是河南省城乡差距扩大的根本原因

历史上农村多次为城市经济增长提供资金和劳动力，这也带来经济机会的城乡不平等、造成收入分配的城乡不平等，导致庞大的低收入阶层聚集在农村。彻底消除二元经济结构、实现城乡融合发展是未来推进共同富裕一系列措施的关键着力点，也是最大的困难点。

（二）城乡区域发展不平衡是实现共同富裕最大的阻力

城乡要素配置的主要对象是土地、劳动力和资本，主要表现为要素从乡到城的单向流动，而这种单向要素流动方式是中国城乡发展失衡的主要原因。体现在生产条件方面，农业现代化水平有待提升，缺乏科技手段和人才支持。我国农业生产相对分散，农业机械化程度偏低和人工成本偏高导致农产品竞争力弱；农村地区科技经费投入不足，科技人才短缺，且缺乏完整的产业融合体系。体现在要素流通方面，劳动力、土地和资本流通均存在壁垒，农民人户分离现象普遍，城乡二元土地制度导致土地利用率低，城乡金融资源分布不均衡，农村信用环境欠佳，资本流入难度较大。体现在公共服务方面，农村地区在教育、医疗和养老等方面仍与城市存在差距，数字经济时代数字鸿沟进一步拉大城乡差距。

（三）社会财富分配不公平是实现共同富裕的最大阻碍

近年来，河南省脱贫攻坚战取得了较大成果，消除了农村地区的绝对贫困，城乡居民的可支配收入差距也呈现缩小趋势，但城镇居民收入和农村居民收入之间的不平衡问题仍然存在，再分配制度有效性亟待提升。在家庭经营性收入方面，农村居民从事农业生产经营的收入低于非农就业收入，粮食主产区的农民收入普遍低于非粮食主产区的农民收入。在财产性收入方面，由于宅基地土地价值低且难以变现，农村居民基本没有办法获得土地及房产资产增值带来的收益，城乡居民财产性收入差距持续扩大。

（四）农村居民增收是实现共同富裕的重点难点

2021年我国城乡收入倍差为2.56左右，河南省为2.12，而发达国家如英国、加拿大等在1左右，印度将近1.9，即便是乌干达等非洲低收入国家也只有2.3左右。所以目前我国收入分配不均衡问题仍然突出，收入差距暂未呈现稳定下降的趋势，收入结构正在经历"金字塔型—陀螺型—橄榄型"的转变。那么在今后相当长的一段时间内，规模较大的农村低收入群体以及长期存在的城乡差距和农村内部差距是农民农村共同富裕的突出短板，共同富裕的实现仍然需要优化收入分配。实现高质量就业，大幅度增加农村居民收入，是实现共同富裕的题中应有之义。

三　从浙江实践试点看河南省共同富裕的政策响应机制

我国发展不平衡不充分的问题仍然突出，实现共同富裕是一项长期任务。浙江具备开展共同富裕示范区建设的基础和优势，无论是富裕程度还是发展均衡性均明显领先于全国。被确立为示范区后，28 个试点探寻 6 大核心发展方向——缩小地区差距、缩小城乡差距、缩小收入差距、公共服务优质共享、打造精神文明高地、建设共同富裕现代化基本单元，山区 26 个县找准破题关键——发展生物科技产业与实施"山海协作"工程，形成一批可复制可推广的标志性成果，研究这些试点的特征和做法有利于探索共同富裕具体落地的形式。

鉴于城乡、行业和区域差距是收入和财富分配分化的主要领域，借鉴浙江的试点经验，未来河南省在制定相关政策时要特别注意从城市优先发展转向城乡统筹发展，全面推动乡村振兴，改革户籍、土地和住房制度；从对资本友好转向对劳动友好，改革财税制度；从大型企业偏好转向普惠包容，改革金融制度，推动土地、劳动力和资本要素市场、财税制度、金融市场改革，最终实现共同富裕。

（一）以数字赋能助推县域经济发展，奠定共同富裕的根基

进入新的发展时期，发展数字经济推动农业传统产业数字化转型是促进乡村经济高质量发展的重要突破口。在数字乡村等战略指引下，数字技术的蓬勃兴起及深度应用为乡村创新发展创造了条件和空间。县域作为乡村振兴主战场和传统产业集群转型主阵地，将以数字化为关键引擎，呈现要素升级、模式创新等县域数字生态发展趋势。第一，要素升级，激发县域数字发展新动力。数字技术加速下沉，将以数字农业、工业互联网等形式赋能县域经济发展；新型信息基础设施提升实时信息连接和数据处理能力，在一定程度上减弱了农村地区的区位劣势。第二，模式创新，开启县域数字经济新引擎。数字技术推动农业产供销协同生态链逐步形成；数字技术推动"农业+"多业态融合发展，制造业与文创融合发展、商业文旅融合发展等新业态新模式出现；数字化牵引下县域传统产业集群出现"数字蝶变"，县域产业集群的升级将形成对特定领域深度占有的数字"产业地标"，催生数字产业新模式。

（二）推进农业高质量发展，增加农民从事农业生产的经营性收入

当前，在农民的经营性收入中，从事农业生产的收入占比达到35.5%，农业农村现代化重在"延链、拓能、绿色、创新、美丽、改革"六位一体，延伸乡村产业链、提升价值链、完善利益链、畅通信息链，将更多产业链增加值留在乡村，以此增加农民的家庭收入，是实现乡村振兴和共同富裕的重要举措。推进现代农业高质量发展，需要甄别粮食主产区和非粮食主产区的不同情况，切实可行地拓宽农民增收渠道。第一，提升粮食和重要农产品供给保障能力。一是推进农业产业结构调整，完善种粮农民补贴政策，完善重要农作物最低收购价政策，切实保证粮食主产区农民家庭经营性收入持续增加。二是大力实施科技强农、机械强农"双强行动"，做强新型农业经营主体，以农村电子商务为抓手加大农产品市场开拓力度，深入推进优质粮食工程。三是要提升河南省农产品国际竞争力水平。在提升资源密集型产品进口稳定性的同时，充分发挥河南省在劳动密集型产品和部分产能、技术标准方面的出口优势，实现结构性大进大出，服务于国内大循环提质增效。对接国际标准规则，完善国际营销网络，提高出口深加工能力，延伸产业链；借鉴国际经验，建立促进农产品出口的支持政策体系，稳定果菜茶鱼等优势特色产品出口；鼓励省内农企对外投资，迈向全球价值链中高端；积极发展农业服务贸易，带动产业"走出去"。以上措施可切实保证粮食主产区农民家庭经营性收入持续增加。第二，加快支持种业发展。种子是农业现代化的基础，种子是农业生产的起点，对于作物产量、质量和抗性等方面都具有决定性作用，是农业生产的芯片。2022年的中央一号文件提出，要对育种基础性研究以及重点育种项目给予长期稳定支持；丰富的种质资源是避免品种单一风险、促进新品种创新的基础，要加强种质资源保护和利用，加强种子库建设；发挥河南省在小麦、玉米、花生等领域的育种优势，加快构建具有国际竞争力的河南现代种业体系；有序推进生物育种产业化应用；支持种业龙头企业建立健全商业化育种体系。第三，强化现代农业科技和人才支撑。实施大中型灌区续建配套和现代化改造，推进现代农业高质量发展，夯实城乡

共同富裕基础。支持高端智能、丘陵山区农机装备研发制造，加大购置补贴力度，开展农机作业补贴；布局建设一批创新基地平台；支持高校为乡村振兴提供智力服务；深入推行科技特派员制度等。第四，健全农村土地、宅基地流转制度，盘清集体拥有的资源性资产、非经营性资产和经营性资产，盘活闲置宅基地和闲置房屋，有效利用集体的资源、资产，发展壮大集体经济，增加农民的财产性收入。在粮食主产区要大力扶持农业合作社发展，解决耕地碎片化问题，促进土地规模化经营，维护进城落户农民土地承包权、宅基地使用权、集体收益分配权等土地权益是促进土地要素流通的关键，有助于提高土地使用效率。

（三）完善利益分配机制，增加农民非农就业的工资性收入

在农民收入构成中，非农产业的工资性收入占到 40.7% 以上，但当前我国在初次要素分配中仍然存在劳动力要素分配占比偏低、资本要素分配占比相对较高等问题。提升劳动力要素分配占比是处理好利益分配、推进共同富裕的重要举措。打破劳动力流动的制度约束，除特大城市外全面取消户籍限制，推动进城农民工市民化进程，将会显著缩小城乡收入差距。截至 2021 年底，我国农民工仍有 2.92 亿人，拥有大专及以上学历的仅占 12.6%，由于学历不高，大部分农民工只能从事劳动密集型工作。2022 年上半年，全省农村居民人均可支配收入为 1348 元/月，同比增长 5.1%，高于同期城镇居民 4.6% 的增速，但绝对数量仍大幅低于城镇居民，规模庞大的农民工群体成为影响城乡收入差距的重要因素。特别在 2018 年以后，新生代农民工逐步成为农民工的主体，但由于农地制度和户籍制度的限制、自身技术等因素的影响，农民工陷入了离不开又难以融入城市的困境，收入增长也受到影响。在此背景下，推进以人为本的新型城镇化就成为缩小城乡收入差距的重点。其一，要通过以人为中心的城镇化建设解决农民工进城问题，增加就地就近从事非农产业人员的工资性收入。其二，开展农业转移人口的职业技能培训，支持返乡农民工积极参与技能培训，拓展其就业面，提高就业匹配度和劳动参

与率，提升技能素质和市场议价能力。其三，对于有创业意愿但资金不足的返乡农民工，应采取降低贷款门槛、税收减免、场地优惠等方式，大力支持他们创业，利用新技术新模式带动家乡产业快速发展。鼓励返乡农民工、大学生和退役士兵等人员返乡创业，以创业带动就业是解决相对贫困问题的重要举措，是城市资源流向农村，城市支持农村，带动农民共同致富的重要方式。其四，规范收入分配秩序，增加劳动者特别是一线产业工人的劳动报酬，努力使技能型产业工人进入中等收入群体。其五，完善覆盖农民工群体的社会保障制度。

（四）加快推进基本公共服务普惠共享，增加农民的转移性收入

基础设施、公共服务、社会治理，是除去产业之外城乡之间差距之所在。完善通达的基础设施，是新时代实现乡村振兴、开启城乡融合发展和农业农村现代化建设新局面的必要条件。公共服务共享是省级政策最具看点的细分领域，对地方政府的考核要更加侧重均等化，基本公共服务普惠共享背景下，以乡村振兴和都市圈城市群为城乡融合发展的两个抓手，推动财政、国资和社保联动改革，在划定粮食安全、环境保护以及社会稳定三条底线的前提下，推动城乡人口、土地、资本要素自由流动。政策体系应覆盖深化户籍制度改革，建立激励机制吸引人才入乡；健全土地流转制度，盘活利用闲置宅基地和闲置房屋；加大财政支持力度，完善乡村金融服务体系；以数字技术赋能乡村公共服务，推动"互联网+政务"向乡村延伸覆盖。具体举措如下。首先，在基本公共服务共享方面，加快农村教育基础设施建设，健全乡村医疗卫生服务体系，统一城乡社保制度，统筹城乡社会救助体系。其次，在促进城乡要素流通和平等交换的背景下，需要加快农村普惠金融服务体系的构建，建立更具包容性的普惠金融体系，大力发展专注于普惠金融和新型金融服务的中小金融机构。这一方面可以为中低收入阶层获得金融服务提供便捷、公平的渠道，另一方面可以拓宽中低收入阶层的投资渠道，增加中低收入阶层的资本要素拥有额，进而缩小贫富差距。

（五）推进多种形态资本共存发展，增加农民的财产性收入

政策引领推动工商资本下乡，促进产业兴旺。需着力改善农村投资环境，通过提供税收优惠、财政补贴，建立农村风险补偿机制、完善农业项目的退出机制等政策，解决资本下乡的后顾之忧，进一步激发工商资本参与乡村振兴的主动性及积极性。

推进多种形态资本共存发展，引导有序竞争，更好地推进共同富裕，要处理好三大关系：一是资本集中化趋势与共同富裕强调机会均等之间的关系；二是社会资本聚集与财富来源变化的关系；三是资本流动与资本价值创造的关系。共同富裕强调的机会均等和公平竞争，一方面表现为在生产资本上强调各类资本的平等准入和公平竞争，要消除垄断壁垒、区域壁垒及各类不公平竞争，为中小企业营造平等的竞争环境；另一方面表现为推进生活资本的分散均衡，实现城乡居民生活的均等化。

参考文献

罗志恒、原野：《中国的贫富分化与共同富裕》，《国际金融》2022 年第 4 期。

金华宝、伍科：《乡村振兴促进共同富裕的三重逻辑》，《理论与改革》2022 年第 5 期。

刘明月、汪三贵：《以乡村振兴促进共同富裕：破解难点与实现路径》，《贵州社会科学》2022 年第 1 期。

《中共中央　国务院关于全面推进乡村振兴加快农业农村现代化的意见》，中国政府网，2021 年 2 月 21 日，http：//www.gov.cn/zhengce/2021-02/21/content_ 5588098. htm。

孔祥智、谢东东：《缩小差距、城乡融合与共同富裕》，《南京农业大学学报》（社会科学版）2022 年第 1 期。

B.10
城乡融合背景下河南村庄规划
体系构建与优化探索

刘依杭[*]

摘　要： 村庄规划作为实施乡村振兴战略的基础性工作，是乡村建设行动的重要工具与手段；在"多规合一"国土空间规划体系、全面推进乡村振兴战略的大背景下，河南村庄规划与"应编尽编"的要求还存在较大差距，与乡村建设需求存在结构性矛盾，缺乏合适的载体和抓手。国土空间规划改革视角下，河南村庄规划体系构建应坚持科学性、适宜性、缓冲性、参与性的原则，实现乡村空间布局全面优化。在顺应城乡融合发展新趋势的村庄规划体系构建中，应重点从优化规划布局、优化规划类型、优化规划内容、优化规划方法上着力推进城乡体制机制融合、多元模式融合、治理体系融合、现代技术融合，促进城乡协同高质量发展和共同富裕。

关键词： 城乡融合　村庄规划　乡村建设　国土空间规划

一　引言

　　村庄规划作为实施乡村振兴战略的重要基础，是指导乡村建设行动的基本依据。2022年5月，中共中央办公厅、国务院办公厅印发《乡村建设行

---
　　* 刘依杭，河南省社会科学院农村发展研究所助理研究员，研究方向为农业经济与管理。

动实施方案》，首次明确了乡村建设行动的路线图与时间表，并强调要加强乡村规划建设管理，积极有序推进村庄规划编制。以往传统的村庄规划主要是以政府为主导由多部门协同制定的建设性规划，规划的侧重点更偏向于各部门的管理范围，其规划的协同性、统筹性与村庄实际结合度不足。在新的国土空间规划体系下，村庄规划的定位与要求随之发生了较大转变。一方面，是实现土地利用规划、城乡规划等"多规合一"的实用性规划；另一方面，是国土空间规划体系中乡村地区的详细规划，是实施国土空间用途管制、核发乡村建设项目规划许可的法律依据。

城乡关系及其演变是经济社会发展的重要内容，在现代化进程中发挥了不可忽视的作用。为适应不同发展阶段，城乡关系经历了从"分割"到"统筹""一体化"再到"融合"的发展历程。[①] 城乡融合既是社会发展的必然趋势，也是新时代推进现代化、实现经济高质量发展的根本要求，与实施乡村振兴战略的总要求密切相关、相辅相成。随着我国对"多规合一"的实用性村庄规划越发重视，对于如何编制"能用、管用、好用"的村庄规划，发挥其示范和引领作用，近年来，学界重点从功能定位、空间格局、用途管制、产业发展等多个方面提出了针对性建议。但是，在当前城乡融合成为未来发展的大逻辑和新常态的背景下，乡村发展日趋多元复杂，难以用一个规划来同时实现管理、发展和建设乡村，在积极推动村庄规划编制的同时，需要树立体系思维。因此，本报告通过分析城乡融合对乡村发展的影响，提出适应城乡融合发展的村庄规划体系优化思路，以期为科学编制村庄规划做出有益探索。

二 城乡融合对乡村发展的影响分析

2017 年，党的十九大报告首次提出建立健全城乡融合发展体制机制和

---

① 张克俊、杜婵：《从城乡统筹、城乡一体化到城乡融合发展：继承与升华》，《农村经济》2019 年第 11 期。

政策体系，标志着我国城乡关系政策的转变；2019年，《中共中央 国务院关于建立健全城乡融合发展体制机制和政策体系的意见》，把统筹城乡发展和城乡一体化方面的具体措施放在城乡融合发展的框架之中；2022年，中共中央办公厅、国务院办公厅印发《关于推进以县城为重要载体的城镇化建设的意见》，其中提出以县域为基本单元推进城乡融合发展。这些政策文件的出台，既彰显了中央城乡政策的一脉相承，又体现了对城乡发展规律的科学把握。就当前发展态势而言，推进城乡融合发展要把城市和乡村作为一个有机整体，统筹谋划区域之间的良性互动，以空间融合为载体、以产业融合为基础、以要素融合为动力、以治理融合为支撑，全面推动城乡经济、社会、文化、生态、治理等各领域相互融合、共同发展。

（一）城乡空间融合引导乡村发展格局转变

空间融合即优化城乡功能布局和空间结构，改善空间连通性和可达性，促进城乡形成功能凸显、优势互补的新格局。[①] 城乡空间融合的实质是对空间结构关系的调整与重构，使城乡空间异质性和空间价值转化为各自比较优势，促进城乡之间生产要素高效流动和公共资源均衡配置。随着科技进步和生产率的提升，资本对空间的选择不再局限于原材料、劳动力等传统生产要素，以数字资源、生物技术赋能驱动的现代生产要素使乡村舒适性资源环境得以延伸，城市市场需求结构发生了深刻改变，带来了乡村地区社会经济形态和地域空间结构的重大变化。首先，城市已成为承载发展要素、推动区域经济增长的重要空间载体，其强大的辐射带动作用进一步拓展了乡村发展领域，推动了农业产业结构优化和农村经济转型升级。其次，城乡空间功能的拓展促进了乡村经济价值、生态价值、社会价值、文化价值的显现，并形成以特色产业、特色生态、特色文化为载体的"农创+文创+智能园区"的综合发展新模式，为乡村新经济发展提供了更为广阔的空间和前景。最后，山

---

① 郭晓鸣、丁延武、王蔷：《以城乡融合发展促进共同富裕的实现路径》，《四川日报》2022年4月25日。

水林田湖草沙独特的自然资源以及安放城市居民"乡愁文化和价值观"的多重功能，对乡村科学布局生产、生活、生态空间提出了更高的要求，更好地实现了城乡空间发展与自然环境的统一性。

（二）城乡产业融合推动乡村发展结构调整

产业融合是城乡融合发展的动力源泉，是推动城市与农村优势互补、功能互促，谋求城乡协同发展的物质基础。[1] 城乡产业融合推动乡村发展结构调整主要体现在三个方面。一是土地利用集约化。2021年，第三次全国国土调查数据显示，村庄用地总规模达3.29亿亩，总量较大、布局不尽合理。[2] 城乡产业融合将通过政府调控和建立健全体制机制，推动城乡土地与多产业、多元素跨界融合发展，从而壮大优势产业集群，促进土地资源节约集约和高效利用。二是产业结构整合化。随着城市消费需求不断升级、消费方式日益多样化，乡村依托城市现代科技手段和创新服务平台，优化升级农产品种植、新型手工业产品制造、乡村旅游等模式，有效引导农业产业链从上游向中下游扩展，价值链从低端向中高端延伸，推动了农村一二三产业融合发展。三是社会主体多元化。城乡产业融合在构筑要素互通、环境共享、联系稳定、良性互动的有机整体的过程中，不同主体的合力支撑是引进新要素、推动乡村产业发展的重要力量，有效激发了乡村资源要素活力和内生动力，形成了社会主体多元化参与乡村产业发展的新局面。

（三）城乡要素融合激发乡村发展动能活力

城乡要素融合的本质是以政府制度化、市场机制化为引领，实现"人、地、钱"要素自由流动。因此，充分调动人才、土地、资金等要素在城乡之间自由流动和高效配置，是激发乡村发展动能活力的重要手段。首先，在"人"这一核心要素方面，通过户籍制度改革畅通城乡双向流动渠道，保障

---

[1] 王睦欣、庞德良：《乡村经济多元化发展及其推进路径研究》，《经济纵横》2019年第12期。

[2] 《第三次国土调查主要数据公报》，中国政府网，2021年8月26日，http://www.gov.cn/xinwen/2021-08/26/content_5633490.htm。

农民进城基本权益，促进各路人才"上山下乡"投身乡村建设。其次，在"地"这一重点要素方面，城乡统一建设用地市场体系不断完善，农村"三块地"改革深入推进，充分促进了土地要素在乡村产业发展中的高效参与，最大限度地挖掘了乡村发展潜力。最后，在"钱"这一关键要素方面，通过政策引导建立涉农资金统筹整合长效机制，吸引了城市社会资本为乡村建设赋能增效，最终形成财政优先保障、金融优先服务、社会积极参与的多元投入格局，为乡村振兴注入了强大动力。

（四）城乡治理融合带动乡村发展功能转型

城乡治理融合是国家治理体系和治理能力现代化的具体体现。在开放水平不断提升，科技创新成果转化不断增强的新发展背景下，各种发展要素源源不断地跨越城乡边界呈现新的社会形态和发展趋势，各类制度与政策在新空间重构下又反作用于社会秩序和生产关系，形成了城乡结构更加合理、要素资源配置更趋优化的社会经济格局。[①] 因此，城乡治理的深度融合将会加速推进乡村多种功能转型发展。一方面，在城乡社会治理体系动态优化调整中，乡村深层次乡规民约的文化特征和市场化条件下的现代正式制度将有机衔接，有利于增进政府治理和农村社会自我调节的良性互动，使乡村供给功能、生态功能、文化传承功能真正有效运转起来，推进乡村社会治理能力现代化。另一方面，在城乡治理融合制度创新不断提升的作用下，城乡教育、医疗、文化、体育等基本公共服务更趋均等化、优质化，使广大农民平等分享现代化的成果，为推动乡村经济转型升级奠定了重要基础。

三　河南村庄规划在乡村建设中存在的主要问题

村庄规划作为乡村建设的重要抓手，对乡村建设行动的有效落实具有积极

[①] 田鹏：《城乡融合发展进程中村落共同体变迁及秩序重建》，《华南农业大学学报》（社会科学版）2021年第3期。

影响，但在"多规合一"的国土空间规划体系、全面推进乡村振兴战略的大背景下，河南村庄规划与乡村建设行动仍然存在较多问题，还远未达到"应编尽编"的要求，与乡村建设需求存在结构性矛盾，并缺乏合适的载体和抓手。

（一）村庄规划与"应编尽编"要求存在较大差距

做好法定的村庄规划，有利于理清村庄发展思路，明确乡村振兴各项任务优先序，优化乡村生产、生活、生态空间。2019 年 1 月，中央农办等联合发布《关于统筹推进村庄规划工作的意见》，强调到 2020 年底，结合国土空间规划编制在县域层面基本完成村庄布局工作，有条件的村可结合实际单独编制村庄规划，做到"应编尽编"。但是，截至 2021 年底，河南仅有 1.4 万多个村庄实现了"多规合一"的实用性村庄规划编制，约占全省村庄总数的 1/3，与"应编尽编"要求存在较大差距，不利于乡村建设行动的科学有序实施。

（二）村庄规划供给与乡村建设需求存在结构性矛盾

乡村地域是一个综合复杂的系统，兼具生产、生活、生态、文化等多重功能，乡村建设的综合目标必然是促进乡村的全面发展，且地区间、阶段性差异必然会带来多维度的发展目标需求。但客观上河南村庄规划供给与乡村建设需求还存在结构性矛盾。一方面，村庄规划的基本职能、管控权限有限，村庄规划本身不能因外部问题的复杂与多样，"潜意识"地放大职能效力；另一方面，现实中的村庄规划体系庞杂，多头管理问题突出。同时，乡村建设行动具有长期性和动态性，而村庄规划更多应用于一定时段较为固定的空间规划安排，村庄规划难以及时捕捉乡村发展变化和形势需求。因此，加强村庄规划作为实施乡村振兴战略的基础性工作，需要认识乡村发展特点和乡村规划局限。

（三）村庄规划推动乡村建设缺乏合适的载体和抓手

村庄规划作为实施乡村振兴战略的基础性工作，兼具技术性和政策性。

首先，村庄规划形式上是一项技术性工作，须通过指标设计、空间测绘、专业制图和数据库技术等呈现村庄规划的理念、目标和内容，且乡村与城市的形态结构存在较大差异，并不能简单地将城市规划的技术实践方案嫁接到村庄规划中。因此，当前河南村庄规划的重难点问题在于"谁来编""怎么编"，以及如何让村民看得懂、想参与。其次，村庄规划本质上是一项公共政策，村庄规划推动乡村建设的核心在于规划目标的有效落实，需要一系列能够支撑其落地的政策工具。但是，早期的村庄规划多是"纸上画画，墙上挂挂"，这也反映了村庄规划缺乏合适有效的载体和抓手，以至于在推动乡村建设行动上力不从心。

四 河南村庄规划体系构建的原则

2018 年，中共中央、国务院印发《关于统一规划体系更好发挥国家发展规划战略导向作用的意见》，明确了国家规划体系以及空间规划在规划体系中的定位，要求建立以国家发展规划为统领，以空间规划为基础，以专项规划、区域规划为支撑，由国家、省、市、县各级规划共同组成，定位准确、边界清晰、功能互补、统一衔接的国家规划体系。在国土空间规划改革视角下，以城乡融合为背景，河南村庄规划体系构建应坚持以科学性、适宜性、缓冲性、参与性的原则实现乡村空间布局全面优化。

（一）提高村庄规划体系的科学性，保障乡村基本功能

村庄规划是科学推进乡村建设、加强土地利用的重要组成部分，是筑牢乡村产业发展根基，培育发展农村新产业新业态的重要手段。过去的村庄规划主要以片面地追求经济效益为目标，发展模式大多以牺牲资源和环境为代价。① 在国土空间规划改革视角下，河南村庄规划体系构建应坚持统筹城乡、盘活存量、用好增量、提高质量的基本理念，注重规划的系统性、整体

---

① 刘依杭：《村庄规划的"留白"思考》，《河南日报》2021 年 6 月 9 日。

性和科学性。一方面，要基于城乡融合发展趋势，以战略性为引领，促进村庄规划与市、县国土空间规划体系衔接；根据乡村产业发展、宅基地、配套设施、生态保护的要求进行规划建设，使规划符合乡村实际，突出地方特色和地域特征，增强村庄规划建设、管理的科学性。另一方面，要探索建立刚性约束和弹性引导相适应的规划传导机制，在不突破永久基本农田、耕地保护红线、生态保护红线等管控要求的前提下，根据不同类型村庄发展需要，结合区位优势和资源禀赋，明确未来乡村建设的发展走向和功能定位，合理规划村庄布局，为乡村建设发展预留充足的空间。

（二）增强村庄规划体系的适宜性，提高乡村发展质量

村庄规划编制能否适应未来乡村建设发展，关键取决于选址环境的稳定性和资源条件的适宜性。一方面，在空间布局过程中要以村庄用地适宜性评价为基础，按照市、县、乡镇国土空间规划要求，立足乡村发展实际，根据生态优先、全域管控、精明增长的规划逻辑，优化村庄用地布局结构。如结余的农村集体建设用地，可通过全域土地综合整治方式优先用于发展乡村产业，以此扩大村庄建设用地，为未来乡村建设发展提供保障。另一方面，要以多种功能用途为导向，不同类型的村庄规划用地启用时间不同，以及农村一二三产业发展定位不同，会对村庄规划用地的需求产生差异。因此，村庄规划编制应结合乡村产业多元化发展特点，充分发挥土地利用机会成本的作用，提升村庄规划体系的适宜性。如对农村集体建设用地价值的评估，应优先考虑用地限制少、易于规划及适应不同功能需求的地块，从而优化乡村产业空间结构，推进乡村建设发展。

（三）增强村庄规划体系的缓冲性，实现土地集约利用

村庄规划在土地划定到启用期间存在一段"缓冲期"。因此，可遵循维持现状、分类推进、存量优先、适度增量的原则，合理安排村庄规划用地。一是加强村庄规划用地的生态禀赋价值挖掘。对于暂不明确具体用途的村庄用地，可采取临时绿化的方式改善乡村生态环境，将生态资源转化

为发展优势，推进乡村产业发展与生态文明有机结合。二是严控建设增量，强化土地集约利用。对于暂未启用的村庄规划用地，按照强化农田保护、优化土地布局、提高节约集约利用水平的原则，在符合现有行政规划许可、不影响乡村建设长远发展的前提下维持现状用途，不得随意新建、改建、扩建。三是做好管护与临时利用，优化土地资源配置。在村庄规划用地"缓冲期"内，在不破坏农业生产条件及改变规划用地性质的前提下，可用于保障村民居住、农村公共公益设施及农村新产业新业态建设，拓展乡村多元化价值，形成生产空间集约高效、生活空间宜居、生态空间优美的乡村空间格局。

（四）提升村庄规划体系的参与性，促进乡村均衡发展

乡村地域差异明显、基层治理能力相对薄弱，决定了村庄规划工作是一项综合复杂的系统工程，需要采取系统化的方法引导村民参与，形成多元共治格局。随着城乡融合发展不断深入推进，村庄规划正从"单一导向型规划"向"统筹型规划"转变，乡村建设和乡村治理"转型、融合、并进"已成为必然趋势。[1] 因此，构建多元主体协同参与的村庄规划体系，既是统筹协调各方利益的客观要求，也是推动村庄规划"自上而下"和"自下而上"相结合的重要支撑。在村庄规划编制过程中，要形成上下联动、社会协同、村民参与的组织方式，科学编制村庄规划。在用地启动开发建设机制上，应坚持村民的主体地位，合理确定土地利用战略目标。同时，通过多方主体参与充分吸收政府、市场、社会、村民等多方力量，提升乡村治理能力现代化水平。

五 城乡融合背景下河南村庄规划体系的优化思路

村庄规划体系构建要积极顺应城乡融合发展新趋势，将乡村空间扩大到

---

① 文剑钢、文瀚梓：《我国乡村治理与规划落地问题研究》，《现代城市研究》2015 年第 4 期。

物质空间、社会空间、文化空间三个维度，以乡村全面振兴和现实发展为导向，切实发挥村庄规划在乡村建设行动中的引领支撑作用，助力乡村振兴战略有效实施。在具体思路和方法优化上，村庄规划体系构建应符合新阶段新理念新格局要求，立足城乡融合发展现状，准确把握村庄自身发展规律，积极引入现代规划设计理念，重点从村庄规划布局、规划类型、规划内容、规划方法上优化思路。

（一）优化村庄规划布局，推进城乡体制机制融合

建立健全城乡融合发展体制机制和政策体系，是党中央做出的重大战略决策部署。具体而言，河南村庄规划功能布局不能仅停留在村庄的管控建设微观层面上，还需要结合村域实际，统筹户籍制度改革、宅基地制度改革和相关经济社会领域改革，重点关注"人、财、物、地、权"在城乡融合体制机制中的核心作用，使乡村生产、生活、生态空间得到优化，资源要素利用效率大幅提升。此外，要强化村庄土地利用管理和用途管制，以土地整治为基础、以节约集约高效用地为导向、以生态保护修复为重点，创新混合用地制度，优化生态空间布局，为培育农村新产业新业态，激发乡村持续发展活力提供用地保障和规划引导。

（二）优化村庄规划分类，促进城乡多元模式融合

河南作为农业大省，农村分布广阔，不同的自然条件、资源禀赋、区位等要素差异决定了村庄地域的复杂性与多样性。[①] 明确村庄的功能分类，对于科学编制村庄规划，促进城乡多元模式融合具有重要现实意义。2018年，中共中央、国务院印发《乡村振兴战略规划（2018—2022年）》，并根据不同村庄的发展现状、区位条件、资源禀赋等，将村庄划分为集聚提升、城郊融合、特色保护、搬迁撤并四种不同类型。但目前河南在具体实践中还存在一些问题和不足，需要结合村庄经济发展以及资源环境禀赋进

---

① 刘彦随：《中国新时代城乡融合与乡村振兴》，《地理学报》2018年第4期。

一步优化村庄规划分类。如围绕粮食安全和生态环境，可增加农业发展类和生态保护类。此外，还可在每个村庄类别的基础上进一步展开细化，如城郊融合类村庄可划分为城中村和城边村两种类型；根据城乡二元结构和转型情况，可分为刚性二元村、弹性二元村和一般远郊村。[①] 在优化村庄规划分类及实践路径上，要明确村庄规划编制的科学理论与现实依据，坚持系统性、科学性、可行性分类原则和乡村自然、社会、经济特征。同时，在村庄规划过程中还存在不同类型主体需求层次多元化，因此村庄规划分类指标应根据社会多元化主体意愿，结合村庄发展实际进行动态调整和完善。

（三）优化村庄规划内容，加强城乡治理体系融合

村庄规划体系的构建要以提升乡村价值为目标，发挥其在城乡融合发展中的凝聚作用。因此，村庄规划内容可从传导性、传承性、创新性方面加以优化。

一是侧重村庄规划的传导性。健全规划实施的传导机制，加强总体规划刚性内容的有效传导，按照"以国土空间规划为依据分区分类实施用途管制"的要求，把"三区三线"划定作为村庄规划的统一框架，实现管控要素自上而下传导落实。此外，村庄规划在刚性要求得以落实的基础上，要合理布局村庄生产、生活、生态用地。如农村基础设施和公共服务体系规划作为传导性内容是健全城乡治理体系的基本要求之一，平衡城乡公共服务在供给上的公平性与效率性，是推进城乡基本公共服务均等化、加强城乡融合发展的核心。因此，村庄基础设施和公共服务设施在规划设计上，不仅要统筹城乡设施均衡发展，而且要以科技创新平台为引领促进乡村基础设施和公共服务发展，提升乡村的资源整合效率。

二是强化村庄规划的传承性。2021 年，自然资源部、国家文物局联合

---

① 张磊、叶裕民、孙玥等：《特大城市城乡结合部村庄分类研究与特征分析——以广州市农村地区为例》，《城市规划》2019 年第 6 期。

印发《关于在国土空间规划编制和实施中加强历史文化遗产保护管理的指导意见》，提出对历史文化遗产及其整体环境实施严格保护和管控。河南在科学编制村庄规划的过程中，要把村庄历史文化资源与乡村建设有机结合起来，将历史文化保护纳入村庄规划编制和实施中，在保护整体空间形态及传统建筑风貌特色的基础上，综合考量乡村建设和发展，统筹推进村庄物质空间整体协调性与非物质文化遗产的传承性，促进乡村建设的灵活和多样化发展。

三是凸显村庄规划的创新性。首先，创新乡村产业规划。以发展现代农业为抓手推进特色农业建设，促进农业与文旅、康养等多产业深度融合；结合农业科技创新方向梳理产业空间需求，以优化区域分工和产业布局为重点，形成功能定位与产业配置相互支撑、相互融合、相互促进的产业空间布局。其次，创新乡村景观规划。以统筹山水林田湖草沙系统治理为主线，依托自然禀赋和特色资源，加强对乡村风貌特色的规划和引导，打造传承乡村精神的田园景观空间体系，形成具有乡土文化、保持乡村建筑特色的景观格局。最后，创新乡村社会治理规划。构建新型村庄治理共同体，拓展乡村社会治理空间，形成"外源推动"与"内源驱动"相结合的体制机制，共同推进乡村治理模式变革。

（四）优化村庄规划方法，强化城乡现代技术融合

优化村庄规划方法主要在于优化规划的实施方法、评价方法和编制方法。首先，在优化村庄规划实施方法中，数字信息技术是村庄规划有效实施的重要支撑。因此，应大力提升物联网、大数据等信息技术在村庄规划中的应用，进一步加强数字技术向村庄规划前期数据分析和后期实施监管延伸。此外，在"多规合一"背景下，多源数据融合将推动村庄规划从编制到实施的全周期管理，应从数据采集、治理、应用等多方面完善乡村信息化数据管理技术，促进地域空间信息全流程与村庄空间规划全过程耦合。其次，在优化村庄规划评价方法中，应在遵循价值规律和市场供求关系的基础上，发挥村民在村庄规划中的主体作用，确保规划评价数据和结果全面真实。最

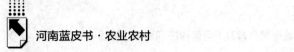
后，在优化村庄规划编制方法中，应构建多元主体有效协作机制，引导各主体以多样化的方式参与村庄规划编制，合力打造共编共建共享共管的乡村国土空间治理新格局。

参考文献

吴方兴、吴铠甫、谢婷：《以"多规合一"村庄规划为抓手探索乡村振兴困境和对策》，《国土资源导刊》2022 年第 1 期。

B.11

河南推进城乡融合共同富裕的
路径及对策研究

张　坤*

摘　要： 城乡融合是统筹城乡经济、社会共同发展，解决城乡收入差距大、城乡社会服务非均衡化发展等问题的关键举措，有利于共同富裕目标的更好实现。本报告通过对当前河南城乡融合的现状和推动城乡融合共同富裕的现实困境进行分析，提出河南推进城乡融合共同富裕的实现路径，进而从强化人才流动机制创新、深化农村土地制度改革、补齐农村公共服务和人居环境短板、改革完善收入分配制度、突出城乡融合发展示范引领五个方面入手，提出河南推进城乡融合共同富裕的对策建议。

关键词： 城乡融合　共同富裕　河南

2020年中国按现行标准下9899万人全部脱贫，如期打赢了脱贫攻坚战，历史性地消除了绝对贫困，解决了农村最大的不平衡发展问题，向共同富裕的伟大目标迈出了一大步。新阶段，党中央将共同富裕摆在了更加重要的位置，采取有力措施保障和改善民生，为促进共同富裕创造了良好的条件。城乡融合是消弭城乡差距、推进乡村全面振兴、防止规模性返贫的重要路径，对推动城乡产业融合、城乡公共服务均等化、城乡居民收入均衡化、

---

* 张坤，河南省社会科学院农村发展研究所研究实习员，主要研究方向为农村土地产权制度、乡村治理。

城乡要素配置合理化发展等都具有重要作用，是实现城乡共同享有经济社会各项改革成果必经的过程，也为共同富裕的实现奠定了基础。

一　河南城乡融合发展的现状

（一）城乡差距显著缩小

近年来，河南不断推进城乡融合改革，通过积极拓展农业转移人口就业渠道、探索推进农村集体经济改革、促进农村劳动力就地就近就业、提升农民财产净收入等一系列举措，使农民有了多元、稳定的收入来源。2022年1～6月，河南农村居民人均可支配收入为8091元，同比增长5.1%，高于同期城镇居民人均可支配收入4.6%的增速。2021年全省农村居民人均可支配收入较2012年增长120.2%，达到17533元，2021年全省城镇居民人均可支配收入较2012年增长86.9%，达到37095元，农村居民人均可支配收入年均增速9.2%，比城镇居民人均可支配收入年均增速高出2个百分点，城乡居民收入比值由2012年的2.49缩小至2021年的2.12，城乡居民收入得到大幅提升的同时，河南城乡差距也在逐渐缩小。近年来，河南加快农村基础设施建设步伐，推动农村基础设施提档升级，不断提升基层医疗卫生服务能力，逐步改善农村养老保障体系和养老保障制度，农村社会明显进步，为共同富裕奠定了基础。

（二）城乡要素流动加快

随着经济的快速发展，河南城乡融合不断深化，在推进郑州国家中心城市建设，扩容郑州都市圈，洛阳中原城市群副中心城市建设提速和支持南阳建设副中心城市的背景下，未来河南城乡之间要素交换将更加频繁，将对城乡均衡发展起到极大的促进作用。支持农业转移人口市民化政策的不断出台，将有效推进农村劳动力向城市转移。不断推进城镇化建设盘活了农村的土地。许昌国家城乡融合发展试验区改革的不断推进和经验积累，将对城乡融合的要素双向流动起到推动作用。越来越多的城市工商业资本下乡，有助于破除传统农村的封闭性，有利于带动周围乡村的经济社会发展，农村发展面临前所未有的机遇；而劳动力、土地等生产要素的城乡互动加剧，农村的要素流入城市也实现了要素的升级提质，城乡建设中农村的资本不断积累，有利于实现乡村的全面振兴。

（三）城乡产业不断融合

河南作为农业大省，一直在推动城乡产业融合。多数乡村根据自身地理位置和资源禀赋形成了主导产业、优势产业，推动农业"产加销"一体化发展，大力发展休闲旅游，延长了农业产业链，通过将农业与林业、休闲旅游、康养、教育、文化等产业融合发展，并注重与自然环境相结合，依托现代产业园区，重视运用现代技术，河南城乡一二三产业整体融合程度达到较高水平。如林州市发展乡村旅游，截至2021年，全市规模化开展乡村旅游的村庄已达70多个，各类农家乐有800家，2/3以上的村受益于旅游业。通过发展特色农业，2015年以来共培育省、市龙头企业30家，家庭农场99家，农民专业合作经济组织1000多个。城乡融合推动了河南省产业发展，在一二三产业交互发展中河南实现了对农业的深度开发，农村新产业新业态不断发展壮大，农业附加值不断提升。

（四）城乡居民精神文化生活日益丰富

近年来，河南积极探索城乡融合背景下的社会制度变革，有效提升了河南农村的整体发展水平，农村经济水平有了明显提高，城乡居民整体生活水平有了明显提升。城乡居民对精神文化的需求明显增加，这是基本物质需要得到满足后的必然表现。近年来，河南积极推进城乡公共服务均衡化发展，加快普及公共文化服务设施，城乡居民精神文化生活日益丰富。截至2021年，全省共建成各级公共图书馆169个、博物馆361个，分别比1978年增加133个、350个，全部实现零门槛免费开放。截至2021年，全省95.3%的村有综合性文化服务中心。2021年，全省实现广播综合人口覆盖率99.66%，电视综合人口覆盖率99.64%。

二 河南城乡融合助推共同富裕的现实困境

（一）城乡生产要素双向流通仍不充分

城乡生产要素主要包括人口、资本、土地和技术等，生产要素在城乡之间双向流动和良性循环是实现城乡融合的必要条件。由于长期的制度分割，人口、土地、信息、资本、技术等优势资源大量向城市集聚。目前，我国农村产权制度、土地制度改革尚不完善，产权不明晰、土地流转存在制度壁垒等问题依然突出，导致农村人口、土地、资金等要素更多地流向城市。同时，由于促进农业转移人口市民化政策的不完善，农村人口流动陷入"城市留不住、农村回不去"的困境，生产要素总体呈现从农村向城市单向流动的局面，河南农村发展缺乏要素支撑。近些年来，国家出台了大量相关政策文件缓解二元矛盾，但消除城乡二元结构是一个比较长期的历史过程。从目前来看，生产要素从农村到城市单向流动的局面未发生实质性的转变，亟待建立健全城乡要素双向流动的体制机制。如要尽快破除城乡二元户籍制度壁垒，保障人的自由双向流动；进一步完善土地要素的双向流动机制，稳慎推行宅基地"三权分置"改革，提升农村对城镇要素流动的吸引力。

（二）城乡公共资源配置仍不均衡

水、电、路、气等基础设施的普及，教育、医疗、行政管理、商业服务等公共资源的均衡化是实现城乡融合发展、推动乡村振兴的重要保障，也是农民农村共同富裕的重要内涵。从目前来看，河南城乡公共资源配置仍不均衡，城市基础设施建设标准高且日趋完善，公共服务水平遥遥领先，农村基础设施和公共服务历史欠账较多，还存在较大的短板。如基础设施方面，农村在饮用水安全、厕所革命、公路建设、信息化设施建设方面还存在一些短板。在公共服务方面，农村与城市相比也存在较大差距，城乡居民享有优质的教育、医疗、养老和社会服务，例如，每万人拥有卫生机构床位数、执业医师数、注册护士数、师资配备、仪器设备配置、信息化手段与农村相比都遥遥领先。在公共文化资源配置上，城乡公共文化资源配置仍不均衡，农村公共文化资源配置相对匮乏，如文化活动站、体育设施、室外活动场地等场所建设有待完善，与城市多元现代的文化资源还有较大差距，所以完善农村的教育、医疗、养老等公共文化服务设施配套任重道远。

（三）城乡产业协同发展深度不足

河南作为农业大省，部分地区以单一产业为主，跨地区、跨产业的复合型产业较少，整体上形成的农村与城市互动产业数量较少，产业协同发展的深度不够。目前，河南大部分农村以发展农产品加工业为主。农村一二三产业融合发展创新性不够，如乡村旅游业还大多停留在单纯地与农村休闲观光相结合的阶段，未与现代化、数字化产业相结合形成多产协同发展；城乡融合产业衍生的新业态等，规模小而散，农业融合产业还未达到高质量发展的要求，市场竞争力不强。

（四）农村自身发展能力较弱

在我国推进现代化建设的进程中，制度分割和城市发展带来的虹吸效应不仅导致农村地区发展滞后，还将弱化农村地区自身的发展能力。一是缺少产业支撑。不少农村地区缺少现代产业，传统农业还未实现规模化经营；乡村旅游业等同质化严重，经营效益不高。二是部分农村严重衰落。在农业经营收益较低的状况下，大量青壮年劳动力外出务工，留守农村的大多为不具备劳动能力或劳动能力较弱的妇女、老人和儿童，人口素质难以适应发展现代农业的要求，农村人口外流与经济发展落后形成恶性循环。三是农村生态环境问题依然突出。由于农村的环保工作没有得到足够重视，我国农村生态环境历史欠账较多，如农业面源污染问题较严重，农村居民生活垃圾污染问题依然突出，滥用化肥、农药等带来的污染等，都对农村生态环境保护产生了不利影响，不利于农村的可持续发展。

三 河南城乡融合推动共同富裕的路径选择

（一）推进城乡空间布局一体化

城乡空间是城乡融合发展的载体，提高城乡空间布局的科学规划水平，有利于更好地发挥规划对城乡融合发展的指导和约束作用，是推动城乡融合发展的重要保障。推进城乡空间布局一体化，不是把城市和乡村两种区域的差异和功能消灭，而是统筹好农田保护、产业发展、生态保护、城镇建设和村庄分布等，实现城市乡村功能互补衔接。针对目前农村生产、生活、生态空间布局混乱、功能不清的现状，在优化城乡空间布局时，应树立系统思维，将城市和乡村作为一个整体，通盘考虑、一体设计，将广大农村纳入统一规划之中，编制好城乡空间规划，实施城乡规划"全覆盖"。应以主体功能区建设为抓手优化生产、生活、生态空间，打破行政区划边界，探索以主体功能区规划为统领，把城市总体规划、土地利用规划、国民经济和社会发展规划统筹起来的"多规合一"改革。

（二）推进新型城镇化和乡村振兴双轮驱动

在推进城乡融合发展的过程中，要协同推进新型城镇化和乡村振兴。新型城镇化以提高城镇化质量为核心，重点是坚持以人为本，加快推进农业转移人口市民化，使城市留得住人，以此实现城市和乡村的联通。推进乡村振兴需要改变长期以来"重工轻农、重城轻乡"的思维，建立城乡融合发展体制机制，是全面推进乡村振兴的重点任务。推进新型城镇化与推进乡村振兴是相互联系、不可割裂的统一体，只有通过新型城镇化把农业转移人口留在城市，才能为城市资源要素进入并留在乡村腾出空间。推进乡村振兴的过程，能够吸引城市要素流向乡村，只有实现了乡村发展，更多要素才能留在乡村，才能为实现农业农村现代化创造条件，这也是实现城乡融合的过程。

（三）推进城乡产业融合发展

推进城乡产业融合发展是推动城乡融合发展的重要内容。推动一二三产业融合发展，确保农村生产力稳定增长，促进农村主导产业实现跨产业、跨区域的复合型发展，保证农村经济长效可持续发展，有效确保农民农村共同富裕。对于缺乏支柱型产业的农村地区，要积极扶持依托本地资源的特色融合产业，鼓励当地形成"一村一品"，在产业发展中贯彻三产融合发展理念，着力培育和发展多元化、创新型、全要素的"新六产"。要着力培育新型农业经营主体，开展信贷支农行动，推动产业融合发展。

（四）构建城乡要素双向自由流动机制

着力构建城乡要素双向自由流动机制，改变长期以来生产要素由农村向城市单向流动的局面，为乡村发展提供要素支撑，为农业农村发展"造血"。为此，必须坚持"有效市场"和"有为政府"相结合。一方面，要充分发挥市场对资源配置的决定性作用，使土地、资本、人力等生产要素在城乡之间自由流动，破除妨碍要素流动的各种壁垒；另一方面，要更好发挥政府作用，推动更多政策向农村倾斜，引导更多要素投入乡村，促进城乡基本公共服务普惠共享和基础设施一体化发展。特别是在全面推进乡村振兴的背景下，必须更加突出激励机制引导要素向乡村流动，如建立人才和外出农民工返乡激励机制、工商资本下乡促进机制、金融入乡服务机制、科技成果入乡转化机制"四大机制"，促进人才、资金、科技良性循环，为乡村振兴注入新动能。

（五）促进城乡公共资源均衡配置

坚持和完善农村社会各项制度保障，确保乡村共同富裕的实现。从制度层面完善农村社会的各项保障和改革配套制度，在党的领导下建立统一的城乡协同治理制度，为促进城乡基本公共服务均等化做好制度设计，提供制度支撑，实现基本公共服务的全覆盖和在城乡之间的合理配置，从公共产品供给入手率先解决城乡发展之间的不平衡问题，分区域分阶段实现公共服务均等化，让更多的社会公共资源向农村欠发达地区的孤寡老人和妇女儿童等弱势群体倾斜，实现幼有所育、老有所养、弱有救扶的共同富裕的愿景。

四 河南推进城乡融合共同富裕的对策建议

（一）强化城乡人才流动机制创新，畅通城乡人才流动通道

人才是促进城乡融合发展的关键因素，强化城乡人才流动机制创新，畅通城乡人才流动通道，将有利于资本、技术、产业等生产要素在城乡间的合理配置，推动生产要素在城乡之间良性循环，实现为乡村振兴"造血"，为城乡融合"赋能"。一是要健全农业转移人口市民化推进机制。目前，进城农民难以享受与城市居民同等的社会保障和公共服务，这是阻碍进城农民留在城市的最大因素。因此，推动农业转移人口市民化，要重点解决农业转移人口的户籍、子女教育、医疗、住房等方面的问题。如探索推动在城镇没有合法稳定住所的常住人口在城市公共户口落户。二是建立健全城市人才入乡激励机制。吸引新型主体下乡、城里人进村，要强化制度保障，如加快剥离依附在户籍上的福利，畅通城市人成为新村民的渠道。探索根据城市人才在农村居住的时间与创业创新情况，保障其住房使用、土地流转经营及公共服务权益的制度安排。三是着力健全城乡基本公共服务。提升乡村文化教育能力，推动城乡教育均衡发展，补齐农村公共卫生短板，着力提高农村医疗卫生机构的服务能力和水平，推动文化资源向乡村倾斜。

（二）深化农村土地制度改革，激活土地要素资源

从目前来看，制约城乡融合发展的主要障碍仍然是土地市场的制度结构，新阶段推动城乡融合发展仍要以完善城乡土地制度为突破口，继续深化农村土地制度改革，激活土地要素资源，着力建立健全城乡土地要素平等交换机制。一是完善农村承包地"三权分置"制度。通过强化所有权权能，

保护承包地集体所有权。通过不断完善承包权权能，稳定农户承包权。通过完善经营权权能、建立完善经营权流转服务体系，放活土地经营权，促进农户流转承包地，依法保护新型农业经营主体的经营收益。二是推进农村宅基地"三权分置"改革。农村闲置农房是一笔宝贵的资源，可以利用闲置农房发展农家乐等乡村旅游业。因此，要积极推进宅基地"三权分置"改革，采取多种措施盘活利用闲置宅基地和房屋，如完善宅基地复垦券制度，同时，要开展农村宅基地改革试点地区成效评估和经验推广。三是探索农村集体经营性建设用地入市。要夯实土地的产权基础，建立城乡统一的建设用地市场。允许村集体依法把有偿收回的闲置宅基地、废弃的集体公益性建设用地转变为集体经营性建设用地入市。

（三）补齐农村人居环境和公共服务短板，推动美丽乡村建设

改善农村人居环境和公共服务有助于农民农村共同富裕，提升农村人居环境和公共服务水平有利于吸引城市资本下乡、促进各类要素更多向农村流动。一是持续改善农村人居环境。要以提升村容村貌、推动厕所革命等为重点，开展农村人居环境整治工作。二是持续推进农村基础设施提档升级。加快完善农村路、水、气、电、网、物流等基础设施。夯实农业基础，实施农田水利建设工程。保障饮用水安全，推进农村饮水安全巩固提升。三是加快推进城乡基本公共服务均等化。提升乡村公共医疗能力，完善乡村社会保障体系，提升乡村文化教育水平。重点补齐农村基本公共教育服务的短板，缩小区域、城乡、校际、群体差距。

（四）建立健全城乡融合机制体制，改革完善分配体系

建立健全城乡融合机制体制，确保城乡全方位、系统性融合。一是全面树立城乡融合发展理念。坚持深化农业经营体制改革，以农村土地制度改革为切入点，推动城乡要素加速流动，以城乡同繁荣的观念使城乡居民树立起共同富裕的理念。二是建立健全城乡融合长效发展机制。不断完善城乡统筹规划的顶层设计，以共同富裕目标为导向，以城乡融合发展为契机，创新农

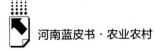
村现代化建设，实现乡村价值的深入挖掘和开发，推动农村高质量发展。三是改革完善城乡分配体系。在基本社会分配制度的基础上，探索分配方式上的二次分配乃至三次再分配，深化河南城乡间的社会分配制度改革，扩大中等收入人群，促进居民收入分配更合理有序，形成以初次分配和二次分配为基础、三次再分配为补充的社会分配体系。

（五）突出城乡融合发展试点先行、示范带动作用

城乡融合发展要走"试点—总结—推广"的路径，以国家城乡融合发展试验区为突破口，要边试验、边总结、边推广，条件成熟时以法律等形式将行之有效的体制机制规范化。示范区要以打破阻碍城乡生产要素自由流动的制度壁垒为目标，探索建立确保城乡人才、土地、资金循环畅通的基本制度，强化农村产权保护，建立完善农民增收长效机制。在试点基础上，认真总结提炼试验区典型经验，研究推广行之有效的成熟做法，不断把改革向纵深推进。

参考文献

刘合光：《城乡融合发展的进展、障碍与突破口》，《人民论坛》2022 年第 1 期。

张克俊、杜婵：《从城乡统筹、城乡一体化到城乡融合发展：继承与升华》，《农村经济》2019 年第 11 期。

王桂芹、郑颜悦：《我国城乡融合存在的问题及对策》，《江淮论坛》2020 年第 5 期。

孔祥智、谢东东：《城乡融合发展面面观：来自县域的报告》，《河北学刊》2022 年第 2 期。

许经勇：《新时代城乡融合发展的若干思考》，《学习论坛》2020 年第 1 期。

周立主编《河南农业农村发展报告（2018）》，社会科学文献出版社，2018。

王世炎主编《2020 年河南经济形势分析与预测》，社会科学文献出版社，2020。

张克俊主编《四川农业农村发展报告（2022）》，社会科学文献出版社，2022。

B.12
河南省巩固拓展脱贫攻坚
成果的实践与路径分析

郑 方 黄羽茜*

摘 要： 河南省坚持把巩固拓展脱贫攻坚成果工作放在突出位置，建立防
止返贫动态监测和帮扶机制，巩固"两不愁三保障"和饮水安
全成果，支持脱贫地区乡村特色产业发展，促进脱贫人口稳岗就
业，强化乡村振兴重点帮扶县、易地扶贫搬迁安置区帮扶措施，
稳定增加脱贫人口和监测对象收入，守住了不发生规模性返贫底
线。在全面推进乡村振兴的新形势下，巩固拓展脱贫攻坚成果应
加强监测帮扶、消除返贫风险，坚持多措并举、促进群众增收，
用好衔接资金、加快项目建设，紧盯重点区域、加大支持力度，
凝聚帮扶合力、增强帮带实效，严格督导考核、推动工作落实，
将巩固拓展脱贫攻坚成果同乡村振兴有效衔接向纵深推进。

关键词： 巩固脱贫成果 乡村振兴 河南

一 河南省巩固拓展脱贫攻坚成果工作实践

打赢脱贫攻坚战、全面建成小康社会之后，巩固拓展脱贫攻坚成果，不
发生规模性返贫，是党中央最关心的一件大事。2021 年以来，河南省深入
贯彻习近平总书记关于巩固拓展脱贫攻坚成果同乡村振兴有效衔接的重要讲

---

* 郑方，河南省乡村振兴局政策法规处处长；黄羽茜，河南黄河河务局工程建设中心干部。

话重要指示，坚持把巩固拓展脱贫攻坚成果摆在突出位置，大力弘扬脱贫攻坚精神，严格落实"四个不摘"要求，聚焦守底线、抓发展、促振兴，积极应对灾情疫情影响，全力做好巩固拓展脱贫攻坚成果同乡村振兴有效衔接工作，守牢了不发生规模性返贫底线。2022年上半年，脱贫地区农村居民人均可支配收入为7184元，同比增长6.4%。

（一）扛稳巩固拓展脱贫攻坚成果政治责任

1. 加强组织领导

坚持省市县乡村五级书记抓巩固拓展脱贫攻坚成果和乡村振兴，健全省负总责、市县乡抓落实的工作机制。省委农村工作领导小组由省委书记担任组长，下设省巩固拓展脱贫攻坚成果专班。建立省级领导干部联系乡村振兴示范县和脱贫县制度，帮助联系县解决突出问题和困难。各级定点帮扶、市县结对帮扶、校地结对帮扶、"万企兴万村"等继续实行，2022年上半年，全省有驻村工作队1.3万个驻村干部4.62万人，其中第一书记1.33万人，持续落实"五天四夜"驻村工作制。

2. 加大推进力度

省委常委会会议、省政府常务会议及时研究部署巩固拓展脱贫攻坚成果同乡村振兴有效衔接工作。2022年，先后召开省委农村工作会议、省委农村工作领导小组会议、全省巩固拓展脱贫攻坚成果同乡村振兴有效衔接推进会议，部署推动工作。省委书记楼阳生先后到信阳市、驻马店市等革命老区、脱贫地区调研指导巩固脱贫成果和乡村振兴工作，省长王凯先后到新乡市调研指导灾后重建、到南阳市等地调研指导乡村振兴工作。省委副书记、政法委书记周霁和副省长武国定多次深入基层，专题调研指导巩固拓展脱贫攻坚成果和乡村振兴工作。

3. 从严考核督导

省级组织开展2021年度巩固脱贫成果后评估，对各省辖市、济源示范区、21个省直部门和中央驻豫单位、185个省定点扶贫单位、4个结对帮扶省辖市、53所结对帮扶高校进行考评，兑现奖惩措施，促进真抓实干。省委组织开展巩固拓展脱贫攻坚成果同乡村振兴有效衔接工作专项巡视，对 6 个脱贫摘帽的原国家级贫困县进行巡视，有效发挥了巡视"利剑"作用。省级成立 6 个巩固拓展脱贫攻坚成果督查巡查组，工作人员从省直相关部门抽调，与原单位工作脱钩，围绕巩固拓展脱贫攻坚成果、有效衔接乡村振兴的重点工作开展督查和暗访，指导推动责任落实、政策落实、工作落实。

4. 提升干部素能

加大乡村振兴领域干部培训力度，省级重点抓好市县领导干部、行业部门干部培训，同时抓好乡镇党政正职和驻村第一书记、脱贫村党支部书记示范培训；市县突出抓好乡村振兴系统干部、乡村干部、帮扶干部等基层干部的全员培训。举办全省巩固拓展脱贫攻坚成果有效衔接乡村振兴领导干部培训班，培训各级干部 8800 余人。2022 年 1~8 月，省、市、县三级培训乡村振兴领域干部 33.85 万人次，干部政策水平和业务能力得到有效提升。

（二）加强防止返贫监测帮扶

1. 及时监测预警

坚持常态化排查和集中排查、全面筛查和重点核查相结合，进一步完善基层干部排查、部门筛查预警、农户自主申报等监测对象快速发现、响应机制，做到早发现、早干预、早帮扶。2022 年 4 月下旬至 6 月中旬，开展防止返贫监测帮扶集中排查工作，在对所有农村人口全面筛查的基础上，明确对有自主申报意愿的农户、脱贫户、低保户等 10 类重点户，逐户进行重点核查，及时把符合防止返贫监测对象条件的农户全部纳入监测范围。

2. 强化精准帮扶

每户监测对象明确一名国家公职人员作为帮扶责任人，实行定期入户走访的办法，按照缺什么补什么的原则，根据监测对象风险类别、发展需求等采取相应的帮扶举措，做到一户一策、精准帮扶，确保出现返贫致贫风险有人管、管到位。截至 2022 年 9 月底，全省监测对象户均享受帮扶措施 4.47 项，较 2021 年增加 0.97 项，政策落实进一步到位。

3. 坚持稳慎退出

对监测对象收入超过年度监测标准，且收入持续稳定不少于半年、"三保障"及饮水安全持续巩固、返贫致贫风险已经稳定消除的，按照规范程序标注"风险消除"，不盲目追求风险消除率。截至2022年9月底，全省监测对象中，已消除返贫致贫风险人数占比39.4%。

（三）巩固提升"三保障"和饮水安全成果

1. 教育保障方面

坚持"依法控辍、管理控辍、分类控辍、质量控辍"，巩固拓展控辍保学成果，实现全省农村义务教育阶段失学辍学学生动态清零。坚持应助尽助，精准资助农村家庭经济困难学生。

2. 医疗保障方面

做好脱贫人口、监测对象基本医保参保动员工作，参保率达到100%，住院费用政策范围内报销水平稳定在90%左右。全省行政村卫生室和合格村医"空白点"实现动态清零。对易返贫致贫人口落实先诊疗后付费政策，实行县域内"一站式"结算，持续做好家庭医生签约服务，确保不因病返贫致贫。

3. 住房保障方面

对农村住房定期开展走访摸排，及时将新增危房纳入改造范围，确保危房不住人、住人无危房。2022年计划完成改造"六类对象"（农村易返贫致贫户、低保户、分散供养特困人员、因病因灾因意外事故等刚性支出较大或收入大幅缩减导致基本生活出现严重困难户、低保边缘户、其他脱贫户）危房11963户。

4. 饮水安全方面

动态监测农村供水工程运行和村民饮水状况，积极推进农村供水"规模化、市场化、水源地表化、城乡一体化"，加强农村供水工程运行管理，对因灾等出现短期缺水的采取临时送水等应急措施，确保群众吃上放心水。2022年计划完成维修农村供水工程10178处。

（四）促进群众持续增收

省政府出台《关于持续增加农民收入的指导意见》《稳就业若干政策措施》，强化对群众增收的政策支撑。用好产业帮扶、就业帮扶两个增收主渠道，确保实现脱贫群众收入增速高于当地农民收入增速、脱贫地区农民收入增速高于全省农民收入增速。

1. 着力支持脱贫地区乡村特色产业发展壮大

开展田园增收、养殖富民、乡村旅游等产业发展十大行动，提高财政衔接推进乡村振兴补助资金（以下简称"衔接资金"）用于产业发展的比例，2022 年力争达到 60% 以上。省级安排衔接资金 6.38 亿元支持重点各地肉牛奶牛产业发展，安排 2 亿元作为优势特色产业绩效奖励。省乡村振兴局、省文化和旅游厅联合开展"河南省 A 级乡村旅游示范村"创建工作，确定 195 个村为首批创建单位，其中 69 个村为脱贫村。强化金融对产业的支持作用，完善推广金融扶贫"卢氏模式"，截至 2022 年 9 月底，全省脱贫人口小额信贷余额 141.07 亿元，余额户贷率 36.2%，惠及 43.46 万脱贫户；持续推进精准扶贫企业贷，截至 2022 年 9 月底，全省精准扶贫贷款余额 106 亿元，支持帮扶企业 975 家，帮扶脱贫群众 25.7 万户；协调中国农业银行"富民贷"金融产品落地河南，确定 11 个革命老区县纳入"富民贷"试点范围，为农户发展产业提供享受基准利率的优惠信贷支持。深化消费帮扶，开展形式多样的线上线下产销对接活动，推动帮扶产品进市场、进商超、进学校、进社区、进食堂、进高速服务区，2022 年前三季度帮助销售脱贫地区农副产品 530.57 亿元。

2. 着力促进脱贫人口稳定就业

积极克服疫情影响，加强转移就业，支持脱贫人口、监测对象优先外出务工，推广"就业帮扶直通车"，点对点、组团式向用工地输出，提高劳务输出组织化程度。促进就近就业，对走不出去或弱劳动能力脱贫人口和监测对象，采取帮带企业和扶贫车间吸纳、灾后重建公益岗开发、以工代赈项目安置等方式，优先吸纳就近就地就业。支持返乡创业，采取政府组织引导、贷款支持、发放创业补贴等方式，引导脱贫人口、监测对象返乡创业，提高政府组织化程度。强化技能培训，坚持以"人人持证、技能河南"建设为抓手，实施高素质农民培育计划，加大"雨露计划"培训力度，力争2022年底全省脱贫劳动力持证率达到17.5%。通过综合施策，截至2022年9月底，全省脱贫人口和监测对象外出务工233.65万人，完成年度计划任务的113.7%。

（五）健全农村低收入人口常态化帮扶机制

1. 加强农村低收入人口动态监测

健全完善农村低收入人口动态监测信息平台，及时进行数据比对共享，对农村低保对象、特困人员、易返贫致贫人口、突发严重困难人口等农村低收入人口及时发现、快速响应，分层分类即时开展相应救助。

2. 稳步提高农村低保标准和特困人员基本生活标准

在2021年将农村低保标准由每人每年不低于4260元提高到不低于4524元的基础上，2022年提高到不低于5040元，农村特困人员基本生活标准提高到每人每年不低于6552元。

3. 推广应用重度残疾人集中托养模式

引导各地借鉴上蔡县重度残疾人集中托养经验做法，坚持县级统筹、乡村实施、部门联动、社会参与，利用敬老院、乡镇卫生院、福利院等对失能重度残疾人实行集中供养，实现托养一个人、解放一群人、幸福一家人。全省已建成农村重度残疾人照护服务机构2062个，集中照护重度残疾人3.7万名。

（六）强化资金项目资产管理

1. 坚持资金投入不减

2022年截至9月底，中央安排河南衔接资金66.6亿元，较上年增加4.5亿元，省、市、县三级共安排衔接资金130.41亿元，全省53个脱贫县统筹整合财政涉农资金168.03亿元，用于巩固拓展脱贫攻坚成果同乡村振兴有效衔接。

2. 加快项目建设进度

紧盯年度项目实施和资金预算执行，全力推进项目实施。截至 2022 年 9 月底，全省纳入年度实施计划的 14073 个项目开工率为 99.8%；各级衔接资金支出进度达 82.8%，超过序时进度 7.8 个百分点。全省 5311 个水毁扶贫项目在 2022 年 5 月底全部完工并投入使用，比原定计划提前 1 个月完工。

3. 健全扶贫资产管理长效机制

完成全省 37.55 万个扶贫项目资产清产核资、确权登记，资产总规模达到 1228.23 亿元。对各类扶贫项目资产尤其是经营性资产建立台账，落实建管并重、建用并重的后续管护机制。截至 2022 年 10 月底，全省有光伏扶贫电站 17123 个，总规模容量 267.8 万千瓦，使 11813 个行政村有了持续 20 年的集体经济收入；全省有就业帮扶车间 3825 座，带动就业 11.05 万人，其中脱贫人口和监测对象 4.19 万人。

（七）聚焦重点区域加快补齐发展短板

1. 支持乡村振兴重点帮扶县加快发展

针对卢氏县、嵩县、台前县、淅川县等 4 个省级乡村振兴重点帮扶县，制定《河南省乡村振兴重点帮扶县巩固拓展脱贫攻坚成果同乡村振兴有效衔接实施方案》，谋划"十四五"时期补短板促发展项目 831 个，计划总投资 133.85 亿元，其中 2022 年计划投资 29.78 亿元。2022 年对每县倾斜安排中央、省衔接资金 6000 万元，支持其巩固拓展脱贫攻坚成果。

2. 加大对易地扶贫搬迁安置区的支持力度

针对全省 869 个易地扶贫搬迁安置点 25.97 万搬迁人口，制定印发《2022 年易地扶贫搬迁后续扶持工作要点》《河南省 2022 年易地扶贫搬迁安置点乡村治理专项行动方案》，安排 2.25 亿元中央衔接资金支持后续产业发展，开展就业帮扶专项行动，12.55 万有劳动能力的搬迁群众实现就业。省发展改革委、省民政厅、省乡村振兴局等部门联动，积极推动安置点社区治理、搬迁群众社会融入等工作。

3. 实施巩固拓展脱贫攻坚成果挂牌督办

浚县因 2021 年遭受洪涝灾害影响严重、返贫致贫风险较高，被国家列为巩固拓展脱贫攻坚成果挂牌督办县。河南省参照国家做法，将情况类似的卫辉市确定为省挂牌督办县。省委农村工作领导小组印发《关于支持国家和省挂牌督办县巩固拓展脱贫攻坚成果的若干政策举措的通知》，从财政、土地、金融、产业、就业、基础设施、公共服务等 18 个方面予以倾斜支持。先后召开巩固拓展脱贫攻坚成果挂牌督办和灾后重建工作现场推进会、巩固拓展脱贫攻坚成果挂牌督办县工作推进会，建立省级领导干部、省直单位联系帮扶制度，新增 42 家中央驻豫单位、省管企业、金融机构和省属高校开展结对帮扶，省乡村振兴局牵头成立指导组开展精准指导，防范化解返贫致贫风险，确保挂牌督办县在 2022 年底顺利摘牌。

二 当前巩固拓展脱贫攻坚成果面临的形势

河南作为农业大省、人口大省，城乡发展不平衡、农村发展不充分的问题比较突出，巩固拓展脱贫攻坚成果任务依然艰巨。

（一）脱贫地区和脱贫群众发展基础相对薄弱

河南省 70% 以上的脱贫人口集中在大别山区、伏牛山区、太行山区、黄河滩区"三山一滩"地区。受特殊地理环境、自然条件等因素制约，长期以来这些地区的经济发展受到一定限制。在脱贫攻坚期虽然实施了道路、电力、水利、通信和特色产业等一大批帮扶项目，这些地区的整体面貌发生了显著变化，实现了全面脱贫，但是经济社会发展水平与其他地区相比仍然较低，产业发展基础仍然较薄弱，种植结构尚需优化，一二三产业融合发展亟须加强。2022 年上半年，脱贫地区农村居民人均可支配收入增速高于全省农村平均水平 1.3 个百分点，但绝对值比全省农村平均水平低 907 元。河南省脱贫人口、监测对象数量均居全国第 3 位，一些脱贫人口和监测对象收入水平不高、抗风险能力较弱，生产生活条件和内生发展动力有待进一步提升。

（二）疫情给巩固拓展脱贫攻坚成果带来挑战

全球疫情反复，国内疫情呈现多点、面广的特点，经济下行压力加大，对脱贫地区产业发展、脱贫群众稳定就业带来的冲击仍在持续，脱贫人口、监测对象增收难度加大，客观上增加了返贫致贫风险。

（三）乡村振兴领域部分干部业务能力有待进一步提升

全面推进乡村振兴战略的深度、广度和难度都不亚于脱贫攻坚，对各级干部的能力素质提出了更高的要求。各级党委和村"两委"换届、扶贫部门重组、驻村第一书记轮换后，干部调整面较大，一些干部对巩固拓展脱贫攻坚成果、全面推进乡村振兴相关政策不够熟悉，从事乡村振兴工作的业务能力需要提升。

三　巩固拓展脱贫攻坚成果的现实路径

当前"三农"工作重心历史性地转向全面推进乡村振兴，巩固拓展脱贫攻坚成果同乡村振兴有效衔接正在加快向纵深推进。党的二十大强调，要巩固拓展脱贫攻坚成果，增强脱贫地区和脱贫群众内生发展动力。巩固好拓展好脱贫攻坚成果，要坚持把增加脱贫群众收入作为根本措施，把促进脱贫县加快发展作为主攻方向，持续加强防止返贫监测帮扶，抓紧抓实产业发展、就业安置，强化资金项目监管，对脱贫县、乡村振兴重点帮扶县、易地扶贫搬迁安置点加大支持力度，确保兜底保障水平稳步提高、"三保障"和饮水安全保障水平持续巩固提升，守牢不发生规模性返贫底线，为全面推进乡村振兴奠定坚实基础。

（一）加强监测帮扶，消除返贫风险

依托全国巩固拓展脱贫攻坚成果和防返贫监测信息系统，做好防止返贫监测帮扶集中排查及巩固拓展脱贫攻坚成果和乡村建设信息采集工作，夯实

监测帮扶和乡村建设基础。优化基层网格员排查机制,建立基层网格员轮训制度,规范基层防止返贫监测网格员管理。在落实疫情防控要求的前提下,灵活运用信息化手段,健全监测对象自主申报、快速发现和响应、处置机制,简化工作流程,做到及时发现、即时纳入。积极推进河南省防返贫监测帮扶平台应用与维护升级,建立突出问题和关键信息实时推送制度,常态化开展数据质量核查和部门防贫预警信息筛查,发现问题及时反馈给基层核查整改,实行全过程监管。强化精准帮扶机制,坚持因户因人施策,压实"一对一"帮扶责任,做到分类帮扶、精准施策、对症下药、落地见效。完善监测对象退出机制,稳定消除返贫致贫风险,确保一户不返贫、无人新致贫。

(二)坚持多措并举,促进群众增收

围绕脱贫群众收入增速高于当地农民收入增速、脱贫地区农民收入增速高于全省农民收入增速目标,突出抓好产业就业帮扶。深入实施特色种养业提升行动,发展壮大脱贫地区优势特色产业,进一步提高衔接资金用于产业发展的比例,加快产业提档升级。持续用好小额信贷、精准扶贫企业贷等金融支持政策,扎实开展"富民贷"金融产品试点工作。推广应用"龙头企业+合作社+农户+金融"等有效帮带模式,完善利益联结机制,把产业链延伸环节更多地留在乡村,把产业发展的增值收益更多地留给农民。深化消费帮扶,拉动产业发展。加快"人人持证、技能河南"建设,对脱贫人口、监测对象应培尽培、愿训尽训,提高持证上岗率。实行常态调度指导,及时掌握用工需求,通过劳务输出、帮扶车间带动、公益岗位和以工代赈安置等方式,确保脱贫人口、监测对象就业规模稳中有增。

(三)用好衔接资金,加快项目建设

积极争取中央衔接资金对河南的支持,保持全省各级衔接资金投入力度不减,脱贫县继续实行涉农资金统筹整合试点政策。树立"项目为王"理念,突出"早"字谋划项目,做好项目前期筹划,高质量建好2023年县级巩固拓展脱贫攻坚成果和乡村振兴项目库,形成储备一批、开工一

批、在建一批、竣工一批的良性循环。引导各地成立项目实施专班，明确项目具体负责人，推动项目按照序时进度实施，按时完成资金支出任务。组织实施好中央专项彩票公益金支持欠发达革命老区乡村振兴项目，确保项目发挥实效。健全扶贫项目资产管理长效机制，确保各类扶贫项目资产持续发挥效益。

（四）紧盯重点区域，加大支持力度

对乡村振兴重点帮扶县，省直相关部门和相关省辖市落细落实支持政策，集中资源力量加快补齐基础设施、公共服务设施等短板。乡村振兴重点帮扶县坚持更多依靠发展来巩固拓展脱贫攻坚成果，聚焦产业促进乡村发展，立足农村农业资源，大力发展乡村二三产业，厚植发展优势，增强发展活力。建立省乡村振兴重点帮扶县发展监测评价机制，及时发现并研究克服影响巩固拓展脱贫成果的瓶颈。聚焦全省易地扶贫搬迁安置点和搬迁群众，完善配套设施和公共服务，加大产业就业帮扶力度，突出抓好社区治理和社会融入，确保搬迁群众稳得住、能致富、生活好。

（五）凝聚帮扶合力，增强帮带实效

加强分级分类培训，突出抓好对市县领导干部、行业部门干部、乡镇党政正职、驻村帮扶干部、帮扶责任人的培训，提高培训的针对性和实效性，全面提升乡村振兴领域干部的政治素养和作风能力。服务保障中央单位在豫定点帮扶工作，组织引导省、市、县三级定点帮扶单位制定实施年度帮扶工作计划，做好驻村第一书记轮换工作，强化驻村干部管理，完善定点帮扶单位和驻村干部表彰激励机制。扎实开展市县结对帮扶和校地结对帮扶工作，深入推进"万企兴万村"行动，广泛动员社会力量参与巩固拓展脱贫攻坚成果和乡村振兴事业。

（六）严格督导考核，推动工作落实

组织省巩固拓展脱贫攻坚成果督查巡查组开展常态化暗访、调研，及时

发现问题，指导整改落实。适时开展省级巩固拓展脱贫攻坚成果同乡村振兴有效衔接考核评估，完善考核方式，适当提高日常工作情况在年度考核中的比重，科学设置考核指标，将考核结果作为干部选拔任用、评先奖优、追责问责的重要参考，发挥好考核的指挥棒作用。

B.13
河南省数字乡村发展态势及路径探析

张 瑶*

摘 要： 建设数字乡村既是实现河南乡村振兴的策略选择，也是促进城乡融合发展的有效途径，还是建设数字河南的迫切需要。河南省在实施数字乡村战略过程中取得了较好的进展，但也存在一些短板。针对农村数字基础设施仍较薄弱、乡村产业数字化程度总体不高、农民数字化应用水平整体较低、农村数字化专业人才普遍缺乏等问题，为更好推进数字乡村建设，需要进一步筑牢数字基础设施基石、聚焦产业数字化进程、锻造数字人才队伍、提升农民数字素养。

关键词： 数字乡村 数字技术 数字化

近年来，数字技术的高速发展和广泛应用，不仅有助于消除"数字鸿沟"、缩小城乡差距，也为我国数字乡村建设奠定了基础，为乡村振兴注入了强大动能。数字乡村既是乡村振兴的战略方向，也是建设数字中国的重要内容。自 2018 年中央一号文件提出了"数字乡村发展战略"后，国家高度重视数字乡村建设，2020 年 7 月，中央网信办、农业农村部、国家发改委等联合印发的《关于开展国家数字乡村试点工作的通知》中确立了数字乡村建设的试点范围，河南共有四地入选首批国家数字乡村试点地区。2022年中央一号文件指出要大力推进数字乡村建设，加快推动数字乡村标准化建

---

* 张瑶，河南省社会科学院农村发展研究所研究实习员，主要研究方向为农村经济。

设。河南省作为农业大省，数字乡村建设在河南省乡村振兴和农业高质量发展中发挥重要作用。河南积极响应国家政策，因地制宜制定《河南省省级数字乡村示范县工作方案》，2022 年新增 10 个数字乡村示范县。

一　河南省数字乡村建设的战略意义

（一）数字乡村建设是实现河南乡村振兴的策略选择

近年来，河南省不断推进"宽带中国"和数字乡村等战略举措，这些措施的不断推进使数字技术得以在乡村发展普及。数字技术作为助力乡村振兴的重要手段之一，普及速度之快、辐射范围之广、影响程度之深前所未有，给农村生产生活带来了新的变化和机会，也为农民农村共同富裕提供了新的契机。以"数字经济+乡村发展"为核心内容的数字乡村发展战略为乡村振兴提供了新的内生动力。数字乡村建设通过宽领域、多层次、全范围的数字赋能，让数字技术在发展数字农业、引领数智生活、助推三生融合、提升治理效能等方面发挥重要作用，弥补了传统乡村振兴模式的一些不足。以数字乡村建设赋能乡村全面振兴，既是贯彻落实河南省第十一次党代会精神、推动实现"两个确保"目标的内在要求，也是破解乡村振兴制约，高质量推进乡村全面振兴的重要举措。

（二）建设数字乡村是促进城乡融合发展的有效途径

河南城市与农村在经济发展水平、数字基础设施建设水平、数字人才存量等方面存在较大差异，数字经济与农业农村的融合程度受限。随着新一代信息技术与城市发展融合程度加深，城乡之间在信息获取方式、数字技术应用范围和程度以及信息基础设施覆盖程度等方面的差距逐步拉大，形成城乡"数字鸿沟"。而数字乡村战略的推进会在城市和农村之间搭建一座"数字桥梁"，不断弥合城乡"数字鸿沟"，打破城乡信息壁垒，有助于促进全面重塑城乡关系，实现城乡融合互动和共建共享发展。一方面通过强化数字化服务供给，推进城乡公共服务均等化，不断强化农民生活基础保障，为居民提供便捷化、智能化、数字化的生活服务，满足个性化的生活需求，优化乡村民生服务体系，缩小城乡公共服务的差距。另一方面能够催生新的经济形态，推动乡村产业数字化，同时减少市场各参与主体间的信息不对称，实现城乡之间资金、人才、技术等要素双向自由流动，为城乡融合发展奠定良好基础。

（三）建设数字乡村是建设数字河南的迫切需要

河南省前瞻布局将建设数字河南作为赢得未来的战略工程，抢抓数字技术发展机遇，实施数字化转型战略，分行业分领域开展数字化转型行动。在河南省全面实施的"十大战略"中，数字化转型战略被放在重要位置，并且河南正在加快构建"五位一体"的数字化转型格局。河南省作为农业大省、全国主要的粮食主产区，正处于从农业大省向农业强省转变的重要阶段，加快推进数字乡村建设为发展数字农业奠定坚实基础，提供良好的发展土壤，进一步助推农村经济数字化转型，构建现代化农业经济体系。同时数字乡村建设作为数字河南建设的重要内容，为建设数字河南提供有力支撑，为加快建设数字强省和现代化河南提供强劲动能。

二 河南省数字乡村发展现状

（一）实施数字工程，推进基础设施数字化

河南省把数字基础设施作为实施数字化转型的重要基石，《数字中国发展报告（2021年）》显示河南数字基础设施建设处于第一梯队。河南省持续加大农村地区网络建设力度，统筹实施农村5G和4G网络覆盖、光纤宽带网络覆盖、电信普遍服务、网络提速提质、网络信息惠民等工程，推动农村信息基础设施提档升级，促进信息化与农业现代化深度融合，让农民共享数字经济红利。《2021河南省互联网发展报告》显示，2021年河南省持续

提升农村网络覆盖水平,累计投入71亿元推进农业信息化和数字乡村建设;新建乡镇、农村热点区域5G基站10000个,在全国率先实现乡镇以上和农村热点区域5G网络全覆盖;累计投入22亿元建设维护农村光纤宽带网络;累计投入2.74亿元开展电信普遍服务建设;推进网络精准降费,进一步加大面向农村脱贫户等特殊群体的专属资费套餐优惠力度,累计惠及用户120.6万人,让利金额44159.4万元。在物流体系方面,为了打通农村物流"最后一公里",2022年4月河南省发布了《河南省加快农村寄递物流体系建设实施方案》,提出要加快实施"快递进村"工程,补齐农村寄递物流基础设施短板。

(二)发展数字农业,推进乡村产业数字化

河南省第十一次党代会提出,要实施数字化转型战略,全面推进农业数字化。河南是农业大省,大力发展数字农业,培育壮大农业数字经济,对农业高质量发展至关重要。数字农业将数字技术应用于现代农业生产全过程,在改造传统农业、转变生产方式、推进适度规模经营、提高农作物品质和产量等方面意义重大。2021年河南省发布《"一村九园"数字化建设规范(试行)》,制定"一村九园"数字化建设规范,"一村九园"建设催生了农业新产业、新业态、新模式。河南省在建设"数字田园""数字牧业""智慧农机""追溯管理体系"等方面取得较大进展,比如河南省临颍县建设5G智慧辣椒种植基地,利用数字化系统和设备实现智能种植、智能控制、智能管理、追溯管理等,最终实现提质增产的目的。农村电商发展迅速,《2021河南省互联网发展报告》显示,河南省开展电商进农村综合示范县95个,累计建成县级电商公共服务中心121个,村级服务站点2.35万个。同时大力发展直播带货等农村电商新业态,农民直播带货已成为一种新风尚,确山、杞县、焦作等地的农民都享受到了直播带货的福利。为了提高农民直播带货的水平,河南省还开展了"5G+数字乡村"暨网红直播培训会议,邀请专家讲解直播带货技巧及网红农业、网红农产品的打造法宝。宝丰县采用"农业生产+电商"模式,中牟县采用"农业基地+盒马"模式,开展订单农业经销模式,实现产销一体化。

（三）提供数字服务，推进农民生活数字化

数字生活是运用数字技术通过重构乡村人、地、钱三要素，提质乡村数字生活，构建更加智能贴心的乡村服务体系，满足农民个性化需求，强化民生保障。在物质生活层面，一方面，河南省秉承"让数据多跑腿、农民少跑路"的发展理念，依托全省益农信息社平台，推动公益服务、便民服务以及电商、培训体验服务落地，智能生活缴费平台、网络购物等让农民随时随地满足生活需求和美好生活愿望，让生活更加便捷、智能、美好。另一方面，河南省不断深化数字化惠民服务，不断推进"互联网+教育""互联网+医疗""互联网+就业""互联网+普惠金融"等项目，让农民更全面、深入地享受到数字化惠民服务的红利，有利于缩小城乡间基本公共服务的差距，促进均等化，打通为群众服务的"最后一公里"。例如实施"11311"工程的鹤壁市淇滨区作为首批国家数字乡村示范区，在村民生活服务数字化方面致力于通过便民服务数字化应用系统方便村民生活缴费、农资购销、快递进村等，并整合近10家快递物流公司，打通快递寄送"最后一公里"。在精神生活层面，随着微信、抖音、快手等App在农村的风靡，它们成为农民不可或缺的"精神食粮"，不仅仅是闲暇之余的娱乐工具，也成为记录生活的有效途径，有利于传播新时代文明风尚，弘扬农村优秀传统文化。

（四）搭建数字平台，推进乡村治理数字化

数字治理运用数字技术打通基层治理的"最后一公里"，构建基层社会治理共建共治共享新格局，推动现代基层治理体系现代化、智能化、高效化。数字化赋能不仅方便干群实时互动，有利于快速、精准响应农民需求，解决农民的难题，也方便农民参与乡村治理，体现农民的主体性地位，充分尊重农民的意愿。一是河南省依托"互联网+监管"平台，持续推进"雪亮工程"，建设"蓝天卫士"。《数字中国发展报告（2021年）》显示，河南省依托数字铁塔建设的"千里眼·平安乡村"已覆盖1.7万个行政村，"蓝天卫士"监测点端口数量突破2万个，实现全省农田区域视频监控全覆盖。

二是深耕"互联网+政务服务",让村务搬进微信群,实现政务网上办。目前河南省已经建成覆盖省市县乡村五级的河南政务服务网,全省零跑动、不见面审批事项占比达90%以上,基本形成一网服务、一号登录、一次办妥、全渠道评价的一体化政务服务体系,一体化政务服务能力进入全国第一方阵。

三 河南省数字乡村建设的现实困境

(一)农村数字基础设施仍较薄弱

数字基础设施建设不断推进,但基础设施薄弱的问题依旧存在。一是省份之间及城乡之间"数字鸿沟"较大,《数字中国发展报告(2021年)》指出河南省数字基础设施建设水平排全国前10名,处于第一梯队,但是河南省乡村数字基础设施建设水平与北京、上海、浙江等地相比仍处于劣势地位,并且城市与农村数字基础设施建设水平悬殊。2021年河南省新建5G基站5.2万个,乡镇、农村热点区域5G基站仅1万个。二是农村数字基础设施建设过程中存在发展不平衡不充分的问题,部分农村地区的信息基础设施建设相对滞后。以5G基站为例,农村地区5G基站建设、光纤通信等数字新基建并没有实现普遍、全面、深度的覆盖,5G网络目前只实现乡镇以上和农村热点区域全覆盖。三是农村传统的水利、电力、交通、物流等基础设施方面的数字化转型任务艰巨。河南省很多农村地区的水利、道路等设施不能满足数字农业、规模农业的发展要求,数字防汛防灾的能力需要进一步提高,农村公路数字化采集、信息化管理水平亟待提升。

(二)乡村产业数字化程度总体不高

河南作为粮食主产区,传统的农业经营方式还处于主导地位,农业生产以一家一户的小农经营为主,中老年农民为主要生产主体,规模化的农业生产经营占比较低,导致农业数字技术与传统农业缺乏深度融合的良好土壤。

一方面是乡村产业数字化程度地区差异比较大，由于数字技术应用的局限性和基础水平的差异性，乡村产业数字化转型在数字乡村试点地区和重点地区发展比较好，而在其他地区则发展缓慢甚至缺失。另一方面是农村一二三产业融合程度比较低，借助数字技术进行资源整合、信息共享和要素互联的能力较弱，没有形成完善的一二三产业融合发展的利益联结机制，农业产业核心竞争力不强，数字化场景的应用仍较单一，数字技术助力乡村产业发展的潜力仍有待进一步挖掘与创新。

（三）农民数字化应用水平整体较低

河南农村地区人口老龄化、低学历等问题突出，城乡居民之间数字素养差异大。《2021河南省互联网发展报告》显示，截至2021年底，在手机网民中，城镇网民规模达到5850.5万人，占比65.0%；农村网民规模达到3150.2万人，占比35.0%。农村互联网普及率、宽带接入率都有长足的进步，但是农村互联网普及率、宽带接入率并不等于农民数字技术采纳率。相较于城市，农村网民规模有限，很多农民的数字能力为零基础，而一些具有互联网使用能力的农民因观念、基础条件等主客观原因不能很好地掌握电商直播、智慧农业等数字技能。此外，农民数字化应用场景有限，更多的是运用微信、抖音、淘宝、拼多多等平台进行社交、购物、娱乐等，将"数"之力转化为生产力的能力较低。

（四）农村数字化专业人才普遍缺乏

数字乡村建设需要专业的人才支持，但农村懂数字技术的专业人才匮乏，无法给予智力支持。一方面，农村与城市之间在生活条件、工资待遇、发展前景等方面存在显著差异，农村对数字化专业人才的吸引力明显不够，导致农村缺少高素质、专业化的数字技术人才队伍。另一方面，农民学历普遍不高，加之大学生返乡意愿不高，导致农村高学历人才缺乏。大多数农民存在自身文化素质不高、思想观念保守、技能水平不高等特点，与数字化转型所需具备的素质和能力差距较大，无法满足发展需要。河南省各级农业科技人员队伍中数字化专业人才稀缺，导致农业数字化体系构建和数字技术应用指导实现难度较大，并且农村基层技术人员的数字化、信息化、智能化意识和能力水平较低，使用数字技术的意愿和能力不高。

四　河南省数字乡村建设的路径选择

（一）筑牢数字基础设施基石

数字基础设施是发挥数字技术作用的先决条件，也是推动数字乡村建设的关键支撑。以《数字乡村发展行动计划（2022—2025年）》为指引，持续完善农村数字基础设施建设，完善数字技术相关服务，围绕信息基础设施升级和传统基础设施数字化改造两方面展开。在设施升级方面，以数字乡村建设为契机，提升农村地区网络覆盖水平，推进农村地区5G网络建设，推动农村互联网普及率上升及使用成本下降，联合移动、联通、电信网络运营商加快推进5G网络、千兆光网在农村地区的全区域覆盖、全领域覆盖、全场景覆盖，提供低延迟、高速度、高宽带的网络，推进农村数字基础设施共建共享，构建农村网络新格局。同时要关注政务服务、生活服务、文娱内容、医疗教育等领域的数字应用基础设施提档升级，全方位弥合城乡"数字鸿沟"。在传统基础设施数字化改造方面，推动数字技术在农村传统基础设施（水利、电力、交通、物流）方面的应用，加快数字化转型，实现智能化改造，建成农村居民真正"用得上、用得起、用得好"的数字基础设施，确保农业生产、农民生活、农村生态、乡村治理等方面数字化的顺利转型升级。

（二）聚焦产业数字化进程

乡村产业数字化是实现数字乡村建设的重要一环，要充分发挥数字技术的创新扩散、知识溢出、普惠释放、凝集基础等效应，积极构建现代乡村产业体系，充分彰显数字技术对农村经济发展的放大、叠加、倍增作用，为全面推进数字乡村建设和乡村振兴打下坚实基础。一是要将数字赋能作为提升产业核心竞争力的重要引擎，要加大农业数字化改造力度，构建现代农业产业体系、生产体系、经营体系。二是要培育农村产业新业态，打造农村产业融合发展新载体、新模式，推动要素跨界配置和产业有机融合，让农村一产起步"接二连三"，一二三产业在融合发展中同步升级、同步增值、同步受益。三是要重塑农业生产经营模式，推进农旅电商融合，提升农业产业链数字化水平，发展数字农业、智慧农业，创建农业数字化示范基地，拓展农业数字化转型空间。

（三）锻造数字人才队伍

数字乡村建设涉及农民的切身利益，需要靠农民共同奋斗来实现，其中人才是关键。在建设数字乡村的过程中，不仅要广泛运用最新的数字技术，而且要重视数字技术人才和数字管理人才的培养与引进。近年来，河南人口老龄化程度继续加深，为改变农村青壮年劳动力缺失、数字人才缺乏的困境，各级政府和村两委要推动育才与引才并举，打造一支高素质的农村数字人才队伍。一方面，要培育本土化数字人才，强化对基层农业行政管理人员、新型农业经营主体、农村信息员及农业技术人员的数字化培训，不断提高各类人员应用信息化技术的能力和素养，推动数字化场景在农村落地。畅通农技人员的晋升渠道，完善考评机制，激发其工作积极性和主动性。另一方面，吸引专业型技术人才和专家扎根农村，不断完善政策支持，科学制定人才引进计划，在聘用制度上采取专兼结合的方式，通过共享数字技术人才和数字管理人才的做法"软"性引进。同时建立一套完整的人才引进及相关配套制度，提高物质保障水平和精神满足水平，针对稀缺专家要因人施策，一人一议，确保人才进得来、留得住。

（四）提升农民数字素养

建设数字乡村，提升农民数字素养是应有之义，农民是数字技术应用的重要主体。要想加快推进农村数字技术普及，就要提升农民的数字技术采纳意愿和能力，加大对存量农民的数字素养培育力度，加强农村数字基础知识和网络应用教育，提升农民的数字素养和数字技术应用能力，大力培养数字新农人、现代农创客，推动农民在职业和身份之间的转换。一是加强数字乡村应用场景宣传和示范，发挥好青年农民的示范效应。通过农民之间的"传帮带"来改变农民对数字技术的认知，增强其对数字技术的采纳意愿；二是通过现场教学、远程视频培训等方式，帮助农民形成数字思维，提高数字能力和数字技能。借助"乡村网红"培育计划、农村电商培训项目、校科研院所数字技术下乡等，搭建农村居民提升数字技术应用能力的平台，增强农民的信息获取能力和数字技术使用能力，引导农民特别是青年农民将数字技术与生产生活相结合，共享数字化发展红利。三是充分发挥电商、专业合作社等社会组织的带动作用，激发农民学习数字技能、提高数字素养的内生动力。一方面，发挥合作社的服务功能，搭建数字化服务平台，满足农民的数字化需求；另一方面，利用合作社等组织的内生性公信力优势，号召农民积极参与数字项目培训、主动采纳数字技术，发挥示范培育引领作用。

参考文献

沈费伟、叶温馨：《数字乡村建设：实现高质量乡村振兴的策略选择》，《南京农业大学学报》（社会科学版）2021 年第 5 期。

安晓明：《河南省数字农业高质量发展的现实问题与对策建议》，《河南工业大学学报》（社会科学版）2021 年第 5 期。

吴本健、石雪、肖时花：《数字普惠金融发展能否缓解农村多维相对贫困》，《华南师范大学学报》（社会科学版）2022 年第 3 期。

李博、刘佳璇：《数字乡村建设助力脱贫攻坚成果巩固的逻辑：作用机理与实现路径》，《杭州师范大学学报》（社会科学版）2022 年第 1 期。

完世伟、汤凯：《数字经济促进乡村产业振兴的机制与路径研究》，《中州学刊》2022 年第 3 期。

涂明辉、谢德城：《数字乡村建设的理论逻辑、地方探索与实现路径》，《农业考古》

2021 年第 6 期。

刘子玉、罗明忠：《数字技术使用对农户共同富裕的影响："鸿沟"还是"桥梁"?》，《华中农业大学学报》（社会科学版），http：//kns. cnki. net/kcms/detail/42. 1558. C. 20220815. 1012. 002. html。

李俏、贾春帅：《合作社带动农村产业融合的政策、动力与实现机制》，《西北农林科技大学学报》（社会科学版）2020 年第 1 期。

B.14
河南农村物流体系建设的
进展、问题及对策

王元亮[*]

摘　要： 河南作为农村人口大省，构建农村物流体系具有重要现实意义。
当前，河南农村电商产业化快速发展，农村物流网络体系逐渐
完善，农村物流基础设施不断健全，但同时存在一些薄弱环节。
本报告提出加强农村物流发展规划政策保障，创新农村物流末
端配送模式，推动农村物流电商协同发展，构建农村冷链物流
产业链，建立健全农村物流基础设施，推动农村物流标准化示
范建设，加强农村物流人才的引进与培养等对策建议。

关键词： 农村物流体系　农村电商　河南

2021 年 5 月，中共中央办公厅、国务院办公厅印发《乡村建设行动实
施方案》，指出要健全县、乡、村三级物流配送体系，提高农村物流配送效
率，这为农村物流发展提供了机遇、指明了方向。同年 9 月 8 日，河南召开
乡村建设工作推进会议，提出要推进农产品仓储保鲜冷链物流设施建设，促
进城乡基础设施互联互通、共建共享，为农业农村发展提供基础保障。农村
物流体系作为连接城乡生产和消费的重要纽带，在推动工业品下乡进村、农
产品出村进城，农民就业创业、农村消费潜力释放升级等方面发挥着越来越
重要的作用。河南是我国传统农业大省，农村数量多、分布广，农产品资源

---

* 王元亮，河南省社会科学院智库研究中心副研究员，研究方向为农村经济。

丰富，具有庞大的农村物流市场，加快农村物流体系建设对于促进河南农村产业转型升级，推进巩固拓展脱贫攻坚成果同乡村振兴有效衔接，实现城乡一体化发展具有重要的作用。

一 河南农村物流体系建设的进展

近年来，河南农村物流体系建设取得了突出成效，整体物流流量呈现上升趋势，农村物流量稳步增长。2022 年第一季度，河南实现农村网络零售额 341.5 亿元、农产品网络零售额 194.8 亿元，全省农村电商应用水平高于全国平均水平，农村物流体系正成为全面推进河南乡村振兴的强劲动力。

（一）农村电商产业化快速发展

目前，河南农村电商产业化走出了一条特色之路，初步形成县、乡、村三级电商服务体系，并倒逼一二三产业融合，不断延伸农业产业链、价值链，带动农产品产业化、规模化、标准化发展。积极探索电商发展模式，打造集电商创业、培训孵化、物流快递、冷链仓储、直播带货于一体的电子商务创业园，持续扩大电商人才培训规模，农村电商直播已经成为助力农产品上行，打通上下游电商产业链的重要途径。农村网络零售额逐年递增，农产品综合效益和竞争力不断提高，农村电商产业化正在成为乡村产业发展的强力支撑点。河南已形成具有本地特色的县域电商公共品牌 90 多个，已累计认定电商进村综合示范县 99 个，全省有淘宝村 185 个、淘宝镇 119 个，农村电商产业化发展势头迅猛。

（二）农村物流网络体系逐渐完善

近年来，河南持续推进农村客货邮融合发展，大力建设客货邮融合站点，开通客货邮合作线路，推动城乡客运一体快递直送到村，发挥邮政、交通、供销、商贸等网络优势，扩大快递进村覆盖面。2021 年，全省已投入运营县级物流中心 92 个、乡镇综合服务平台 223 个，拥有建制村邮政网点

4.2万个，村级物流服务点实现物流快递代收代送、农特产品上行代收代发、农资和快消品集采分销等服务。持续探索引导民营物流快递公司共同成立村村达配送公司，引进智能化分拣线，形成了以园区分拣配送中心为龙头、乡镇骨干服务站为中心、村级服务点为终端的物流配送体系，基本实现了乡镇一天两个班次、快递一天内送达，村级一天一个班次、快递一至两天内送达。2021年，全省有近90个县（市、区）已实现县乡村物流统仓共配，行政村快递通达率达90%。

（三）农村物流基础设施不断健全

一是河南以"四好农村路"建设为抓手，加快构建便捷高效的农村公路基础设施，基本建成广覆盖、深通达、高品质的农村公路网络和城乡客运一体化、农村物流便捷化的客货运输网络，形成建制村到乡镇半小时和乡镇到县城一小时交通圈。二是河南将完善冷链仓储物流基础设施作为农村电商全覆盖巩固提升的重点，采取先建后补方式加大农产品产地预冷、保鲜冷藏、冷链配送设施投入力度，推动农产品出村进城，冷链物流上行短板逐渐补齐。三是积极建设集撮合交易、在线支付、信息发布、位置跟踪、技术咨询等功能于一体的交易公共服务平台、冷链全程温控和质量追溯信息平台、电商物流信息服务平台等信息化基础设施。

二 河南农村物流体系建设存在的问题

当前，河南农村物流体系建设仍然存在一些薄弱环节，主要体现在流通成本不低、物流企业规模不大、物流人才支撑不强、物流信息化程度不高等几个方面，与通达便捷的城市物流体系相比较，农村物流体系还存在显著差距。具体存在以下突出问题。

（一）农村物流集散成本不低

一方面，河南山地和丘陵占全省总面积的44.3%，增加了农村物流体系道路、网络等基础设施的建设成本；另一方面，河南有行政村 4.5 万多个、乡村常住人口 4304 万人，点多面广，人口分散，而农产品保鲜期短、运输要求高、价值低、重量大，造成物流体系重要节点货物集散成本较高。产地冷链物流基础设施比较缺乏，销地冷链分拨配送体系不健全，还没有建立起跨区域农产品冷链物流网络，开设的农村网点还没有实现全覆盖，末端服务能力不足，"最初一公里"设施建设不健全，"最后一公里"配送下沉困难。此外，农村冷链物流布局还不完善，是农村物流体系建设的突出短板，还不能完全满足农村生产生活和消费升级的需求。

（二）农村物流企业规模不大

由于河南农村物流订单比较分散，物流服务边际成本居高不下，不易形成规模效益，大部分物流快递企业不愿在农村布局，农村物流企业主体主要还是中国邮政，缺乏市场化的物流龙头企业主体，已有的多数是"夫妻店"、"个体户"和小微企业，经营规模小层次低，各成体系，专业化水平、组织化程度低。企业主体也没有明确的经营发展目标，不具备较强的经营模式更新改进能力和市场竞争力。加上政策上的支持力度不大，农村物流在农村发展没有规范的制度给予保障，很难从商业银行等传统机构获得贷款支持，社会资本、企业入驻农村开展物流业务的积极性不高，抑制了农村物流市场的进一步做大做强。

（三）农村物流人才支撑不强

县、乡、村三级物流体系建设离不开人才的支持。相对于城镇地区，人才瓶颈和人才流失问题在农村地区非常明显。由于农村工作和生活条件相对比较艰苦，对人才的吸引力比较低，在农村很难招到合适的电商专业人才。当地农村的年轻人大多外出打工，留在村里的主要是 60 岁以上的老年人，专业人才缺口大，缺乏掌握农产品质检、挑选、包装等作业环节的各类操作人才，尤其缺乏农村物流园区、企业与配送中心储存、运输、配送等领域的专业化复合型物流技术和管理人才，以及具有互联网思维的等高素质人才，

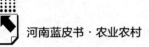

对农村电商物流科技人才的培养也明显滞后，还没有形成结构科学合理的物流人才队伍。

（四）农村物流信息化程度不高

信息化水平是直接影响物流信息响应时间和物流运作效率的主要因素。当前，河南大部分农村地区物流信息基础设施建设存在数量少、质量低等主要问题，缺少专注于农村物流配送的 App 平台，物流信息协同化、信息化水平低的整体局面仍未得到有效改善。多数农村地区还没有建立起完善的物流信息公共平台，缺乏集数据交换、信息发布、跟踪调配、智能配送、库存管理、信息查询、决策分析等功能于一体的综合服务平台。没有构建起农村物流信息服务"一张网"，没有实现生产者和销售者之间的资源共享、信息共用。农村物流企业多数以线下揽货方式为主，物流供需无法有效对接，农产品销售不畅，不能满足现代化物流发展需要。

三 河南农村物流体系建设的对策建议

农村物流体系建设是一项长期的系统工程，也是振兴乡村发展、服务百姓的一项民生工程，涉及多个产业、多个部门，以及运营模式、电子商务、产业发展、基础设施、人才支撑、标准建设、政策环境等一系列要素，需要多方发力、综合施策，构建资源共享、信息互通、便利高效的河南农村物流发展新格局，加快推动河南农村物流体系建设。

（一）加强农村物流发展规划政策保障

整合现有农村物流资源，加强农村物流发展的顶层设计和总体谋划，做好农村物流建设发展规划和节点功能布局规划。按照"政府引导、市场运作"原则，建立支持农村物流体系建设的政策体系，积极争取中央财政资金支持，大力引导社会资本参与，积极落实财政、金融、税收、土地、信贷、保险、技术等政策，加强对农村小微物流企业的政策支持，支持数字化产地仓、县级物流配送中心等农村物流项目建设，积极发挥政府的引导作用，制定相关的法律法规和制度规范，着力破解制约农村物流业发展的体制机制障碍，深化农村寄递物流"放管服"改革，简化农村快递末端网点备案手续，取消过多过严的限制，加强对防疫物资和农产品运输绿色通道建设的政策支持，落实农村物流设施用电实行农业生产用电价格政策，有效推进农村物流高质量发展。

（二）创新农村物流末端配送模式

充分发挥市场作用，进一步激发释放市场主体活力。适应农村一二三产业融合发展和农民消费升级需求，加快完善农村物流节点仓储配送、流通加工、电商快递等综合服务功能。扩大"快递进村"工程覆盖面，打通农村物流"毛细血管"，因地制宜创新农村物流配送模式，探索定时、定点、定线统一配送模式，创新O2O共同配送、智能箱投递、服务站投递、无人投递、零接触投递等智能配送模式。发掘寄递服务潜能，提升农村末端物流配送效率，推动农村物流供给能力和服务质量显著提高，为服务乡村产业、增强市场稳定性、保障农产品有效供给提供有力支撑。

（三）推动农村物流电商协同发展

推动农村寄递物流与农村电商协同融合发展，打造完整的"电商+寄递"产业链条，积极开展农村电商快递协同发展示范区创建行动，依托农业龙头企业、物流骨干企业，建设集生产、加工、流通、研发、示范、服务于一体的现代农村物流电商产业基地。鼓励传统农村商贸企业建设乡镇商贸中心和配送中心，发挥好邮政普遍服务的优势，发展第三方配送和共同配送，加强农产品产地集配和冷链等设施建设。以推进城乡融合发展为突破口，构建高质量的城乡寄递物流运输体系，推动城乡市场和物流体系融合化、一体化发展，为建立多层次、高品质、全链条、一体化的物流电商协同发展体系打下基础。

（四）构建农村冷链物流产业链

进一步加强与省商务厅、农业农村厅、发改委等多部门的协调，加快推进冷链快递市场布局，整体提升冷链物流运输能力，通过联合合作、平台对接、资源共享方式，建立覆盖生产流通各环节的全程冷链寄递物流体系。推进品牌强农，打造一批特色优势突出、企业市场竞争力强、产品安全优质的冷链寄递物流区域公用品牌、企业品牌和产品品牌，推动农村冷链物流基础设施建设，构建涵盖产地预冷、冷藏储存、冷藏车运输、冷库储存、配送、零售、电子商务等一体化的冷链物流产业链，加快补齐农村冷链设施短板。

（五）建立健全农村物流基础设施

加大农村物流基础设施资金投入力度，抓好农村交通运输、网络信息基础设施建设。推进农村公路建设项目向进村入户倾斜，加强农村物流信息化网络建设，加快建设"一站通"农村供求信息联播系统、网点展厅等多元化服务平台，加强人工智能技术在农村物流中的应用，搭建"互联网+智慧物流"农村物流产业链平台，实现农村物流链条精准追踪。加强对农村物流基础设施，尤其是物流中转基站的管理，通过科学、合理、有效的新型管理手段和方式，逐步提高农村物流基础设施的管理效率，降低农村物流体系建设过程中的硬件建设成本。

（六）推动农村物流标准化示范建设

针对当前上行的农产品普遍存在的品种多、规模小、质量标准模糊等问题，创建农产品物流标准化体系，进一步制定农产品物流服务规范标准、信息管理标准、信息技术标准、运作流程标准等，实现农产品物流专业化建设，打造一批农村物流标准化品牌，从供应链一体化角度出发构建农业产业链，以整个链条利益最大化为目标，形成多边治理结构，打通农村物流市场各个主体之间的联系，进行标准化建设。

（七）加强农村物流人才的引进与培养

人才是发展农村物流最重要的资源，对农村物流体系的构建具有战略意义。建立健全农村物流人才引进机制，吸引更多的现代物流人才，引导那些熟悉农村物流运作规律、具有开拓创新精神的物流管理人员和技术人才参与新农村建设。加强物流人才引进，通过校企联合、校地合作等方式，制定合理的培养发展方案，定向培养农村物流规划、运营、管理复合型人才，通过各项优惠政策引进农村物流发展的急需人才，通过这批人才的示范作用带动全省的农村物流人才质量升级，培养物流专业技术人才，提升本地物流人才技能，选拔本土农村物流带头人，形成"传帮带"机制，积极引导农民回村创业，扶持自营物流，引导民众从事末端配送工作，吸引毕业大学生返乡建立农村物流团队，充分发挥农村科技特派员的作用，培养更多乡村物流信息员，更好地服务农村物流发展。

参考文献

秦小康、张瑞玲：《河南省加快构建农村物流体系对策研究》，《全国流通经济》2019 年第 9 期。

宫淑悦：《农村电商发展的问题与对策》，《当代县域经济》2022 年第 8 期。

李茂山：《关于农村寄递物流体系建设的思考》，《邮政研究》2022 年第 2 期。

吴一啸、张琳超、史方彤：《〈国务院办公厅关于加快农村寄递物流体系建设的意见〉解读（上）》，《中国邮政报》2021 年 11 月 4 日。

黎红梅、周冲：《全面推进乡村振兴背景下农村高效物流体系构建分析》，《理论探讨》2021 年第 3 期。

肖菊芳：《乡村振兴背景下农村物流业发展研究》，《江苏科技信息》2021 年第 4 期。

怀策、张文政：《乡村振兴战略背景下农村现代物流体系构建路径探索》，《物流工程与管理》2022 年第 4 期。

李胜：《关于乡村振兴战略下的农村物流发展探讨》，《中国物流与采购》2021 年第 14 期。

姚柏杨：《乡村振兴战略下的农村物流发展路径研究》，《农业技术与装备》2021 年第 4 期。

靳新阳：《我国农村物流体系发展分析》，《商场现代化》2015 年第 7 期。

B.15
河南省农民工返乡创业与新型
城镇化建设的耦合机制研究

马银隆*

摘　要： 农民工返乡创业与新型城镇化建设之间存在积极的耦合互动机
制。河南作为人口大省，豫籍外省农民工总数位居全国之首，近
年来，受多种因素影响，农民工返乡创业现象涌现。农民工返乡
创业有利于带动市场和资源在城乡工农之间的深度整合，推动城
乡一体化发展，并进一步促进河南省新型城镇化的建设，而新型
城镇化建设又能够给返乡农民工带来更多的机遇，提供更大的平
台，并进一步促进农民工返乡创业。

关键词： 农民工　返乡创业　新型城镇化　耦合机制

从农民工角度来看，返乡创业是自身顺应市场发展趋势，实现自我价值
的内在要求。从社会经济角度来看，农民工是连接城乡与地区的纽带，农民
返乡创业促进了市场、资本、信息、技术、管理、人才和理念等方面在城乡
工农之间的深度整合，从而推动城乡一体化发展，并进一步促进新型城镇化
的建设。新型城镇化建设一直被视为促进中国经济高质量发展的重要途径，
新型城镇化建设强调城乡统筹、产城互动，其核心理念是"人的城镇化"，
新型城镇化建设能够给返乡农民工提供更多的就业创业机会和更大的就业创
业平台，并进一步改善农民工返乡创业的社会市场环境。农民工返乡创业与

＊ 马银隆，河南省社会科学院农村发展研究所助理研究员，主要研究方向为城乡融合发展。

新型城镇化建设看似平行无关，实则互相交融、互动共生。河南省作为户籍人口过亿的大省，豫籍外省农民工总数也位居全国之首，并且回流规模不断扩大，回流趋势不断增强。百万级的农民工回流规模对河南省新型城镇化建设起着至关重要的作用，加之乡村振兴战略背景下，河南当前新型城镇化建设正处于关键阶段，因此研究河南省农民工返乡创业与新型城镇化建设的耦合机制不仅有利于全省乡村振兴战略的实施，而且能够促进传统农区县域高质量发展。

一 河南省农民工返乡创业与新型化建设的现状分析

（一）河南省农民工返乡创业的基本现状

近年来，河南省持续推进农民工返乡创业工作，截至 2021 年，全省农民工返乡创业累计达 112 万余人，带动就业 697 万余人，返乡创业集聚态势更加明显。① 经过跟踪调研和数据分析，发现目前河南农民工返乡创业总体意愿不强、劲头不足，返乡农民工创业比例不高，创业形式层级较低，经营方式以个体经营为主，没有注册企业，经营规模相对较小，创业领域大多集中于进入门槛相对较低的第三产业，对巩固拓展脱贫攻坚成果和推动乡村振兴的作用尚不显著。河南农民工返乡创业的初始资金主要由自己储蓄和向他人筹借构成，很少用到政府的金融支持。本报告认为，目前河南返乡农民工创业的质量不高，相比本省本土创业者缺乏本土资源和地缘经验，但豫籍外省返乡创业者在眼界、理念、知识等方面相比本土创业者具有相对优势，其创业成长性较强，发展空间较大。

（二）河南省新型城镇化建设的现状分析

2021 年河南省常住人口城镇化率为 56.45%。经济收入方面，2021 年，

---

① 《河南 112 万农民工返乡创业带动就业明显》，"新华网"百家号，2018 年 7 月 30 日，https：//baijiahao. baidu. com/s？id＝1607407255115306375&wfr＝spider&for＝pc。

河南省城镇居民人均可支配收入为 37100 元，农村居民人均可支配收入为 17500 元，城镇和农村居民人均可支配收入之比为 2.12。2021 年，河南省基尼系数为 36.41%，经济发展共享度相对较高。基础设施共享方面，2021 年，河南固定资产投资为 55849.3 亿元，基础设施投资为 13617.4 亿元，基础设施投资占固定资产投资的比重为 24.4%。河南省高速公路密度为 425.1 公里/万平方公里，市辖区燃气普及率均达到 98% 以上，在中部六省中河南基础设施综合共享度最高。基础公共服务共享方面，2020 年，河南省一般公共服务支出为 1061.53 亿元，占财政总支出的 10.2%，城镇和农村每千人口卫生技术人员之比为 1.9，城镇和农村每千人口医疗卫生机构床位数之比为 2.8，城镇和农村义务教育小学阶段生师比的比值为 1.2，城镇和农村初中阶段生师比的比值为 1.1，基本养老保险参保率为 94%，基本医疗保险参保率为 96%，河南省单位人口拥有公共图书馆藏量为 0.39 册/人。由此表明，河南省基础教育服务和基本养老保障普及率较高，发展相对均衡，公共医疗服务城乡差距较大、发展不均衡，公共医疗服务共享度较低，图书服务共享度也处于较低水平。整体来看，河南省一般公共服务支出占财政总支出的比重较大，公共服务发展呈向好态势。绿色生态共享方面，2021 年，河南省的森林覆盖率为 24.1%，建成区绿化覆盖率为 43%，[①] 河南的绿色生态共享度较低，有待进一步提高。

二 河南省农民工返乡创业与新型城镇化建设的耦合机制

（一）河南农民工返乡创业的资源整合机制

河南省农民工返乡创业不是简单的以劳动力为要素的人口流动，而是伴

---

① 河南省统计局、国家统计局河南调查总队编《河南统计年鉴 2021》，中国统计出版社，2021。

随着信息、技术、资本、人才、理念等各种生产要素在区域间的流动。东南四省广东、江苏、浙江、福建是河南省的四个劳务输出大省，它们的经济发展水平、人才结构、产业结构、科学技术都处于全国领先地位。当前广东、江苏、浙江、福建同样作为河南省农民工返乡创业的人口回流大省，返乡创业的豫籍农民工能够将东南四省先进的技术、过剩的资本、丰富的人力资源、现代化管理理念等生产要素引入河南本土。豫籍外省农民工返乡创业不是简单、无差别地向河南本土输送发达地区的生产要素，而是根据本省社会经济发展、产业结构调整以及省际产业转移和产业链分工的需求，有指向性、系统性地向河南本土输送生产要素，所以豫籍外省农民工返乡创业在河南和东南发达省份之间有显著的资源整合机制。豫籍外省农民工返乡创业将发达省份的优质生产要素引进河南本土，是省际资源整合的过程，最终落脚到河南本省社会经济和产业发展上。从空间上来讲，河南农民工返乡创业并不局限于自己的家乡，他们会立足全省社会经济发展和产业结构调整的需求，并结合自身所掌握的生产要素选择有利于自身创业的区位，既可能是本省他乡，也可能是返乡入城。所以，河南省农民工返乡创业不仅有明显的省际资源整合机制，而且在省内各地区之间、城乡之间也有显著的资源整合机制。

（二）河南农民工返乡创业的区域协调机制

早在 2015 年 6 月 10 日，国务院总理李克强主持召开的国务院常务会议所确定的支持农民工等群体返乡创业的政策就引起了社会的广泛关注，在 40 多年的改革开放历程中，中国人口流动沿袭了一条由农村到城镇、由城镇到中小城市、由中小城市向中大城市转移的路径。当前，发达地区大城市的城市综合征愈加严重，经济发展和社会承载力与人口现状严重不匹配、不协调。加之近年来，受国内外经济、政治形势影响，国内发达地区就业风险加剧，大城市结构性失业问题日益凸显，农民工在大城市就业变得愈加艰难，国家支持农民工等人员返乡创业是促进区域协调发展的重要举措。区域协调发展以产业协调发展为主要形式，河南农民工返乡创业不仅能够加速发达地区的产业向河南欠发达地区转移，而且能够为河南欠发达地区承接发达地区产业转移提供人力、资本、信息、技术等要素保障，所以就省际空间而言，河南农民工返乡创业具有显著的区域协调机制。正如上文所说，农民工返乡创业并不局限于自己的家乡，而是依托城镇郊区、城乡之间的产业园区和高新技术开发区返乡创业，这有利于省内各地区之间、城乡之间实现产业调整和产业融合发展，所以豫籍外省农民工返乡创业在省内各地区之间和城乡之间亦有明显的区域协调机制。

（三）河南新型城镇化建设的激励机制

产业园区和高新技术开发区是新型城镇化建设的重要载体，在河南省新型城镇化进程中，产业园区、产业示范区、高新技术开发区的建设覆盖了每个地市，这些产业集聚区为豫籍外省农民工返乡创业提供了更大的创业平台和创业空间。产业集聚区的土地优惠政策、税收优惠政策、政府帮扶政策、企业孵化体系、财政金融支持大大降低了农民工返乡创业的成本和风险，提高了创业效率和创业成功度，从而极大地激励了豫籍外省农民工返乡创业。优化营商环境是新型城镇化建设的重要落脚点之一，河南新型城镇化建设完善和加强了本省的基础设施和公共服务供给，提高了行政办事效率，促进了产城结合，完善了市场经济体系，极大地优化了河南省的营商环境，营商环境的优化又能进一步促进和鼓励豫籍外省农民工返乡创业。因此，河南新型城镇化建设对豫籍外省农民工返乡创业具有显著的激励效应。

（四）河南新型城镇化建设的保障机制

河南新型城镇化建设对豫籍外省农民工返乡创业不仅有积极的激励效应，而且对豫籍外省农民工返乡创业起着保障作用。农民工返乡创业不仅重视创业平台和营商环境，他们更加关心与自身生活息息相关的社会保障、医疗保障、养老保障、子女教育等方面的基础民生问题。新型城镇化是以人为本的城镇化，它不同于传统的城镇化建设，更加注重医疗、养老、教育等方面的基础民生建设。自新型城镇化建设以来，河南省紧紧围绕让豫籍外省回流人口"进得来、留得住、过得好"的理念宗旨，有力地促进了返乡创业者在城镇创业就业、落户生活，从而使无数农民工成为新型城镇化发展红利的分享者。河南省新型城镇化建设不仅要让进城的农民工完成由农民到市民的身份转变，更要提高他们的生活质量，让他们成为真正意义上的市民。河南以"三个一批人"为重点，促进农村转移人口的市民化，让农民"进得来"；强化"一基本两牵动三保障"，实行城乡统一的户口登记制度，让农民"留得住"；推进医疗、养老、教育等基本公共服务实现常住人口全覆盖，使进城的农民工能够切实融入城市生活，让农民"过得好"。所以，河南新型城镇化建设对豫籍外省农民工返乡创业起着积极的兜底保障作用。

（五）河南省农民工返乡创业与新型城镇化建设的耦合机制

正如上文所述，河南省农民工返乡创业发挥着显著的资源整合和区域协调作用，河南新型城镇化建设对河南省农民工返乡创业起着积极的激励效应和保障作用，但是他们并不是孤立运行、单独发挥作用的，而是相辅相成、相互作用，形成了一定的耦合机制。河南省农民工返乡创业和河南新型城镇化建设之间存在紧密的耦合关系。河南省农民工返乡创业的资源整合机制和区域协调机制为河南新型城镇化建设提供了积极的拉动性力量。反过来，河南新型城镇化建设为河南省农民工返乡创业提供了显著的推动性力量。两种力量同时存在、共同作用，积极促进河南省农民工返乡创业和新型城镇化建设稳定健康发展。

三 河南省农民工返乡创业与新型
城镇化建设的制约因素分析

（一）河南省农民工返乡创业的制约因素

首先，河南省农民工返乡创业的实质是省际劳动力要素的流动，它同其他要素流动一样由市场起决定性配置作用，市场配置资源具有自发性、盲目性、滞后性，所以河南省农民工返乡创业也具有自发性、盲目性、滞后性。因为信息的不完全性和信息的不对称性，豫籍外省农民工对省际就业形式没有一个系统全面的认识，他们大多数只是根据自己掌握的有限信息或者是"随大流"返乡创业，这很容易造成返乡农民工区域扎堆、返乡农民工产业扎堆，用工岗位与返乡农民工不匹配的现象。其次，省内对返乡创业的豫籍外省农民工缺乏省级层面的统一规划和调配，更多是各地市、各县区各自为营，根据自身的产业发展需求、资源禀赋特点来吸收和接纳返乡创业的农民工，并没有考虑到全省的经济发展和产业结构调整需要，所以各地区对返乡创业的农民工只是"物为其用"，而不是"物尽其用"。最后，地方政府在支持农民工返乡创业和吸纳返乡创业农民工的过程中还存在配套政策不完善和优惠政策落实不到位的情况。

（二）新型城镇化建设的制约因素

首先，河南省在新型城镇化建设过程中存在民生改善质量不高的现象。河南省虽然在基本公共教育方面取得了一定成绩，但与全国平均水平相比还有一定差距。河南省小学和初中阶段的生师比一直明显高于全国平均水平；河南省农村每千人口医疗卫生机构床位数、每千人口卫生技术人员数和每千人口助理医师数至今未达到全国平均水平。其次，河南省在新型城镇化建设过程中存在民生改善水平不平衡的问题。河南省新型城镇化进程中民生改善水平的不平衡问题主要体现在区域之间不平衡和城乡之间不平衡两个方面。从居民人均可支配收入来看，经济发达的中心城市的居民人均可支配收入水平要明显高于经济欠发达的偏远城市；从基础教育方面来看，经济发达地区的基础教育水平要高于经济欠发达的地区，九年义务教育阶段，农村生师比明显低于城镇生师比，这说明农村小学和中学教育服务水平一直高于城镇，但农村的教育资源和师资质量与城镇相比仍存在一定差距；从医疗卫生方面来看，河南城市每千人口医疗卫生机构床位数、每千人口卫生技术人员数和每千人口卫生技术人员数增长速度一直高于农村同期水平。

（三）农民工返乡回流与新型城镇化建设耦合发展存在的制约因素

从主观上来讲，自"返乡就业创业潮"以来，返乡农民工更多的是被迫转移就业，缺乏返乡就业创业的主观能动性。地方政府面对农民工返乡就业创业更多是采取被动接纳的政策措施，在促进农民工返乡就业创业和吸纳返乡农民工的过程中存在支持不到位的情况。从客观上来讲，政府促进农民工返乡就业创业工作和新型城镇化建设有效融合的力度不够，在理论政策和实践工作中没有将促进农民工返乡就业创业作为新型城镇化建设的新契机、新路经，也没有将新型城镇化建设作为促进农民工返乡就业创业的政策支撑和现实保障。所以在主观和客观上农民工返乡回流与新型城镇化建设的耦合都存在明显的制约因素。

四　河南省农民工返乡创业与新型城镇化建设的对策建议

（一）完善机制，促进人岗精准对接

一是深化省际劳务协作层次。进一步落实重点省市《劳务合作备忘录》，在信息共享、劳务对接、技能培训等方面实现联动。帮助省外农民工在务工地参加技能培训、享受临时生活救助，尽量将农民工稳在企业、稳在当地。二是加强农民工就业监测。第一时间获取农民工流动信息，及时分析动态趋势，防范规模性失业风险。

（二）强化服务，促进农民工转移就业

一是增强基层就业服务能力。形成全省统一的农民工服务标准和业务流程，提升就业服务标准化专业化水平。发挥民营人力资源服务机构作用，根据省外岗位需求，开展招聘对接，确保输出一人、就业一人。二是打造更多劳务品牌。开展典型劳务品牌选树活动，组织相关宣传引导活动，发挥典型

引领作用。三是加强职业技能培训。以职业技能提升行动为抓手,大力弘扬"工匠精神"。以农村劳动力群体为重点,大规模开展职业技能培训,提升培训的实效性、针对性。

(三)统筹规划,为助力乡村振兴增添活力

在豫籍外省农民工返乡创业的过程中,各地由原来单纯的"抢高端人才"到现在的"抢人力资源",下一步可能就是"抢人口"。所以要统筹规划,加强组织领导,发挥河南优势,真正把农民工作为重要的战略资源,把农民工工作作为战略性工程,上升到提升区域发展竞争力的高度,提上各级党委、政府议事日程,形成齐抓共管、多方参与、上下联动的工作格局。

(四)调整和优化财政支出结构

第一,政府的财政支出要向基本公共服务领域倾斜,确保在基础教育、医疗卫生、社会保障、居民就业等领域的财政支出投入增速高于其他领域。第二,加大财政支出在农村基本公共服务方面的投入力度,确保新增基本公共服务支出主要用于农村民生改善,以缩小基本公共服务城乡差距,从而消除新型城镇化建设过程中城乡民生改善水平的不平衡现象。

(五)改革地方政府政绩考核机制

以往城镇化建设水平的考核是以城镇化率和地区生产总值为导向的,尤其是欠发达地区的地方政府往往只重视经济增长,将民生改善抛之脑后,所以,在新型城镇化建设过程中要改革地方政府政绩考核机制。改革地方政府政绩考核机制,首先要把民生改善质量纳入政府政绩的评价体系中,充分发挥政府在民生改善工作中的主体作用,建立对政府民生改善工作的监督问责制度。其次要将民众对政府民生改善工作满意度评价列为政府政绩考核指标,倒逼政府提高基础公共服务水平。

（六）加强河南省农民工返乡创业与新型城镇化建设的耦合机制

首先，河南省要将农民工返乡创业作为新型城镇化建设的抓手之一，把支持和做好农民工返乡创业工作嵌入新型城镇化建设，把它作为新型城镇化建设的重点工作。其次，河南省应把新型城镇化建设作为农民工返乡创业工作的支撑点，使新型城镇化建设不断为农民工返乡创业拓宽道路。最后，河南省应该做好农民工返乡创业和新型城镇化建设的统筹协调工作，使农民工返乡创业的资源整合机制、区域协调机制和新型城镇化建设的激励机制、保障机制相辅相成、相得益彰，共同为河南省的高质量发展贡献力量。

参考文献

金柏宏：《返乡创业助力吉林省乡村振兴的发展研究》，《经济研究导刊》2020 年第17 期。

廉志雄：《精准扶贫视域下农民工返乡创业对农村经济发展的影响分析》，《营销界》2020 年第 21 期。

王泽莉、薛珂凝：《论农民工"返乡回流"与乡村振兴的关系》，《理论界》2020 年第 5 期。

孙道助、王圆圆：《农民工返乡创业对区域经济发展的影响》，《阜阳师范大学学报》（自然科学版）2020 年第 4 期。

《2020 年农民工监测调查报告》，《中国信息报》2021 年 5 月 7 日。

潘晓：《农民工返乡创业与新型城镇化建设耦合发展研究》，硕士学位论文，福建师范大学，2017。

魏蔚：《众创时代新生代农民工创业培训的困境与对策探析》，《农业经济》2017 年第 2 期。

胡放之、李良：《城镇化进程中民生改善进程问题研究——基于湖北城镇化进程中低收入群体住房、就业及社会保障的调查》，《湖北社会科学》2015 年第 2 期。

B.16
"生产、供销、信用"合作社
与农村信用社联动发展研究

梁信志 *

摘　要： 农村发展的基本问题是农民和土地的关系问题，吃饭问题和劳动力出路问题是农民与土地关系问题的现实表现形式。本报告根据土地经营体制、"生产、供销、信用"合作社、农村信用社的现状与问题分析，提出"生产、供销、信用"合作社、农村信用社联动发展建议：生产合作的核心是土地集中连片生产种植、生产种植需要农资与农产品信用化；供销合作核心就是农资统购与农产品统销及其信用化交易；信用合作主要是农村资源资本化、资金信息化利用，提高农民的财产性收益。

关键词： 农村信用社　"生产、供销、信用"合作社　河南

1978 年实行家庭联产承包责任制分田到户解决了农民吃饱饭的问题，却没有解决农民吃好饭的问题（食品安全问题）；虽然允许农民自由迁移，解决了部分农民（主要是青壮劳力）的就业问题，但没有解决农民致富奔小康问题。家庭联产承包责任制分田到户进一步增强了家庭本位观念，强化了农民散漫性、农业生产分散性（土地小宗、分散）、农产品交易小宗市场化的小农经济制。以家庭为主的节约型、分散式农业生产方式与现代化农业

---

* 梁信志，河南省社会科学院农村发展研究所助理研究员，主要研究方向为农村发展。

集约化发展不相适应，"生产、供销、信用"合作社是农业规模化、要素集聚化、产业集群化农业生产方式发展的必然结果。

一 "生产、供销、信用"合作社的基本现状

在行政村合理半径内，在血缘、地缘、业缘、姻缘关系相互交织重叠的基础上，村民形成彼此认同、信任的熟人社会。熟人社会中人们知根知底、相互了解，信息比较对称，信任基础牢固，信任关系良好。"生产、供销、信用"合作社是据此在村民之间产生的"生产、供销、信用"股份合作的组织形式。

（一）时代背景

以党的十九大提出乡村振兴战略为背景，按照乡村振兴战略发展要求，产业振兴、生态宜居、乡风文明、治理有效的发展目标，"生产、供销、信用"合作社作为新时代农业生产方式创新、生活方式革新的发展方式，一是依托土地"三权分置"改革，有效利用农村土地资源，在乡村构建土地银行，实现土地抵押变现，开发土地金融产品，实现土地市场资本化，并在实践中构建市场运作机制；二是依据中央"三变改革"政策，撬动村民闲置资金、土地资源，构建村民、合作社、涉农生产企业、农村银行利益共同体和价值共同体，创建农村新型股份合作制集体经济，增强村两委执政的经济基础，培育大学毕业生、退伍军人、返乡务工创业与入乡创业者、"田秀才"与"土专家"等新型农业经营管理主体，激发村民内生发展动力；三是成为河南乡村振兴战略发展的载体和抓手，提升小农农业生产能力、提高小农组织化程度、健全小农社会化服务体系，打造以党为核心的乡村治理体系、以顶层设计为核心的乡村规划设计体系、以诚信为核心的乡村社会信用体系、以供应链为核心的服务体系；四是整合小农为大农，实现小农资源集中、生产方式集约、市场要素集聚、三产融合集群、产业链条集团的"五集"联动发展，实现习近平总书记关注的产业振兴、生态振兴、组织振兴、人才振兴、文化振兴发展任务。

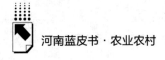

（二）现实情况

1. 政策情况

合作社的农业生产方式受到各国关注和推广。

（1）国外情况

1995年，国际合作联盟成立100周年代表大会修改了合作制的七项基本原则（自愿、民主、互助、自主自立、社员经济参与、教育培训、社区关爱）。2002年，国际劳工大会通过《发展合作社的建议》。美国出台《农村合作协会章程》，规定合作社供销、信用活动要接受章程和法律约束。日本第二次世界大战后组建农业协同组织，颁布《农业产业协同组合发》《农业基本法》，大力支持合作社发展。德国、法国、荷兰、英国、韩国等也出台不同的法规制度，采取不同措施支持合作社发展。

（2）国内情况

解放前梁漱溟、晏阳初以合作社为依托在河北的乡建运动试验，20世纪50年代土改后的互助社、初级社、高级社、人民公社大力发展农业集体化，强调合作社的重要性。21世纪，我国合作社发展比较迅速，2005年浙江瑞安率先试点"生产、供销、信用"合作社发展，2006年1月浙江全省农业工作会议提出"生产、供销、信用"合作社发展构想，2006年12月试点总结、全省推广，2007年12月入选"全国改革十大探索"，2008年11月入选全国改革开放30周年创新案例，2014年6月获选国家治理创新优秀成果"新农村十佳经验"。党的十八届三中全会明确鼓励农村发展合作经济，推行适度规模化发展；2014年中央一号文件部署支持农民合作社创新试点发展；2015年11月，中央扶贫工作会议强调通过"三变"发展和三位一体合作社结合发展，带动贫困人口增收；2017年把"三变改革"与三位一体合作社发展载入中央一号文件。

2. 实践情况

合作社的生产方式不仅受到了政府的欢迎与支持，也惠及了涉农市场主体。

（1）国外践行

德国 1894 年创立农民信用合作社，1850 年创立贷款协会，到 1883 年就已经组建了 14910 个，社员近 200 万人。在此基础上成立了全国信用合作联盟（信用合作、生产合作、消费合作），分设中央合作银行、3 个区域合作银行、2500 个地方合作银行三个层次，到 1998 年，合作银行总资产达 16593 亿马克，占德国银行业机构总资产的 20％以上，各项存款余额占到市场份额的 26％。法国最大的银行是互助合作性质的法国农业信贷集团。德国 1864 年成立黑德斯道夫信贷合作社，基本解决了农民贷款难的问题，1930 年后成立农民协会，推行订单农业，对抗市场风险，开展生产、生活、销售服务，还开展各种涉农保险等服务，采取政府购买服务，农协办事的方式，合作金融满足农户经营性流动资金和消费需求，政策金融满足农户及农户集体发展现代农业固定资产投资需求，财政补贴金满足农业中具有公共产品性质的基础设施资金需求并对政策金融给予贷款利息补贴，农业保险则帮助农民抵御自然灾害，有效把政府、农民、企业、市民有效整合在一起。荷兰农业合作社涉及生产环节各个领域，满足贷款、消费、加工、销售需求，成为世界农产品出口大国。美国加州杏仁进入我国各大超市，主要依靠杏仁合作协会。

（2）国内实践

只要是农业合作社发展好的地方，农业现代化发展就比较发达，台湾农民创业园在大陆蓬勃发展，台湾食品深受大陆居民欢迎就是例证。浙江省瑞安市是构建生产、供销、信用"三位一体"合作体系的起始地，10 多年来，瑞安市不断深化"三位一体"改革，以农民为主体，供销改革联动，成立农合联；以平台建设为抓手，推进服务功能聚合，打造综合为农服务中心；以市场为导向，服务农业生产流通，打造经营共同体；以信用合作为支撑，探索互助金融，拓展普惠金融服务。形成"农合联服务农民合作经济组织""农民合作经济组织服务农户"的双重统分结合新机制。2015 年贵州"三变改革"与"生产、供销、信用"合作社联动发展，实现贫困村持续健康脱贫。2016 年山东"三生融合"（生产、生活、生态）发展与"生产、供销、信用"合作社联动发展,有效推进田园综合体建设。2014年信阳市郝堂村内置金融合作社,解决了农民贷款难的问题,增加了老人收入,形成孝敬老人的社会氛围。2017年新县、上蔡县试点"生产、供销、信用"合作社,解决了农民生产、生活贷款难的问题,凝聚了民心,3年来,村庄零上访,农业适度规模逐步发展。诸如此类的案例很多。

二 "生产、供销、信用"合作社、农村信用社现状分析

"生产、供销、信用"合作社通过提高小农组织化程度、提升小农生产能力、整合农村要素资源,构建以村党支部为领导核心、以经济合作为经营核心的农业社会化服务体系,拓展小农增收空间。农村信用社以征信为核心,建立农村金融信用与社会信用融合体系,激活农村资源要素,融通以产业链为核心的农业产业融合体系,配置以供应链为核心的农业闭环服务体系。依托"生产、供销、信用"合作社与农村信用社联动发展,培育和壮大以大学毕业生、退伍复员军人、返乡创业者、农技人员为主体的新型农业经营团队,推动家庭农场、专业合作社、涉农中小微企业联合发展,促进农业资源集中、要素集聚、生产集群、产业集团发展,加速一二三产业融合发展和城乡融合发展,实现乡村振兴战略目标任务。

(一)"生产、供销、信用"合作社的发展优势

"生产、供销、信用"合作社通过对生产要素更高效的配置,变革农村生产关系、生活关系,架起小农经济有效对接大市场的桥梁。土地"三权分置"改革把产权"分"得明晰,"生产、供销、信用"合作社把农村资源要素交易"统"得紧密,两者结合,"分"得更清,"统"得更明,共同构建统分结合的现代农业经营体系。

"生产、供销、信用"合作社整合农村闲置资金,满足了村民的经营性流动资金和消费资金需求,使村民摆脱了民间高利贷的盘剥,突破了农村贷

款难的瓶颈；通过熟人社会信用，掌握借贷资金的需求真实性和了解资金投入项目的发展前景。

"生产、供销、信用"合作社通过为村民提供生产、购销、信贷、保险、信息科技等团队社会化优质服务，不仅让村民获得社会化服务的成本降低甚至不用付费，还能培育和壮大新型集体经济。

"生产、供销、信用"合作社整合资源要素，吸引村民参股共建涉农企业，引导加工、仓储、运输、商贸、科技等行业投入农业，与村民、村集体合作共建共享，成为利益共同体。提高村民组织市场谈判地位和议价能力，规模化经济合作降低了农业产业发展成本，分摊了风险成本，把小农生产与大市场消费有机结合起来。

"三变改革"激活了生产要素，"生产、供销、信用"合作社落实了村民股权化组织载体，两者结合，把生产职能与流通职能融为一体，把金融与生产和生活服务、加工、信息科技等融为一体，优化了农业供给结构，促进了一二三产业和城乡融合发展。

"生产、供销、信用"合作社倡导自由互爱、民主法治、公平正义的价值，通过经济的合作与联合，直接促进了农村和谐社会建设。

（二）农村信用社（农商行）的发展优势

在农村市场上，农村信用社组织体系比较健全，县、乡、村都有机构或服务网点。农村市场占有率比较高（70%以上），服务"三农"业务量占比较高（90%左右），村民对农村信用社比较信任。相对其他金融机构，农村信用社服务团队多，服务方式是多层次、多渠道、全方位的，服务人员大多来自农村基层，比较熟悉"三农"，解民情、接地气。在其他金融机构撤离农村市场的情况下，农村信用社仍坚守农村阵地，并依据"三农"发展需求，以行政村为单位布置营业网点或服务点，进行整村授信。

在服务内容上，在传统存贷业务基础上，农村信用社仍愿意给相当一部分中老年村民发放纸质存折，通过信息化，开展电子金融业务，为农业生产、农民生活、农产品供销提供信贷服务，把业务拓展到农业产业链、供应链环节。

在农村金融市场上，省信用联社的顶层设计超越了其他农村金融机构，一直保持亲农情节，把农村市场作为最具潜力的市场进行开发和培育，特别是保持每年提供1000亿元信贷支持"三农"，连续3年累计投放3000亿元，支持乡村振兴战略发展。

（三）"生产、供销、信用"合作社发展面临的问题

相当一部分县乡党委、政府对"生产、供销、信用"合作社政策、业务不熟悉，村两委存在认识不到位、发展不积极的情况，村民不易发动、组织。

县、乡、村大部分村民把"生产、供销、信用"合作社与"非法集资""非法揽储"联系起来，把"生产、供销、信用"合作社等同于当前大量存在的专业合作社、"身份证"合作社、企业合作社、家庭农场合作社，认为其不能带来实惠，没有什么发展前景。

村级缺乏得力的党支部书记或支部领导班子，村两委班子缺乏创新实干精神，缺乏经济能人或经济发展带头人，缺乏有责任的企业和企业家的支持，村民年龄大，不易接受新事物。

缺乏金融机构的支持，部分县乡党委、政府因缺乏对金融市场的驾驭能力而持排斥态度，村民害怕被欺骗。相关金融机构（主要指村镇银行）不认可这种与之竞争市场的行为，并在一定程度上对外宣传这种做法是违法的（没有金融许可证等）。工商部门对此不予登记、注册，农业部门、供销部门对发展"生产、供销、信用"合作社不积极。

土地"三权分置"改革不彻底，给"生产、供销、信用"合作社发展带来"最后一公里"的问题。"生产、供销、信用"合作社受到当地部分农业龙头企业、土地经营大户、粮食供销大户、生产资料经营大户、生活用品经营企业的排斥，他们更期望把"生产、供销、信用"合作社纳入自己的经营体系。

"生产、供销、信用"合作社不仅缺乏带头人、带领人，而且缺乏经营

管理团队，特别是具备金融知识的人才匮乏，导致"生产、供销、信用"合作社发展点多面广、规模小、小额分散、管理半径过长、经营成本过高，影响其成为产业链、供应链、服务链的平台建设。熟人社会也影响着经营管理团队的契约精神，监管难度大。

（四）农村信用社（农商行）发展面临的问题

农村存贷市场竞争日趋激烈。农村信用社面临中原银行、邮政储蓄银行、村镇银行、民间借贷争夺农村存贷市场的状况，特别是中原银行、村镇银行通过大额存款利率上浮，吸引了相当一部分农村储蓄户。阵地一旦失去，再夺回来，争夺战必将异常激烈。

存贷市场严重失衡。一些农村信用社的贷款对象主要为农村工商户、少数专业大户，这些农村工商户、少数专业大户也是其他农村金融机构争夺的对象。而广大村民脱贫户、中小微企业、专业合作社、家庭农场却少有贷款，这一部分群体的金融需求才是农村信用社的真正市场，规模比较巨大、潜力无限。

重竞争、轻合作。由于受到利率管制和贷款指标控制，农村信用社从金融角度出发，抢占存款市场，争夺农村高端贷款市场，忽视了广大村民等客户。缺乏积极主动与当地党委政府、村两委、村民进行合作的意识，农村金融产品和金融服务种类少、金融服务质量低，导致银行在农村市场的资金流量和经济效益不足以支撑其在农村金融市场上的运行成本，银行不愿贷。村民因贷款手续繁杂、利率较高、欠人情等因素而求助亲戚朋友与民间借贷，村民不想贷。出现农村资金大量外流与贷款难同时存在的不良现象。

现有农村信用社征信指标与农村征信指标评估不同，严重影响农村信用社在农村金融市场的发展。现有农村信用社的征信指标评价是建立在城市陌生人基础上的，主要通过房产、土地、工商、税务、工资单、社保、存单等作为征信评估指标。然而在管理半径有效的前提下，农村是个熟人社会，征信指标不仅限于这些有形、有价指标，也不一定在乎这些有形、有价指标，而是比较注重人品、道德、文化、邻里关系、宗族关系等很多因素。所以，用陌生人征信标准在熟人社会中发展金融交易，就必然会导致交易成本过高、交易风险过大，从而出现农村金融市场上"银行不愿贷、村民不想贷"的现象。

农村信用社改制农商行的结果是农村业务减缩、城市业务增加，出现了农商行重存轻贷、重城轻农、重大轻小的发展倾向，从而丢失了自己的本源、初心，问题繁多、发展缓慢。再加上长期的体制机制不顺，基层社部分工作人员不能有效扎根农村、服务农业、贴近农民，农村金融市场发展滞后就在所难免，难以实现省社支持乡村振兴战略的目标任务。

总之，农村不缺资金，缺资金利用效率；农村不缺金融市场竞争，缺与县乡党委政府、村两委、村民组织的合作；农村不缺信用，缺农信社信用信息与农村信用信息相对称的评价指标、评价体系。

三 "生产、供销、信用"合作社
与农村信用社联动发展建议

乡村振兴的首要任务是发展农业产业化生产，农业产业化生产的核心是小农经济与大市场有效融合发展，联结小农经济与大市场的基础是金融市场运营与实体经济运营相互融通。农业保险抵御农业生产发展的自然风险，消费订单、信贷、供应链条、交易结算等服务抵御农业生产发展的市场风险。

"生产、供销、信用"合作社通过整合生产要素构建村民信用体系，通过合作、联合，整合涉农产业要素，构建涉农产业联盟产业信用体系；农村信用社通过行业管理、货币经营能力、利率、保函、信用、担保等，用陌生人征信的契约机制，盘活、激活农业生产发展的资源要素、市场要素，融通农业生产发展的产业链、供应链、服务链，形成三链循环闭合的产业融合发展体系。"生产、供销、信用"合作社熟人征信体系与农村信用社陌生人征信体系联动融合发展，在熟人之间与陌生人之间形成信用交易体系，有机地把生产、消费、加工、商贸与储蓄、投资、结算、担保整合成一个利益融合体系，不仅会降低交易成本，而且能激活农业产业化各个链条的交易主体，扩大市场交易规模，增加创造社会财富的机会，促进经济社会发展，实现乡村振兴的战略目标。

（一）以存贷款业务合作为基点，开展多元化金融服务

"生产、供销、信用"合作社在农村信用社开设基本户，定点定期存款，作为社员信用服务基金，农村信用社给合作社大额存款利率上浮；合作社社员贷款，以合作社为信用纽带，农村信用社给予社员贷款利率下浮优惠；依托合作社收集、整理社员信息，农村信用社给予社员等级或额度授信；发展普惠金融，利用政策性金融项目，为入社社员提供利息贴息补贴。"生产、供销、信用"合作社的存贷款业务都与农村信用社合作，以农业生产、农民生活为核心，开展开户、保险、结算、担保、信用等业务，在合作社人员不足或能力不足的情况下，农村信用社提供优质服务；农村信用社的整村授信，把握好契约的规范化经营管理，委托给"信用、生产、供销"合作社，使存贷业务下沉到合作社，节约成本、把控风险。

（二）立足小农，共谋乡村振兴战略大业

省农村信用联社三年3000亿元乡村振兴信贷资金要来自农村、用于农村、服务农民、支持农业，依托"生产、供销、信用"合作社集聚农村闲置资金，在农村信用社开户、存放，通过"生产、供销、信用"合作社进行担保、风险把控，信贷资金除满足工商户、专业大户发展需求外，集中满足广大村民、脱贫户、专业合作社、家庭农场、涉农中小微企业的发展需求。中共中央办公厅、国务院办公厅印发的《关于促进小农户和现代农业发展有机衔接的意见》和中国人民银行等部委印发的《关于金融服务乡村振兴的指导意见》以及2017年以来的中央一号文件和中央农村工作会议，提出支持农村合作金融规范发展、扶持农村金融互助组织、稳妥开展农民合作社内部信用合作试点等政策要求，在县域范围内，组建县乡政府、涉农企业联合体、农民合作社等县级农信投融资交易平台，促进农村信用社与

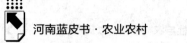

"生产、供销、信用"合作社之间进行结算、交易、担保、咨询服务、信息科技等业务合作。

（三）实行农村信用社与"生产、供销、信用"合作社之间"双挂双聘"机制

社银合作，实行"双挂双聘制"，农村信用社分行业务代办人员以个人名义入社，担任理事或监事，帮助合作社规范发展；村支部书记挂职乡镇合作银行分行副行长或分行副书记，乡镇分行副行长挂职村支部副书记，合作社理事长聘任乡镇分行副业务经理，乡镇分行业务经理聘任合作社副理事长，零距离服务新型农业经营主体和农民生活，为他们"量身定制"产品和服务，降低交易成本，构建乡村治理的有效模式，实现"党政+银行+实体经济+合作社+农户"互动发展、合作共治、权益共享的乡村振兴发展新模式。

（四）建立涉农资金融合配置平台，盘活农户闲置资金和财政支农资金

整合"生产、供销、信用"合作社的互助资金，满足村民经营性流动资金和消费资金的小额需求；利用普惠金融，满足广大农户、脱贫户、中小微企业的生产与生活资金需求；利用政策金融，满足农户、新型农业经营主体集体发展现代农业的固定资产投资需求；通过财政补贴资金满足农业生产发展中具有公共产品性质的基础设施建设资金需求，利用政策性金融项目提供贷款利息补贴；联合农业保险，满足农户等生产主体抵御自然灾害的农业生产资金需求。

（五）构建"生产、供销、信用"合作社与农村信用社共管共享的合作金融体系

参照成立村镇银行、农村信用社作为发起行的有关规定，出资参与"生产、供销、信用"合作社，成为社员股东，形成产权枢纽。依托"生

产、供销、信用"合作社，把陌生人征信体系嫁接到农村社会熟人征信体系，开展"生产、供销、信用"合作社社员与村民的信用评级、互助联保、资金互助、团体存贷等业务，拓展农村信用社营销网络、控制银行风险、放大合作社信用，解决农村信用社资金入口（存款）、出口（贷款）问题。

农村信用社借助"生产、供销、信用"合作社，继续巩固和扩大农村金融市场份额，开发和培育农村金融市场新的盈利点、增长点，实现服务"三农"的本源、服务实体经济的初心。"生产、供销、信用"合作社借助农村信用社，增强信用背书，提升其整合资源、配置资源的能力，为小农户提供综合性的涉农服务。二者相辅相成，共同成就现代农业发展，共同实现乡村振兴战略目标。

参考文献

杨静、谢元态：《农村信用合作社——生产供销合作社共生关系研究》，《经济师》2019 年第 1 期。

李涛：《我国生产、供销、信用合作社共生关系研究》，博士学位论文，山西财经大学，2019。

陈春芳：《GX 供销社经营业绩评价与提升策略研究》，硕士学位论文，广西大学，2012。

农 民 增 收

Increase Farmers' Income

B.17
河南农民增收的现状、难点和对策

张　坤*

摘　要： 持续推动农民增收是实现农民农村共同富裕的前提和基础。河南
作为全国的农业大省和农村人口大省，将农民增收与共同富裕相
结合进行探讨，对于更好地巩固拓展脱贫攻坚成果、推动乡村振
兴，具有十分重要的理论和实践意义。本报告从工资性收入、经
营净收入、财产净收入和转移净收入四个方面对河南农民增收的
状况进行了分析，并结合疫情下特殊的经济形势，重点分析了农
民增收工作中产业、来源、制度等方面存在的问题，进而从提升
农民劳动素养、培养新型农业经营主体、发展新产业新业态、深
化产权制度改革、完善社保体系和发展集体经济的角度提出了相
应的对策建议。

关键词： 农民增收　共同富裕　乡村振兴

---

* 张坤，河南省社会科学院农村发展研究所研究实习员，主要研究方向为农村土地产权制度、
乡村治理。

党的十八大以来，以习近平同志为核心的党中央高度重视"三农"工作，将推动农民增收和共同富裕作为一项重要工作来抓，一系列强农惠农富农政策接连落地，使农民收入水平不断提高。河南作为全国的人口大省、农业大省，农村人口数量多、比重大，如何增加农民收入、缩小城乡差距、实现共同富裕，是当前和今后需要重点解决的核心问题。

一 河南农民增收的现状

近年来，河南把持续增加农民收入作为推动乡村振兴的重要任务，出台了多种措施促进农民就业创业、多渠道增加农民收入，呈现如下特点。

（一）农村居民人均可支配收入稳定增长，但仍处于全国较低水平

近年来，伴随着脱贫攻坚和乡村振兴战略的实施，河南农民收入水平逐年提升。2022年1~6月，河南农村居民人均可支配收入为8091元，同比增长了5.1%（见图1）。2021年，河南农村居民人均可支配收入达17533元，较2020年的16108增长了1425元，增长8.8%。河南作为农业大省、农村人口大省，在面临宏观环境复杂多变、新冠肺炎疫情持续影响的情况下，农民收入延续增长之势，实属不易。从更长的增长周期角度来讲，2016~2021年，河南农村居民人均可支配收入年平均增长率高于8%，超过人均GDP 7.2%的增长率。可见，近年来河南农民增收的成效是比较显著的。

但是，河南农村居民人均可支配收入与全国平均水平相比仍有差距，差距从2020年的1023元扩大至2021年的1398元。2015~2020年，差距从569元逐年递增至1023元。2014~2020年，河南农村居民人均可支配收入处于全国第16~19位，河南农民持续增收工作任重道远。

图1　2015~2022年河南省农村居民人均可支配收入及增速

注：2022年为1~6月数据。

资料来源：根据历年《河南统计年鉴》及《河南统计月报》整理。

（二）城乡居民收入相对差距趋于缩小，但绝对差距仍呈扩大态势

从收入差距指数的角度来看，河南城乡居民收入之比逐步缩小。2022年1~6月，河南城镇居民人均可支配收入为19123元，农村居民人均可支配收入为8091元，收入差距指数为2.36，与2021年相比略有上升。从更长的时间段来看，河南城乡居民收入差距指数由2014年的2.59下降至2021年的2.12，降幅较大。但是，河南城乡居民收入差距的绝对值却在扩大。2022年1~6月，城乡居民收入差距绝对值为11032元。2021年城乡居民收入差距绝对值为19562元，相较于2020年的18642元，扩大了920元。从更长的时段看，2014~2021年，河南城乡居民收入差距绝对值由14975元上升至19562元，扩大了4587元。从这个角度来看，农民增收工作仍需放到较重要的位置。

（三）工资性收入增长迅速，已成为农民主要收入来源

工资性收入多年来一直是农民家庭收入的重要来源。2012~2021年，河南农村居民人均工资性收入由2346元上升至6695元，增加了4349元，年均增

加 434.9 元，年均增长 12.4%，工资性收入的增长为农村居民人均可支配收入的增长做出了重要贡献，特别是 2016～2020 年，农村居民人均工资性收入占比由 36.1% 上升至 38.2%，占比略有上升（见图 2）。近年来，为了保障农业转移人口的合法权益、改善农业转移人口的生活状况、积极推动农业转移人口市民化，河南省出台了一系列相关政策。如为进城务工的农业转移人口提供更为优化的工作环境和工作制度，促进进城务工农业转移人口收入增加。

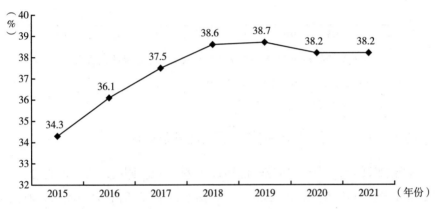

图 2　2015～2021 年河南省农村居民人均工资性收入占比

资料来源：根据历年《河南统计年鉴》整理。

（四）经营净收入占比下降，但仍是农民重要的收入来源

2020～2021 年，河南农村居民人均经营净收入稳定增长，由 5175 元上涨至 5605 元，增加了 430 元，增长率为 8.3%。2014 年以来，河南农村居民人均经营净收入占比略有下降，由 2014 年的 42.9% 下降至 2021 年的 31.9%（见图 3），但仍是农村居民重要的收入来源。从收入增长贡献率的角度出发，经营净收入目前仍然是推动农民增收的重要力量，2014～2021 年农村居民人均经营净收入增长占农村居民人均可支配收入增长的 17.5%。可见，河南深入推进农业供给侧结构性改革，大力培育新型农业经营主体，加速推进农村一二三产业融合发展，切实地促进了农民经营净收入的提高。

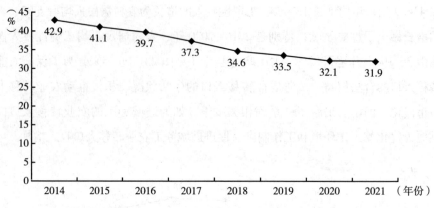

图3　2014~2021年河南省农村居民人均经营净收入占比

资料来源：根据历年《河南统计年鉴》整理。

（五）财产净收入明显增长，但占比依然较低

截至2021年，河南土地流转已接近3799万亩。同时，土地股份合作社、社区股份合作社等多种形式的联合与合作也得到了政府的大力支持，农民土地承包经营权转让和股息红利收入日益成为农村居民收入的重要组成部分。在集体经营性建设用地入市，农村土地经营权流转加速、流转价格提高，土地、房产等财产的征收补偿标准提高等多种因素的协同作用下，2012~2021年，河南农村居民人均财产净收入增速较快，十年间增长了1.41倍，年均增长率为10.3%。2020~2021年，河南农村居民人均财产净收入由238元增长至253元，增长15元，涨幅为6.3%。但是，河南农村居民人均财产净收入的基数仍过低，2012~2021年河南农村居民人均财产净收入仅由105元增长到253元，增长绝对额为148元，在农村居民人均可支配收入增长中占比较小。

二　河南推进农民持续增收的主要难点

（一）农产品价格增长乏力或波动较大，但成本总体呈现逐渐上升态势

2014年以来，随着新一轮粮食等重要农产品价格形成机制改革的推进，

我国稻谷、小麦最低价收购政策逐步调整完善。除 2020 年早稻和中晚稻最低收购价较上年略有上涨外，近年来我国稻谷、小麦最低收购价总体呈稳中有降趋势。玉米和大豆价格一度呈现下跌趋势。显然，这不利于实现农民增收。据河南省统计局的数据，2021 年河南食品烟酒消费价格指数比上年同期上涨 0.2%，总体保持稳定，畜肉消费价格指数同比下跌 18%，跌幅较大。以活猪等为主的畜牧业产品价格波动较大，规模养殖户的经营风险较大，农民自发散养的规模较小、市场敏感度较低、利润空间较小。除畜牧产品外，蔬菜鲜果、蛋类等价格基本保持稳定，价格涨幅较小，带动农民增收作用不强。与此同时，农业生产成本却在上升。2014~2019 年，河南农村居民家庭平均每人经营费用支出由 2248 元上涨至 2369 元，上涨幅度达 5.4%。农产品价格较小的涨幅和农业经营费用的逐年上升，挤压了农产品利润空间，农村居民经营性收入增长面临严峻挑战。

（二）新冠肺炎疫情影响农民增收，农民工资性收入来源不稳定性增加

2020 年以来新冠肺炎疫情肆虐全球，全球发展的不稳定性不确定性因素日益增加，国内经济下行压力较大。受疫情的冲击，叠加经济新常态下我国供给侧结构性改革的一系列措施，传统制造业、建筑业等劳动密集型行业的不景气，客观上成为农村居民工资性收入持续增长的最大挑战。即使是开工复产的企业，因市场消费的不稳定性，也时常出现开工不达产的现象。同时，为有效应对疫情，地方政府不得不采取防疫措施，这也不可避免地导致企业招工难，农业转移人口进城务工难。

随着中国经济发展进入新常态，服务业已成为支撑经济增长的重要引擎。服务业以相对宽松的就业门槛，为农业转移人口提供了大量的就业岗位，如餐饮、住宿、家政、维修等生活性服务行业对农业转移人口的用工需求很大。但疫情对农业转移人口在第三产业就业产生了较大的不利影响。疫情导致服务业的需求不稳定，疫情严重时大量的服务业主体不得不歇业、停业。这些因素不可避免地成为农村居民工资性收入增长的最大阻碍。

（三）制度不完善导致农村居民财产净收入增长缓慢

1. 收入分配制度的不完善导致难以实现农村居民财产增值

2014~2021 年，河南城乡居民人均可支配收入差距由 14975 元增长到 19562 元，增加了 4587 元，城乡居民收入绝对差距日益扩大。城镇居民有更高的收入，能够进行更多投资，进而转化为更高的财产净收入。城乡之间的分配差异所造成的对农村居民财产投资的挤出效应是导致农村居民财产净收入基数较低并且难以大幅增长的重要原因。与此同时，在农村居民收入水平较低的情况下，其所拥有的社会保障水平也低于城镇居民，这一现象在客观上导致农村居民可用于投资的人均可支配收入更低。较低的收入也会使农村居民在面对重大医疗疾病、家庭变故等突发事件时缺乏应对能力，减弱其投资意愿。

2. 农民土地收益面临增长瓶颈

从农地流转来讲，截至 2021 年，河南土地流转比例已接近 33%，可用于流转的农地已经较为有限。从租金角度来讲，当前农地流转的租金价格已经较高，尤其是在疫情下，租用农地的企业等主体难以继续提高租金，难以成为持续推动农民增收的动力。宅基地是农民最大的一笔财产，但目前河南省宅基地改革依然处于试点阶段，发挥农民宅基地和房屋的财产价值进而将其转化为农村居民财产净收入还面临不少的制度性障碍。此外，在城镇化的发展过程中，部分地方政府为促进经济发展，客观上存在扩大征地范围、压低征地价格、隐瞒征地后增值收益等问题。

（四）政府财政增收压力加大，影响对农民增收的支持和农民转移性收入的增长

近年来，在经济下行压力加大的态势下，各级政府财政增收压力加大的问题日益凸显，河南财政收入增长率出现下降。2019~2020 年，河南省人均地方一般公共预算收入水平分别居全国第 27、第 26 位，且与 2015 年相比，全省财政收入的增速明显放缓。财政收入增长乏力，会弱化地方政府通过财

政支持当地产业发展的能力，不利于带动农户经营性收入和工资性收入的增长，减少地方政府财政转移支付，还会降低农户转移性收入。经济下行压力加大，也加大了政府保民生压力，民生支出需求增大，造成一般公共服务、教育、科技、社保就业、医疗卫生、节能环保、城乡社区、农林水等财政支出增速明显快于财政收入增速，在一定程度上影响财政对农民增收支持的可持续性。

三 河南推动农民增收实现共同富裕的对策建议

（一）加强对农业转移人口的就业指导服务与能力培训

农村劳动力转移有利于消化农村剩余劳动力，促进农业转移人口进城务工，增加农村居民的工资性收入。但由于多方面的原因，农业转移人口在劳动力市场的激烈竞争中往往处于不利地位，难以保障自身的合法性权益，这就需要政府为其提供相应的就业服务和政策支持以保障其相关合法权益。首先，要完善劳动力就业市场，建立城乡统一的劳动力就业机制，通过各种政务平台、中介机构、就业组织及时准确地为进城务工的农业转移人口提供相关的就业信息。其次，要建立完善的农业转移人口工资支付保障制度、监控制度、保证金制度等，严格规范企业工资支付行为，确保农业转移人口工资按时足额发放给本人，加强监察执法，依法查处拖欠农业转移人口工资的违法行为，建立健全防止和治理拖欠的长效机制。积极改善社会保障制度，加快社会保障相关法律法规建设，扩大社会保障的覆盖范围，推动农业转移人口顺利融入城市社会保障体系。

长期以来，农业转移人口受教育程度低、自身能力不足，一直是阻碍其充分就业的重要因素。加强对农业转移人口的能力培训，有利于增强其在就业市场上的议价能力和竞争力，并最终增加其收入。首先，要加大对农村教育的支持力度，保证农村居民享有充分的受教育权利与机会。为了减轻农业转移人口受教育负担，保证农业转移人口受教育质量，各级政府应在师资、教育设备、教育环境方面加大对农村地区的支持力度。其次，为培养适应市场需要的新型劳动者，还要结合当地具体情况，派遣农业技术人员，对农业转移人口因材施教，进行与实际条件相符合的能力培训。

（二）培育新型农业经营主体

新型农业经营主体是实现农业产业化经营的重要载体，通过推广农业产业化经营，带动农民和农村实现自我持续发展，是推进乡村振兴、实现农民农村共同富裕的必由之路。现阶段，在农村人口大量向城市转移的背景下，农村土地大量流转给新型农业经营主体。为实现农业产业化经营，应着力培育新型农业经营主体，充分发挥新型农业经营主体的带头作用。家庭农场是新型农业经营主体中极其重要的组成部分，要不断拓展数量增长路径。推动"大户转办"，引导种养大户、专业大户等规模农业经营户转成家庭农场；推动"成员创办"，鼓励农民合作社成员和合作社带领的小农户创办家庭农场；推动"人才兴办"，支持返乡创业的农民工、大中专毕业生等农村优秀人才兴办家庭农场。同时，要注重提升家庭农场发展质量，以家庭农场示范创建为抓手，培育一批示范家庭农场，发挥典型引领作用。

（三）培育发展农村新产业新业态

农村新产业新业态为农业增效、农民增收、农村繁荣发展注入前所未有的新动能。应因势利导，强化政策统筹整合，加大政策支持力度，推动农村新产业新业态发展，使之成为今后"三农"工作的新载体、新抓手、新亮点。一是要发展农产品加工业。鼓励农村内部的新型农业经营主体延长农业产业链，对农产品进行深加工，把农业附加值留在农村内部。加大对农产品加工主体的资金支持、技术支持力度，做好农产品加工业的质量监管工作。二是要发展乡村旅游、乡村养老等产业。支持当地有实力的农业企业延长产业链，将农业生产与乡村旅游相结合；鼓励社会资本合法利用各类融资模式投资休闲农业。三是要发展农村电商。因地制宜发展适宜的电商模式。注重电商与实体店的结合，发挥互联网与实体经济的叠加效应。强化电商人才培养，对农民和相关政府人员进行电商知识和技能培训，鼓励大学生、返乡创业青年、农村青年、退伍军人等群体进入农村电商行业。四是要促进一二三产业融合。要深入挖掘农村在生态环境、旅游休闲、文化教育等方面的价值，积极开发农业多种功能，发展乡村旅游，将农村丰富的自然环境资源直接转换为经济效益，拓宽农民增收渠道。

（四）深化农村产权制度改革，增加农村居民财产性收入

推进农村产权制度改革是整个农村改革的基础性、全局性和战略性工程。建立健全以农村土地所有权、承包权、经营权"三权分置"为核心的现代产权制度，逐步落实集体所有权的处置功能，稳定好农户承包权的财产功能，放活土地经营权，逐步形成"集体所有、家庭承包、多元经营"的新型农业经营格局。一是要以完成确权登记办证工作为重点，全面落实和保护农村土地集体所有权和农户承包权。二是要建立完善统一的农村土地承包经营权信息应用平台，逐步实现数据共享和成果应用示范，形成承包合同网签管理系统，扩大确权登记颁证成果的应用，将其纳入不动产登记体系。三是要以保护各经营主体从事农业生产所需的各项权利为重点，积极推进农村土地经营权规范化流转。明确农民和经营主体各自的权责利，不仅要依法保护流转土地农民的权益，也要合理保护土地经营者的经营权，减少损害经营主体利益的行为。四是要加快发展农业生产性服务业，更好地推动土地适度规模经营，支持新型经营主体依法依规开展土地经营权抵押融资业务，进一步促进农村土地保值增值，发挥其对农民财富积累产生的乘数效应，最终实现农民财产性收入的增加。

（五）加大农业支持力度，进一步完善社会保障体系

对农民种粮、耕地保护等方面的财政补贴，是农民转移净收入的重要来源。面对新形势下粮食安全更为重要和农民种粮比较效益较低的冲突，要按照"扩大补贴范围，提高补贴标准，完善补贴办法，增强补贴实效"

的要求，完善粮食直补政策，增加对农民的种粮补贴。要完善农资补贴的动态调整机制，根据市场的价格变动和农作物的播种面积快速精准地进行调整。要进一步完善农村社会保障体系，扩大养老保险覆盖面，逐步提高养老标准，尤其是针对低收入人群应通过社会救助、医疗保障、就业帮扶等多种方式帮助其增加收入。要加强对农村特困人员的帮扶，落实残疾儿童康复救助制度，根据低收入人口的对象类型、困难程度等，分层分类实施医疗、教育、住房、就业等专项救助。要合理确定和逐步提高农村医疗保障待遇水平，对于丧失劳动能力无法通过产业就业获得稳定收入的人口，要将其纳入农村低保或特困人员救助供养范围，织密兜牢基本生活保障底线。

（六）发展壮大农村集体经济

发展壮大农村集体经济是缩小城乡差距、助力乡村振兴、促进农民增收、实现共同富裕的有效途径。河南发展壮大农村集体经济要加强村级自然资源开发、盘活农村闲置资产、推行村庄经营模式创新、促进农村一二三产业融合、建立健全集体经济组织内部治理机制。要因地制宜，借鉴国内集体经济发展较好的地区的经验，鼓励探索集体联营抱团发展型、村企合作联动发展型、生态转化绿色发展型、产业融合发展型、物业经营稳健发展型、活化闲资共享发展型等多种形式的集体经济。为此，要强化组织领导，各相关部门应各负其责，联动推进农村集体经济发展，梳理盘活资源资产、领办合作社、发展产业、投资入股等经济发展模式，从整体上实现村集体经济规范化、规模化发展；加大政策支持力度，加快构建财政投入撬动、金融重点倾斜、社会积极参与的多元化投入机制；加强人才支撑，把集体经济组织负责人作为农民教育培训和村干部轮训的重点对象，提高其集体资产管理、对外合作经营等能力。创新选人用人和人才激励机制，注重在推动集体经济发展中发现和使用人才，不断完善村集体经济发展与村干部报酬挂钩机制。

参考文献

贾磊等：《日本农村振兴的经验及对我国的启示》，《农业现代化研究》2018年第3期。

李慧、胡豹：《共同富裕视阈下推进浙江农村集体经济发展的模式与路径》，《浙江农业科学》2022年第10期。

朱晓燕：《在新的历史阶段提高农民收入若干问题研究》，《中州学刊》2017年第9期。

曾福生：《发展新产业新业态破解农民增收困境》，《湖湘论坛》2017年第5期。

姜长云等：《近年来我国农民收入增长的特点、问题与未来选择》，《南京农业大学学报》（社会科学版）2021年第3期。

张克俊主编《四川蓝皮书：四川农业农村发展报告（2022）》，社会科学文献出版社，2022。

B.18
河南农业全产业链促进农民增收的
制约因素及对策建议

宋彦峰*

摘　要： 促进农民农村共同富裕是乡村振兴战略的行动指引和重要目标。
农业全产业链是乡村产业高质量发展的产物，能够多途径提高农
民收入，为实现农民农村共同富裕这一目标提供新的思路。本报
告探讨农业全产业链的内涵特征及促进农民增收的有效路径，并
结合河南农业全产业链发展状况和在促进农民收入增长中存在的
制约因素，提出新形势下农业全产业链促进农民增收要按照全产
业链的发展理念完善工作推进机制，夯实优势主导产业，重点创
建农业全产业链典型县，提升小农户发展能力，降低规模农户参
与农业全产业链的成本压力，建立紧密型利益联结机制等对策
建议。

关键词： 农业全产业链　农民增收　河南

一　引言

近年来河南省农民收入持续增长，但是与城镇居民收入相比还存在较大
差距。而且农村地区农户高低收入组之间的绝对差距也在不断扩大。基于河

---

* 宋彦峰，管理学博士，河南省社会科学院农村发展研究所助理研究员，主要研究方向为农村
组织与制度、贫困治理。

南农业大省和小农户众多的现实，小农户的家庭人均收入低于规模农户也低于城镇居民，也是农村内部居民收入和城乡居民收入存在差距的重要原因。因此，提升农村居民特别是小农户的收入，对于缩小城乡及农村内部差距、实现共同富裕具有重要意义。对于河南省来说，家庭经营性收入依然是农民收入的主要来源之一，千方百计实现农民农业生产的提质增效，有利于全面提高农民经营收入，更好地实现共同富裕的目标。

近年来，国家高度重视农业全产业链的建设，将建设农业全产业链作为推动乡村全面振兴、农业农村现代化和实现共同富裕的重要举措。2021年农业农村部印发了《关于加快农业全产业链培育发展的指导意见》，提出加快培育发展农业全产业链，旨在促进乡村产业的全环节提升、全链条增值、全产业融合，将建设现代农业产业体系，同时让农民更多分享产业增值收益。目前，农业全产业链在全国各地有序推进。2021年底，农业农村部公布了全国农业全产业链典型县榜单，河南有延津县、泌阳县和浉河区等三个县（区）入选。农业全产业链作为乡村产业的升级版，既能推动农业生产的提质增效，提高农民的农业经营收入，也能通过农业产业的延链、补链、增链为农民提供更多二三产业的就业机会，增加农民的非农经营收入。因此，推动农业全产业链发展，实现小农户与现代农业的有效衔接，对于促进农民收入持续增加及实现农民共同富裕具有重要的现实意义。

二　农业全产业链促进农民增收的作用路径

"十四五"时期是河南省全面推进乡村振兴战略、加快农业农村现代化建设的关键五年。加快推进乡村振兴，产业振兴是基础和关键，是解决农业农村一切问题的前提，而构建农业全产业链，实现乡村产业高质量发展是乡村产业振兴的必由之路。2022年河南省委一号文件《关于做好2022年全面推进乡村振兴重点工作的实施意见》为"大力发展乡村产业"提出了要推进农业全产业链发展。河南作为农业大省，建设农业全产业链对于壮大县域经济、推进乡村振兴战略、加快农业农村现代化和实现共同富裕具有重要意义。

（一）农业全产业链的内涵特征

农业全产业链既是乡村产业高质量发展的重要抓手，也是乡村产业高质量发展的结果。之前对农业产业发展方面的关注点是"农业产业链"，随着我国农业产业化的纵深化发展，在实践中将农业产业化发展的导向和重点转移到"农业全产业链"上来。农业全产业链是乡村产业发展的升级版，其发展思路亦要遵循全产业链的基本原则，并体现农业产业的独有特性。完整完备的农业全产业链具有以下特征。

一是有规模化的主导产业。农业全产业链的形成需要有聚集效应和规模效应，按照农业全产业链构建的区域适宜性，在县域内选取规模化程度高、能够影响国计民生的粮食作物和重要农产品，以及满足人民生活多样化需求的特色农产品，有利于形成龙头企业牵头，农民合作社、家庭农场等新型农业经营主体跟进，小农户广泛参与，涉农科技、品牌、营销宣传等机构共同参加的利益联合体，促进产业向形态更高级、优势更明显和特色更突出的方向演进。延津县、泌阳县和信阳浉河区三个全国农业全产业链典型县（区）的主导产业分别为优质小麦、夏南牛和茶叶，这些主导产业也是立足当地资源禀赋，长期发展和培育的结果。

二是有标准化的生产体系。农业全产业链突出的是对产品全过程、全环节的质量控制，要建立与农业全产业链相适应的现代农业全产业链标准体系及相关标准综合体，提升农业按标生产水平，使其与农业供给侧结构性改革和提升农产品质量相符。如在生产环节，建设标准化原料和生产基地，按照"专种专收专储专用"的要求，建设规模化和优质化原料基地。在原料基地管理方面，运用物联网、大数据、节水灌溉等技术，不断提升基地的数字化和智能化水平。如延津县小麦以专用生产基地建设为重点，发展优质强筋加工专用小麦、茅台酒专用有机小麦和良种繁育专用小麦，制定了全国首个《优质专用小麦无公害生产标准》，并上升为省级标准。

三是有品牌化经营体系。品牌是农产品质量和竞争力的标志和走向市场的通行证，品牌建设作为一种面向市场竞争的优势制度设计，能够促进乡村产业发展的集体行动和小农户的自组织，这与农业全产业链构建中各行为主体密切协作和协同经营具有一致性。在品牌化的赋能作用下，农业全产业链能够促进产业的提质增效和市场竞争力提升，还能够带动区域内大量小农户参与农业全产业链。泌阳县依托"夏南牛"品牌和"夏南牛"产业集群优势，形成了集技术研发、种源培育、规模养殖、屠宰加工、产品销售、物流配送、国际贸易于一体的百亿级农业全产业链。

四是有绿色化的发展模式。农业全产业链质量效益的提高，亦要求将绿色发展理念贯穿农业产业的全过程，在充分挖掘农业多功能的基础上，严守保护环境的安全底线和自然资源利用上线。农业全产业链的发展既要做好核心产业的发展布局，使产业的发展与生态环境的容量相匹配，也要减少过量投入和排放，做好投入品的管控，在确保农产品从产地到市场的全程安全优质的同时，做到产业发展与生态环境相协调。浉河区茶产业发展立足茶产业资源优势，走茶旅文化融合发展之路，将茶区变为景区，在生产中大力推广茶园绿色防控设备，形成了较为完善的绿色防控体系，促进了茶产业绿色化发展。

（二）农业全产业链促进农民增收的有效路径

现阶段农民农业经营收入水平难以持续提升的直接原因在于，农业经营的质量效益总体水平不高。农业全产业链发展通过优化农业供给侧结构性改革，推动乡村产业发展的质量变革、效率变革、动力变革，实现乡村产业的提质增效，农业全产业链的发展可打破农民农业经营增收困难的局面，也可多渠道促进农民增收。培育发展农业全产业链的重要目标是让农民更多地分享产业增值收益，有效保障农民的权益和提高农民收入，能否实现这一目标，又取决于农户能否紧密融入农业全产业链。

从已有的农业全产业链典型模式来看，这些模式在提高农民收入方面起到了积极作用。培育发展农业全产业链创新了新业态、开辟了新市场，创造了新的就业岗位，提升了乡村产业竞争力和农产品市场占有率，做大了"蛋糕"，农民通过农产品的销售或务工收入、资本收入等多种方式实现收入的增加。在实践中合理的利益联结机制，不仅有效地促进了农业全产业链核心主体的持续发展和迭代升级，在保障农民收入方面也有积极作用，农业全产业链的稳定性也不断增强，实现了双赢或多赢。

一是农业全产业链的发展可带来现代生产要素的使用与生产效率的提升。一方面，通过标准化建设将技术、管理等现代要素导入农业全产业链，加之产业发展的规模化，可有效节约劳动力等传统生产要素，推动新技术在农业全产业链中的应用，提高要素使用效率，降低农业生产成本。另一方面，现代生产要素在乡村的聚集，也能吸引资本、人才等要素"回流"或下乡，产生创新创业效应和示范带动效应，提高农民的整体创富能力。

二是从农业产出看，农业全产业链的发展能够实现产品结构的优化和质量的提升。在实践中，农业全产业链的发展往往以区域主导产业为构建基础，采用优良品种，通过标准化建设、品牌化推广、绿色化发展生产优质农产品，帮助农民走品质化而非数量化竞争道路，有效降低市场价格风险，实现农产品销售的质优价更优。

三是从生产组织看，农业全产业链的建设充分融合了乡村一二三产业的发展，拓展了农业的多功能性，实现各种涉农经营主体的有机衔接，有效地拉长了农业产业链，创新了组织经营模式和生产方式，在提高农业经营收入的同时，为农民提供了诸多二三产业的就业增收机会，增加了工资性收入，使农民充分融入农业全产业链、分享农业全产业链增值收益，多途径、多渠道增加农民经营收入。

三　河南农业全产业链发展促进农民增收的制约因素

从理论上看，农业全产业链发展能提升农业对其他产业和农民增收的辐射带动作用，尤其是以农村一二三产业融合为基础的全产业链模式，对乡村新产业新业态的发展、新的价值链和盈利模式的形成、农民创业就业空间的拓展具有重要意义。就河南省农业全产业链发展的实践来看，要发挥农业全产业链有效促进农民增收的作用，还存在一些制约因素和难点。

（一）农业全产业链发展水平较低，整体带动能力不够

农业全产业链有效带动农民增收的前提是农业全产业链发育完善，带动能力强。但是农业全产业链作为乡村产业发展的高级形态，其发展时间不长，普遍存在县域主导产业实力不强，产业链条不长、产业链某些环节薄弱的情况。河南在推动县域主导产业发展方面，围绕小麦、花生、草畜、林果、蔬菜、花卉、食用菌等特色农业产业，大力发展"一县一业"。在脱贫攻坚和乡村振兴战略的推动下，县域特色农业产业有了发展基础，但是特色农业产业真正发展壮大且在县域经济中占据一定主导地位的情况并不多，县域特色农业产业的发展尚不能支撑其农业全产业链的构建。产业链条短主要表现在农产品的精深加工能力不足，河南粮食产量位居全国第二，占全国粮食产量的1/10。如表1所示，2020年河南省粮食产业工业总产值为2264.3亿元，占全国的7.12%，居全国第5位，产量大省的优势资源并没有更好地转化到粮食加工业中。农产品精深加工能力不足还体现在链主企业数量不足、整体实力不强。2000~2021年，农业农村部累计认定七批农业产业化国家重点龙头企业，其中广东有225家，山东有130家，而河南有100家。截至2021年末，河南省农业产业化省级以上重点龙头企业有970家，而相邻的山东省农业产业化省级以上重点龙头企业有1133家。

表1 2020年全国粮食产业工业总产值超千亿元的省份情况

单位：亿元，%

省 份	工业总产值	占比	省 份	工业总产值	占比
山 东	4364.8	13.73	湖 北	1664.3	5.23
江 苏	2862.4	9.00	湖 南	1497.7	4.71
安 徽	2602.2	8.18	贵 州	1350.9	4.25
广 东	2269.9	7.14	黑龙江	1348.1	4.24
河 南	2264.3	7.12	河 北	1162.1	3.65
四 川	1985.2	6.24			

资料来源：根据《2021中国粮食和物资储备年鉴》整理。

农业全产业链条还存在一些薄弱环节。如在农产品流通方面，县域流通体系还不完善，农村网点集中布局在县、乡镇或交通较发达的村，而偏远或欠发达地区农村物流网点尚未建设，运力资源配置不足。特别是农村冷链物流体系不健全。大部分农产品产地缺乏预冷、初加工和商品化预处理设施。农村冷链运输车辆少，适合前端冷链收储、末端冷链配送的冷藏车更是不足。目前河南省农村运输车辆中，冷藏车占比很少，远远不能满足全程冷链运输的需要。

（二）小农户经营与农业全产业链的发展要求不适应

首先，小农户经营与农业全产业链的规模化要求不适应。农业全产业链的构建需要主导产业形成规模化经营，这是培育发展农业全产业链的基础。但是"大国小农"是我国农业生产经营的基本国情，小农户依然是农业经营主体，并且在未来会持续存在。根据第三次全国农业普查数据，全国小农户数量约为2.3亿户，经营耕地面积约占耕地总面积的70%，其中户均耕地10亩以下的农户约占85.2%。对于农业大省河南省来说亦是如此，河南省第三次全国农业普查数据显示，河南省共有1844.68万户农业经营户，全省耕地面积1.2亿亩，户均耕地面积不到7亩。小农户经营规模小、土地细碎化的特点与发展农业全产业链需要的规模化经营存在矛盾，尽管小农户经营的效益和效率并不一定低下，但是小农户经营不利于形成规模效应，也不利于农产品标准化和品牌化的建设，影响农产品提质增效，最终难以进一步提升小农户的农业产出和农业经营收入。

其次，小农户与农业全产业链高质量生产的要求不适应。农业全产业链的发展对其主导产业的发展有更高的要求，绿色化生产对产地环境、生产资料的投入及生产技术的使用有更高的要求；品牌化经营要以质量为核心，更要加大农产品品牌宣传推介力度；标准化生产过程中需要生产者严格遵循标准化流程开展农产品的生产、储运和加工等，对小农户的能力和生产条件有更高的要求。因此，小农户的生产能力与条件关系其能否与农业全产业链生产实现对接，也关系农业全产业链能否带动小农户生产实现提质增效和增收。但是，从河南省小农户的实际情况看，其文化水平和技能水平与农业全产业链发展的要求有一定距离。第三次全国农业普查数据显示，河南省农业生产经营人员中未上过学和小学文化程度的比例分别为 2.6% 和 17.0%，其中有 2.6% 的人没有上过学，高中或中专以上文化程度的比例仅为 28.3%。也就是说，有 71.7% 的农业生产经营人员是初中及以下文化程度，这部分人接受农业专业技术培训的能力有限。小农户应用现代农业技术装备的思想认识和能力还存在一定的短板，如在调研中发现一些小农户认为无人机飞防作业效果不如农户人工喷药。小农户在素质能力与生产硬件方面存在不足，与农业全产业链发展的要求不匹配，制约了农业全产业链带动小农户发展。

（三）规模农户参与农业全产业链存在成本压力

农业全产业链的构建除了作为推动方的政府、主导产业发展的链主企业以及相关联的研发企业、物流企业等，还包括数量较多的家庭农场、种养大户等。近年来，随着土地流转速度的加快和流转规模的扩大，家庭农场和种养大户逐渐增多，他们也是农业全产业链的主体。与小农户不同，这些规模农户的经营规模较大，有一定的资金实力和市场化经营能力。在参与农业全产业链的过程中，其不仅是农业生产活动的执行者，甚至可以成为某些环节的实施主体，作为农业全产业链中的一个环节并从中直接受益。但是，当规模农户作为农业全产业链的一环参与其中时，则需要更高的生产标准和成本投入。成本的投入包括投入规模化经营需要的农机，引入、种植新品种，参与高标准农田建设，按照绿色化标准生产和种植农产品，建设储运物流仓库及冷链物流设施，培育品牌及营销等。

规模农户在这些方面需要大量的资金投入，特别是固定资产的投资和建设，导致规模农户资金大量流出。但是，高质量农产品或具有品牌效应的农产品获得市场认可并产生效益需要一定的周期，规模农户从中受益具有一定的滞后性，使得规模农户在早期面临一定的成本压力。此外，规模农户按照农业全产业链的要求采用新品种、新技术也隐藏着一定的市场风险和生产风险。在大量投入生产成本的情况下，如果后期收益不能覆盖前期投入，那么规模农户可能会遭受较大的风险损失，影响规模农户从参与农业全产业链发展中获取收益。

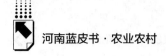
（四）农业全产业链的利益联结机制不完善

推动农业全产业链发展的目的在于，促进农业链条在县域内循环起来，将更多的农业产业链增值收益留给农民。以县域为单位的农业全产业链发展，能够最大限度地惠及农户。但是，农业产业化进程中各主体之间的利益联结关系，是由各主体通过平等协商及在产品交易中形成的。在实践中，尽管农业全产业链各主体之间的利益联结模式不断创新，但是基于小农户的弱质性、新型农业经营主体发展质量不优的现状，现阶段小农户参与农业全产业链的方式依然是农产品的买卖及土地的租赁等，分红型、股权型、契约型等利益联结形式还比较少，产业增值的大部分留在了链主企业，留给小农户的产业增值较少，小农户分享乡村产业高质量发展带来的收益有限。

为保证充分农户的权益，各级政府均在努力推动紧密型利益联结机制的构建，但是由于链主企业和农户在交易中地位的不同，二者均存在一定的顾虑。对于农户来说，由于信息不对称及非农化倾向，其更愿意通过订单或收租金的方式将收益进行固化。而对于链主企业而言，紧密型利益联结机制会增加沟通成本，比如建立股权合作关系，链主企业在生产经营决策时需要将账务定期向农户公示，一些事项需要开会协商，不如直接支付农户一定的租金。这种情况的出现，使得双方倾向于达成简易的租赁合同，企业支付租金，农户获得固定收益，而产业增值增效与农户的关联不大。这既与农村信用体制不健全有关，也与政府的支持政策有关，需要在完善农村信用体制的基础上，进一步健全政府对农业全产业链上主体之间利益分享、风险分担政策的支持和保障。

四 河南农业全产业链发展促进农民增收的对策建议

（一）按照全产业链的发展理念完善工作推进机制

培育和发展全产业链是近年来我国产业经济领域发展产业的新思路，推

动全产业链的发展和优化升级对于建设现代化经济体系、支撑高质量发展有
至关重要的作用。农业全产业链的发展亦要树立全产业链理念。培育发展农
业全产业链要以消费和市场为导向，以主导产业为引领，以价值增值为目
标，依据特定的产业耦合关系、利益联结关系、资源要素融合关系实现农业
产业内部或不同产业间的多个市场主体的分工协作。农业全产业链是从农业
产业链源头出发，涵盖技术研发、生产资料采购、农产品生产加工、农产品
储运销售、品牌推广及消费服务等多个环节的产业链系统。发展农业全产业
链就是要打破城乡界限、工农界限和产业界限，实现农业产前、产中和产后
各环节的耦合衔接和交叉融合，推动劳动力、资本、土地、技术等要素的跨
界渗透。从实践上看，推动农业全产业链的发展是农村产业结构调整与农村
经济改革的重要手段，涉及农业农村经济的各产业和各领域，相关政府部门
应形成合力，加强前瞻性和全局性谋划，建立沟通合作推进机制，形成合力
共同推动农业全产业链的发展。逐步健全农业全产业链发展的政策支持体
系，基于当前乡村产业发展现状、区域经济发展水平和市场布局等，完善建
立农业全产业链发展的政策支持体系，实现发展农业全产业链与乡村振兴、
共同富裕、县域经济发展的有效对接，推动乡村产业的高质量发展。各地也
要制定农业全产业链培育发展实施方案，优化区域产业布局，加强县域主导
产业扶持，围绕延链、补链、壮链、优链出台相应的配套支持政策，积极开
展农业全产业链典型县建设工作。

（二）夯实优势主导产业，重点创建农业全产业链典型县

乡村产业是农业全产业链发展的根基。打造农业全产业链应以市场为导
向，立足当地优势资源，优化调整农产品布局和产品结构，选择聚集度高、
影响国计民生的粮食和重要农产品及特色农产品作为主导产业，通过健全社
会化服务体系、推广绿色化发展模式和叠加数字化赋能作用，推动主导产业
的标准化原料基地建设、壮大农产品加工业、完善物流网络体系建设、强化
品牌化市场营销等，实现乡村产业发展形态更高级、优势更明显、特色更突
出。根据各地产业布局，建设国家、省、市三级农业全产业链典型县，从农

产品加工业发达和乡村特色产业发展突出的重点县中，筛选一批主导产业突出、龙头企业实力强、产业链条完善的县作为扶持重点，持续推进以县域为单元的农业全产业链建设。建立县域"链长"制工作推进机制，协调农业全产业链跨区域、跨环节和跨业态发展中存在的制约因素，集中县域优势资源促进主导产业发展和产业链条延伸，统筹谋划县域主导产业的重点项目建设，解决县域乡村产业价值链低、主导产业链现代化水平不高的问题，做好延链、强链、补链工作，推动农业全产业链价值占县域地区生产总值的比重逐年提升，持续做大县域地区生产总值增量和总量。

（三）适应农业全产业链发展要求，提升小农户发展能力

一是不断提升小农户参与农业全产业链的生产设施条件。从生产性基础设施和物质装备等方面入手，对小农户相对落后的生产设施条件进行改善。在基础设施建设方面，河南省1.2亿亩耕地中还有近1/3没有进行高标准农田建设，还有已建高标准农田需要提升改造，需要加强高标准农田的建设及建设后的管护工作，推进产地仓储物流设施的建设，借助乡村数字建设提高小农户生产的数字化和信息化水平。在物质装备方面，研发和推广适合小农户使用的轻简型农机装备，对小农户购置农机具进行补贴，鼓励有条件的小农户提高生产设备的智能化水平，提升小农户的农业生产效率。

二是持续推进高素质农民培育工作，提高小农户的生产经营能力。立足当地实际，围绕农业全产业链主导产业各个环节，精心设置特色专业，着力建设高素质现代农业产业生产经营队伍。择优选聘农业系统专家、职教中心知名教师、农业机械专家、基层实践经验丰富的技术员、土专家作为高素质农民培育的师资，建立培育师资库。创新培训方式，推行"培育机构+农民田间学校（实训基地）"的形式，将高素质农民培育全部放在农民田间学校进行，积极探索"集中授课、现场观摩、跟踪服务"三段式的培育模式。适应农民学习特点采取参与式、互动式"双师"教学，线上"网络课堂"和线下"专家授课"融合教学，技能实践操作"流动课堂"和田间"理论课堂"融合，促进培育实施。搭建互联网平台，借助智能手机，大力推广

适合农民的 App 或云平台，也可借助快手、抖音等以农民喜闻乐见的形式录制技术推广、经营管理视频。

（四）降低规模农户参与农业全产业链的成本压力

一是为规模农户提供综合支持政策，减轻规模农户的成本压力。对规模农户选用新品种、推广新技术给予一定的财税支持，以财政补贴的方式引导规模农户购置节能高效的现代农机具，为规模农户建设标准化生产基地提供财政奖补。鼓励金融机构创新涉农金融产品，放宽抵押物范围，开发以链主企业为核心的供应链金融产品。在保障粮食安全的基础上，满足规模农户开展仓储、物流、初加工等的用地需求。

二是构建投资风险分担机制。针对规模农户参与农业全产业链会出现的可能性风险，建立由政府、链主企业、规模农户、银行、保险公司等共同分担投资风险的体制机制。如由政府牵头设立农业全产业链风险投资基金，明确风险补偿的范围和标准，规模农户因应用新技术、推广新品种等而出现风险损失时，可申请风险补偿金。鼓励期货公司、保险公司以县域为主体开展"保险+期货"业务，引导规模农户积极参与，提高风险化解能力。

三是推动规模农户抱团发展。家庭农场、种养大户等规模农户可抱团发展，组建合作社，改善单个规模农户实力弱小及面对市场和链主企业时的弱势地位。也可通过抱团发展形成更具规模的发展优势，在内部进行合理分工和优势互补，增强发展能力和分散风险。

（五）以共同富裕为目标建立紧密型利益联结机制

农业全产业链发展中紧密型利益联结机制的建立，不是为了做大做强龙头企业而使普通农户得到的实惠不多，而是以保障农户的权益为核心，把增值收益、就业岗位尽量留给县域、留给农户，让农户更多地分享产业增值收益，不断提高农户收入。鼓励农业企业与小农户采取契约型、分红型、股权型等合作模式，创新利益联结机制，将利益分配重点向产业链上游或产地倾斜，多手段促进农户增收。由于农业全产业链模式多样，参与主体复杂多

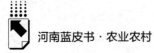

元，紧密型利益联结机制的建立要结合区域产业类型，不能贪图形式上的紧密，导致利益联结机制缺乏可持续性。一是建立引导机制。对于现有的农业全产业链中得到当地政府和广大农户认可的利益联结模式进行总结和提炼，加强宣传推介和推广移植，发挥典型模式的示范引领作用。二是建立激励机制。对紧密型利益联结模式中积极采取股份合作、利润返还、为农户提供担保的涉农企业，给予一定的财政激励或税收优惠；对为产业链其他主体提供技术支持、营销服务、品牌建设指导的涉农企业，予以一定的奖励。三是健全风险防范机制。在全球粮食供应紧张及经济下行压力较大的背景下，要进一步完善农业全产业链发展中的风险防范机制建设，既要增强龙头企业的社会责任意识，也要增强小农户的信用意识，促进形成风险共担、互惠共赢的利益共同体。

参考文献

赵培、郭俊华：《产业振兴促进农民农村共同富裕：时代挑战、内在机理与实现路径》，《经济问题探索》2022 年第 9 期。

叶兴庆：《以提高乡村振兴的包容性促进农民农村共同富裕》，《中国农村经济》2022 年第 2 期。

朱齐超等：《我国农业全产业链绿色发展路径与对策研究》，《中国工程科学》2022 年第 1 期。

B.19
河南农民合作社促进农民
增收的模式与提升路径

王超鹏　雒佩丽　梁增灵　米甜*

摘　要： 农民合作社已经成为促进农民增收的有效途径。河南农民合作社
在蓬勃发展的同时，出现了粮食规模经营带动型、农产品加工销
售带动型、产业融合发展带动型、品牌经营带动型、数字赋能带
动型等有效促进农民增收的模式，成效显著。但是农民合作社发
展在促进农民增收方面还存在一些痛点堵点，本报告围绕加强能
力建设、深化联合合作、健全指导体系等方面，提出推进农民合
作社高质量发展、促进农民增收的路径。

关键词： 农民合作社　农民增收　高质量发展

近年来，河南省农民合作社蓬勃发展、成效斐然，涌现出一批全国典型
合作社，已成为引领小农户进入现代农业轨道的重要载体，在促进农户增收
方面发挥了重要作用。全省农民合作社的发展以构建现代农业经营体系为主
线，以内强素质、外强能力为重点，强化政策引领，狠抓任务落实，加快推
进农民合作社规范提升，农民合作社实现由数量增长向量质并举的转变，呈
现良好的发展态势，把一家一户小生产融入农业现代化大生产，促进了农业
增效、农民增收，为农村经济发展注入了生机和活力。

---

* 王超鹏，河南省农业农村厅农村合作经济指导处处长；雒佩丽，河南省农业农村厅农村合作
经济指导处副处长；梁增灵，河南省乡村产业发展服务中心副主任；米甜，河南农业大学经
济与管理学院硕士研究生。

一 河南农民合作社发展现状

河南农民合作社培育以组织领导为核心、以制度化文件为抓手、以规范化管理为支撑、以数学化平台为桥梁，通过"外力促内生"，不断发展壮大。截至 2021 年底，全省登记注册农民专业合作社 19.6 万家，比上年（19.3 万家）增长 1.6%，比 2017 年（16 万家）增长 22.5%，居全国第 2 位。从发展趋势看，合作社数量持续增加、增速放缓。从种植业、林业、畜牧业、渔业、服务业的结构来看，农民合作社仍以种养业为主，结构较为稳定，为保障粮食和重要农产品供给贡献了力量。

（一）发展环境不断优化

河南先后出台《关于加快构建政策体系培育新型农业经营主体的实施意见》《关于深入学习贯彻习近平总书记重要讲话精神全面推进乡村振兴战略的意见》，在财政扶持、金融保险、基础设施、人才培养等方面出台了一系列支持政策，对加快培育新型农业经营主体做出新的部署。各地普遍把培育家庭农场、农民合作社作为深化农村改革的重要内容，省、市、县三级建立农民合作社发展部门联席会议制度，形成上下联动、共同支持发展的工作机制。

（二）规范化水平不断提升

认真落实《农民专业合作社法》《市场主体登记管理条例》《农民专业合作社示范章程》《农民专业合作社财务制度》《农民专业合作社会计制度》等法律政策要求，进一步加大对农民专业合作社的性质、组织形式、办社原则等内容的规范力度，基本形成了合作社自我规范、部门指导规范、社会监督规范的良性发展局面。围绕依法依章办社，合作社不断增强治理能力，紧密成员合作关系，夯实"三会"有效运行，规范盈余分配。2021 年底，全省依法将 60% 以上可分配盈余按交易量（额）返还成员的合作社有 47592 家，是 2017 年 28476 家的 1.67 倍。

（三）发展领域不断拓宽

全省农民合作社顺应农业多功能和农民合作多需求趋势，集聚合作社发展新动能。经营范围已覆盖粮棉油、肉蛋奶、果蔬茶等主要农产品产业链并呈现由种养业向农产品加工、民间工艺制品和服务业以及由产前、产中环节服务向产后的包装、储藏、加工、流通、销售服务纵深拓展延伸的趋势。截至 2021 年底，实行产加销一体化服务的合作社有 91968 家；以运销、加工服务为主的合作社分别有 8466 家、4057 家；有 1.3 万家合作社从事服务业，5888 家创办加工实体，4849 家发展农村电商，1276 家开展休闲农业和乡村旅游，分别是 2017 年底的 1.1 倍、3.5 倍、15.3 倍和 10.6 倍。合作社发展正由提供单一类型服务向提供综合性产加销一体化服务转变。

（四）服务能力不断增强

合作社引领农民在节本增效、分享产业化经营利益上找出路，在规模经营、带动就业增收上做文章。经济实力不断壮大，全省农民合作社实现经营收入 459 亿元，可分配盈余 66 亿元，为每个成员平均分配 2081 元。经营规模不断扩大，全省合作社为成员提供统供统销、统防统治、统耕统种统收等经营服务，经营服务总值达到 498 亿元。8070 家合作社拥有注册商标，3268 家合作社通过"三品一标"农产品质量认证。联合合作不断加强，以"报团取暖"的方式，促进农户增收，提高市场竞争力。截至 2021 年底，全省农民专业合作社联合社 1937 家，联合社成员社 2.1 万家，比 2020 年底提高 9.7%，实现经营收入 6.2 亿元，可分配盈余 1.2 亿元。

（五）示范体系不断健全

坚持规范与创新并举，通过试点示范不断完善合作社经营模式、运行机制和监管方式，以优示范，以点带面，不断增强合作社的经济实力、发展活力和带动能力。2019 年以来，建设 49 个农民专业合作社质量提升整县推进试点，占全省县（市、区）的 1/3 左右。持续开展示范组织创建，全省县级及以上示范社1.15万家，占统计农民合作社总数的6.5%，其中国家示范社624家、省级示范社985家，形成了较为完备的国家、省、市、县"四级联创"示范体系。

二 河南农民合作社促进农民增收的典型模式

全省各地农民合作社在发展中突出与成员之间的利益纽带，在农民合作社规范运行的基础上，探索了一批农民合作社促进农民增收的有效做法、典型模式。

（一）粮食规模经营带动型

农民合作社以主粮生产为主业，创新和加强与成员之间的利益纽带，发展大规模托管服务，推动农民合作社跨区域发展，实现了粮食产业化、规模化发展，带动农民种粮节本增效。荥阳市新田地种植专业合作社通过规模经营获得规模效益，降低了经营成本；改变原有粮食流通结构，直接与大型粮食加工企业合作，通过订单农业提高粮食收购价，增加利润。一是模块化管理抓标准。筹建村级"生产要素车间"，作为新麦26模块化管理平台，每个"生产要素车间"采取车间主任负责制，全方位提供"原种、配肥、种植、农机、农技、飞防、收割"等全程社会化服务。按照合作社每个种植、服务节点的技术集成标准作业，服务价格要求低于市场价20%~30%。二是"合作+托管"做规模。全面开展"农户带地入社"和"土地的全程垫资托管"，既解决了"谁来种地，怎么种地"的问题，又实现了"人不在家，收入增加"的效果，提升了合作社的影响力和凝聚力。三是订单模式提效益。合作社与生产资料的上游企业签订购销合作协议，采用厂家直供，减少投入成本。联合组建农机专业合作社、飞防植保农机公司，对"耕、种、管、收"采用全程机械化的细化管理。订单销售，与中粮（郑州）粮油工业有限公司、郑州海嘉食品有限公司等签订4万多吨优质强筋小麦的订单，销售额在7200万元以上。推广种植优质小麦、玉米，在全程社会化服务方面，每亩节省成本 220 元以上；在粮食增产方面，小麦平均亩产增收 150 斤以上，玉米增收 200 斤以上，平均每亩增收 350 元左右；在优质优价方面，小麦、玉米售价提高，单亩增加收入 100 元左右。

（二）农产品加工销售带动型

合作社能够带领农户成员实施标准化生产，参与制定地方行业标准，统一加工成员产品，努力开拓国内外市场。封丘县青堆树莓专业合作社主营树莓种植及深加工，实现了苗木培育、标准化基地种植、产品研发、加工销售、出口创汇的产业化发展格局。一是支部带动发展。实行"合作社＋支部＋农户"运作模式，村党支部积极带动，以家庭承包种植为基础，帮助群众共同致富。在管理方面，通过施行民主决策和民主管理，调动广大社员参与合作社的积极性。在生产经营方面，合作社为社员提供"产前、产中、产后"系统服务，实行"五统一"标准化生产。二是开展联合合作。合作社 2016 年成立了封丘县为民树莓专业合作社联合社，截至 2021 年底拥有 12 个树莓种植分社、17 个种植协会、60 多名树莓种植能手，技术服务辐射 80% 的树莓种植基地，实现了抱团发展。三是延长生产链条。合作社注重产品研发、加工销售，树莓产品覆盖鲜果、速冻果、冻干果、果汁、果酱、果酒、含片等 10 多种产品，其中树莓饮料填补了国内空白。合作社成立了河南津思味农业食品发展有限公司，组建了遍布全国的销售网络，带动树莓深加工企业 5 家，年产值近 2 亿元。四是建立激励机制。合作社收入分配，第一部分按照社员交易量采用保障收购底价作为初次分配，第二部分对合作社净利润进行分配，提取 10% 作为合作社发展公积金，剩余 90% 作为分红，带动社员亩均增收 8000 多元。

（三）产业融合发展带动型

立足当地资源特色，因地制宜发展绿色循环产业和乡村旅游业，促进了当地生态环境改善，实现生产、生活、生态协调发展，推动产业生态化、生态产业化。孟津县慧林源种植专业合作社以大棚蔬菜种植起家，逐步建成产供销一体的蔬菜批发市场、容纳 500 吨果蔬的保鲜库、2 座无菌育苗日光温室、23 座高标准日光示范温棚，以及集采摘、观光、餐饮、休闲娱乐等功能于一体的慧林生态苑。一是建设绿色食品基地。合作社鼓励和引导农民建设标准蔬菜园，种植高效、优质、生态安全的反季节设施蔬菜，如西红柿、茄子、茄瓜、西芹、辣椒等。利用当地昼夜温差大、红土透气性好、水质好等多种优势，探索出了西红柿、小西瓜交替生产的特色经营方向。二是示范带动形成规模。社员在慧林源种植专业合作社绿色食品基地建设中得到了实惠，比周边一般农户年人均收入高出 3400 多元。示范效应显著，带动全镇发展日光温室 1325 座、蔬菜大棚 260 座，种植蔬菜面积达到 12600 亩，逐步形成了洛阳市洛北万亩无公害蔬菜生产基地和蔬菜交易集散中心，建成了集旅游观光、休闲娱乐、采摘餐饮于一体的现代农业生态园。三是推进一三产业融合。合作社引入外力，依托北京宝龙集团建设慧林生态苑。通过举办蔬菜采摘节、草莓采摘节、精品西瓜采摘节等活动，年接待游客 10 万人次以上，吸纳农村劳动力就业 810 人，实现了第一产业和第三产业的有机对接，促进了经济效益和社会效益的良性发展。

（四）品牌经营带动型

合作社以品牌兴社，引导农户选育良种，推广绿色、有机、标准化种植，实现产得优、卖得好。河南蜜乐源养蜂专业合作社建立全产业链运行模式，通过统一生产、统一加工、统一品牌形象、统一包装销售的运营方式，发展成全国蜂业知名品牌。一是建立生产车间。蜜乐源养蜂专业合作社建成蜂蜜生产车间，逐步改变了以原料形式销售产品的最初经营模式，建立起从生产源头到销售市场的蜂产业链，增加产品附加值，实现利润最大化。二是提升产品质量。以标准来规范产品生产和销售，年底按照交易量统一返还利润及分红，使农民分享流通领域的利益成果。在"四统一"标准约束下，入社社员标准化生产率达到 100%，统一收购产品超过 90%，加入合作社的农户收入比未入社农户高出 20%。三是构建销售网络。合作社直接销售产品，在全省开设 100 多家连锁销售网点；并与丹尼斯、家乐福、张仲景大药房成功对接，设立销售网点 400 多个。积极开展电子商务，探索开设京东、天猫蜜乐旗舰店；广泛利用微博、微信结合线下体验活动宣传蜜乐品牌。四是强化蜜乐品牌建设。鉴于养蜂事业的辛苦，合作社反其道而行之，将商标定名为"蜜乐"，寓意辛苦工作给人们带来了甜蜜快乐，构建了良好的合作社文化。持续升级产品包装、策划市场营销活动，提升产品的知名度和消费者对产品的关注度。产品质量达到欧盟、日本认证标准，市场范围涵盖全国20 多个省市，并出口到日本、韩国等地。通过实施品牌战略，蜜乐蜂蜜收益高于普通蜂蜜 30%。

（五）数字赋能带动型

推动互联网与特色农业深度融合，利用数字技术培育发展生态农业、设施农业、体验农业、定制农业、分享农业等，推动农业生产性服务业数字化和产业化。鹤壁市淇滨区饮马泉薯业专业合作社已在全国跨地区形成种植水平先进、辐射面广、带动能力强的大型薯业种植基地上万亩；分别在河北衡水、广东湛江、濮阳南乐、鹤壁淇滨区建设脱毒育苗基地 6 个，每年提供优质脱毒薯苗 1 亿多株，能够保障 3 万亩以上的种植需求。合作社依托淇滨区数字农业现代农业产业园项目以及淇滨区数字乡村"一村九园"项目，一是打造了红薯育苗智慧生产区，通过综合运用室内环境监测站、水肥一体化系统、智能电控箱等，提高了设施大棚育苗产能，提升了育苗产成率；二是打造了红薯组培实验室，通过改善实验条件，打破自然环境因素对种苗培育的限制，使得育苗周期大幅缩短；三是打造冷链储运中心，建设仓储环境智能控制系统，通过环境感知、视频采集及远程控制实现节省人力、降低损失、降低能耗的目标，为红薯销售提供可靠的储存环境。目前合作社田间管理、大棚管理、生产经营等均已实现智能化，利用手机 App，随时随地可以控制大棚温度、湿度、浇地流量等；利用大数据分析，为红薯产业锻长板补短板，一方面指导农民种植评价高、销量好的红薯品种，另一方面将销售情况差的红薯品种进行深加工，实现价值最大化，年增销售收入 500 万元。

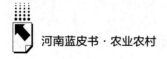

三 河南农民合作社促进农民增收的主要障碍

经过多年实践，全省农民合作社发展及促进农民增收效果显著，但受新冠肺炎疫情、国内外形势等诸多不确定性因素的叠加影响，一些农民合作社发展壮大受阻，一些合作社经营困难，影响了合作社的带农质量效果。

（一）规范化水平有待提升

农民合作社存在成员参与程度不够高，管理不够规范等问题。有的合作社虽然设立时有规范的章程、明确的分工和完善的工作机制，但大多流于形式，停在字面上，没有实行民主管理，存在"一人社"现象。有的合作社财务管理薄弱，没有设置成员账户，没有按交易量、作业量返还盈余。有的合作社只是把流转土地的承包户作为社员，承包户不参与分红，更无法实现业务报告、信息共享，与真正意义上的农民合作社相距甚远。

（二）专业人才有待增加

农村高学历、高素质的年轻劳动力大量转移，农村实用人才占农村劳动力的比重和受过中等及以上农村职业教育的劳动力比例较低。农民合作社负责人一般由村组负责人或种养大户担任，靠长期积累的经验做事，难以适应现代农业生产要求，先进技术和农机不能充分发挥作用；将产业做大做强的思路和产品定位模糊不清，导致产品缺乏市场竞争力。一些合作社普遍缺乏技术、管理和市场营销人才，招聘的大学生难以留住，制约了其发展壮大。

（三）品牌创建有待加强

全省农民合作社发展与成熟的市场主体相比，在标准化生产、品牌化建设等方面差距还比较明显。全省拥有注册商标的合作社仅占5%，通过农产品质量认证的合作社仅占2%，与浙江省、江苏省差距较大。一些农民合作社的服务停留在农资供应、生产管理、产品销售等环节，服务内容单一，合作层次较低，品牌意识较为淡薄。

（四）网络营销有待推广

农民合作社经营管理者多是年龄较大的农民，对现代农业、互联网农业、新技术接受能力较差，培养困难大。生鲜农产品不耐磕碰、易腐烂变质、上市短期集中，一些合作社缺乏冷库仓储设施和加工能力，一些地方冷链快递物流配套不健全，农产品"线上进城"困难。一些农民合作社无法持续稳定供应高品质标准化农产品，导致大型电商缺乏足够的商业化对接动力。

四 河南农民合作社促进农民增收的提升路径

农民合作社发展已经到了由数量扩张向规范发展、质量提升转变的关键时期，今后一个时期应将其作为实施乡村振兴战略的重要抓手，作为组织带动农民、发展富裕农民的重要手段，建立健全服务指导机制，完善政策支持体系，不断增强农民合作社的经济实力、发展活力和带动能力。

（一）增强政策扶持与服务指导，推动规范提升

把农民合作社规范运行作为服务指导的核心任务，把农民合作社带动服务农户能力作为政策支持的主要依据，实现由注重数量增长向注重质量提升转变。农业农村、市场监管等部门通过法律知识培训、辅导员指导等，建立前置辅导机制，指导建章立制，健全组织机构，规范财务管理，合理分配收益。市场监管部门加强指导，提供优质高效的登记注册服务，按照自愿原则依法开展农民合作社登记，同时，拓展企业简易注销登记适用范围，符合条件的农民合作社可适用简易注销程序退出市场。开展"空壳社"专项清理，按照"清理整顿一批、规范提升一批、扶持壮大一批"的办法，合理界定范围，实行分类处置，重点对列入经营异常名录、群众

反映和举报存在问题的农民合作社依法依规进行清理。建立农业全产业链"链队"，在龙头企业的带动和组织下，支持农民合作社发展种养基地和开展保鲜、储藏、分级、包装等延时类初加工，以及发展粮变粉、豆变芽、肉变肠等食品类初加工，融入全产业链。发挥好财政资金引导作用，对带农数量多、利益联结紧密、促农增收效果好的合作社，重点给予支持，推动经营主体及农户融入产业链、融入品牌，分享延长产业链、提升价值链的收益。

（二）加大品牌化建设力度，增强市场竞争力

创建特色品牌，抓好区域品牌、企业品牌和产品品牌创建，构建特色鲜明、互为补充的农业品牌体系，提升农产品的市场认可度，提升产业素质和品牌溢价能力，降低市场波动对农产品价格的影响。支持新型农业经营主体围绕粮食、畜牧、油料等优势产业，积极培育"大而优"的大宗农产品品牌。聚焦蔬菜、水果、食用菌、中药材等特色产业，创建"小而美"的特色农产品品牌。引导主体共创，鼓励农民合作社、家庭农场、农户参与区域品牌、企业品牌创建，实现品牌共创共享。鼓励龙头企业依托农业产业化联合体，整合品牌资源，打造联合品牌。支持农民合作社联合社，联合农民合作社、家庭农场、农户共创品牌。抓好品牌利用，依托已创建的新乡小麦、信阳毛尖、灵宝苹果、正阳花生等60个区域公用品牌，"好想你"等140个农业企业品牌以及400个农产品品牌，支持采取"企业+农民合作社+农户"等方式，组织家庭农场、农户按标种养、统购统销，推动经营主体与农户分享品牌红利。

（三）创新销售网络体系，促进"线上"强农

发挥数字化赋能作用，充分利用"线上进城"销售方式，有效解决农民合作社农产品销售难、优质低价等问题。加强农产品销售体系建设，以数字乡村建设为抓手，实施县域商业体系建设行动，大力发展农村电商，完善农村寄递物流配送体系，进一步畅通农产品上行渠道，逐步健全农村网络销

售体系。推动冷链物流服务网络向农村延伸，整县推进农产品产地仓储保鲜冷链物流设施建设，促进合作联营、成网配套。强化农产品智慧监管体系建设，在完善省级农产品质量安全追溯管理平台的基础上，加快与现有市、县级追溯管理平台对接，确保数据互联互通，推动农产品质量安全追溯平台功能优化，提升追溯应用水平。发挥食用农产品合格证承载的追溯功能，逐步建立完善以承诺达标合格证为载体的产地准出和市场准入管理机制，实现"来源可追，问题可查，责任可究"。加大与"线上"平台的合作力度，通过强化同淘宝、京东、拼多多等电商平台以及抖音、快手等新媒体平台的合作，推动形成多元的农产品销售路径。

（四）完善人才培育机制，打造"不走"人才队伍

把提升农民合作社带头人能力作为提升经营主体整体实力、带动能力的重要举措，分层分类开展带头人培训。依托"耕耘者""头雁"培训项目，每年培育一批合作社带头人，逐步使其成为产业发展的"领头雁"，夯实乡村产业振兴人才基础。实施高素质农民培育计划，面向经营主体带头人开展全产业链培训，引导合作社、家庭农场服务产业链、融入产业链，强化利益联结，增加主体和农户效益。鼓励合作社带头人通过"半农半读"、线上线下等多种形式就地就近接受职业教育，组织农民参加职业技能培训和技能鉴定。鼓励通过奖补等方式，引进各类职业经理人，提高农业经营管理水平。鼓励农民工、大中专毕业生、退伍军人、科技人员等返乡下乡创办领办农民合作社。学习借鉴浙江省实施的"一社一大学生"政策，支持大学毕业生创办家庭农场、农民合作社。发挥新乡贤作用，引导支持退休干部等社会各界人士回乡参与合作经营。

（五）强化社企战略对接，推动联合与合作

鼓励各地积极探索，用好社会各方面的力量支持农民合作社发展。因地制宜、因社因客户施策，提高社企对接服务的精准度和针对性，切实帮助农民合作社补短板、强能力。鼓励各地引入信贷、保险、科技、物流、网络零

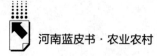

售、农产品加工等各类优质企业，面向农民合作社提供覆盖全产业链条的服务和产品，实现优势互补、合作共赢。推进经营主体数据资源共享，鼓励企业把试验示范园区、技术推广中心、直采供应基地等建在合作社，促进社企对接服务下沉。支持河南邮政为农民合作社提供资金结算、融资、保险、理财、寄递和电商等一揽子综合服务，解决"融资难""销售难""物流难"等问题。支持中化现代农业（河南）有限公司推广现代农业服务模式，落地 MAP 技术服务中心，推进温县农业全产业链特区项目、鹿邑县现代农业服务整村项目。

参考文献

汪恭礼、崔宝玉：《乡村振兴视角下农民合作社高质量发展路径探析》，《经济纵横》2022 年第 3 期。

河南省农业厅编《河南省农民合作社典型案例及评析》，中国农业出版社，2017。

苑鹏：《以加速小农户的现代化转型为目标推进农民合作社高质量发展》，《中国农民合作社》2020 年第 8 期。

孔祥智：《促进新型农业经营主体和服务主体高质量发展》，《农村经营管理》2020 年第 4 期。

徐旭初：《把握数字乡村发展趋势，促进农民合作社数字化发展》，《中国农民合作社》2020 年第 7 期。

刘杰、李聪、戚东：《农民合作社社员身份的增收和减贫效应》，《西北农林科技大学学报》（社会科学版）2021 年第 5 期。

充分发挥返乡创业在"两稳一保"
中的重要作用

——关于商丘市的调研与思考

陈明星*

摘　要： 在百年变局和世纪疫情的交织叠加下，稳增长、稳市场主体、保
就业面临突出挑战。作为传统农区和劳务输出大市，商丘市近年
来顺应农村劳动力"外出务工潮"向"返乡创业潮"转换趋势，
大力推动返乡创业，深入实施"产业倍增"计划和"百万人就
业"工程，持续开展"双业双乡双雁"专项行动，积极推进全
市由"输出一人、致富一家"的劳务经济向"返乡一人、致富
一方"的回归经济转变，不仅有力促进了返乡创业高质量发展，
而且为实现"两稳一保"奠定了坚实基础。在稳住经济大盘的
背景下，商丘市的探索实践，对于其他地区锚定"两个确保"、
实施"十大战略"、奋勇争先更加出彩，具有一定的借鉴价值和
启发意义。

关键词： 返乡创业　"两稳一保"　回归经济

一　商丘市推进返乡创业促进"两稳一保"的
进展与成效

近年来，商丘把促进返乡创业高质量发展摆在重要位置，强化政策引

---

* 陈明星，河南省社会科学院农村发展研究所所长、研究员，研究方向为农业经济与农村发展。

领、工作载体、扶持服务，持续开展"双乡双业双雁"专项行动，返乡入乡创业就业加速，"归雁"群体逐年增多，"头雁"作用发挥明显，返乡创业工作正在从自主创业迈向政府引导、产业集聚、提质发展新阶段，并助推"两稳一保"取得新成效。

（一）返乡创业提速回归经济发展

商丘是人口大市、人力资源大市、劳务输出大市。第七次全国人口普查显示，商丘市域常住人口达到 781 万人，农村适龄劳动力 417.2 万人，富余劳动力 287 万人，全市农村劳动力转移就业 246.1 万人（其中省内 113.9 万人，省外 132.2 万人），常年在市外务工人员 160 多万人。商丘在外务工人员分布比较广，主要集中在长三角、珠三角、京津冀和西部新疆等地域。近年来，随着产业转型升级和梯度转移，县域发展带动就业能力不断增强，全市外出务工形势总体呈现由东去到西进、由传统到新兴、由外出到返乡的演化趋势。近年来，商丘大力发展回归经济，鼓励商丘籍在外人员返乡投资，促进人员回归、企业回迁、资金回流。依托外出务工集中地，克服疫情影响，积极开展"云招商"活动，2022 年以来先后举办 3 次集中"云签约"活动，与长三角、珠三角、京津冀地区签约合作项目 20 个，总投资 313.7 亿元，涉及电子信息、高端智能装备、新材料等战略性新兴产业，做到疫情发生后项目合作"不掉线、不断档"。2022 年上半年，全市回归人员 18.6 万人，回迁亿元以上企业 25 家，回流资金 65.55 亿元。全市 10 个县（市、区）中，虞城、夏邑、柘城、睢县、民权、永城 6 个县（市）被评为河南省农民工返乡创业示范县，虞城、夏邑 2 个县被确定为国家返乡创业试点县。

（二）返乡创业赋能县域特色产业

县域经济在全省发展大局中至关重要，是河南激活国内大市场、畅通国内大循环、融入国内国际双循环的重要基石，也是河南在新发展格局中进入中高端、成为关键环、掌握话语权的关键所在。返乡创业通过集聚一批敢于拼搏、具有商业意识的人才，集聚发展符合本地实际的特色优势产业，从而成为搞活、做强县域经济的关键。目前，商丘每个县（市、区）均有自己的特色产业和项目群，柘城县以超硬材料、农副加工产业为主导，民权县以制冷设备为主导，虞城县以量具制造为主导，夏邑县以纺织服装为主导，睢县以制鞋加工入乡到村为主导，各地形成了县乡村三级互联、三产融合、产业并进的发展新格局，并成为创业的生力军、吸纳就业的主力军。睢县制鞋产业园吸收制鞋、鞋材、鞋类产品销售等返乡创业企业 80 余家，直接带动就业 5000 余人。睢县返乡创业人员荣红卫，按照"公司+生产基地+服务站+种植户"的运营模式，成立丰民农业发展有限公司，建设辣椒品种选育和种植示范基地，直接及间接带动就业 3.2 万人。

（三）返乡创业助力市场主体培育

发展回归经济，不仅能推动返乡创业主体本身发展壮大，而且能通过促进相关产业的发展，促进包括产业链、供应链等在内的产业生态的优化，进而促进市场主体培育和经济发展，为稳住经济大盘筑牢基础支撑。截至 2022 年 6 月底，全市共登记各类市场主体 62.87 万户，同比增长 6%，总量居全省第 3 位。其中，返乡创业人员 19.5 万人，创办各类市场经营主体 18.4 万户，占全市的 29.3%，带动就业 100 多万人。市场主体的发展壮大，进一步带动了经济发展。2022 年 1~6 月，商丘市 GDP 同比增长 4.4%，高于全省平均水平 1.3 个百分点，居全省第 6 位；固定资产投资同比增长 11.3%，高于全省 1 个百分点；社会消费品零售总额达 726.63 亿元，同比增长 2.5%，高于全省 2.2 个百分点，居全省第 5 位。

（四）返乡创业带动就地就近就业

返乡创业往往围绕乡村振兴与巩固拓展脱贫攻坚成果，重视利用本地优势资源、特色产业，大力发展农民合作社、种养大户、家庭农场、建筑业小微企业以及农产品加工、休闲农业、乡村旅游、农村服务业、服装服饰、手工制品等，在开发农村富余劳动力和返乡人员本地就业岗位方面发挥了重要的稳就业扩就业功能。2022 年上半年，全市新增回归就业创业人员 15 万人，失业人员再就业 1.13 万人，新增返乡创业人员 1.69 万人，落实农民工稳岗就业政策，新增转移农村劳动力 3.46 万人。

二　商丘市推进返乡创业促进"两稳一保"的探索与实践

商丘市在推进返乡创业促进"两稳一保"方面取得明显进展，得益于其把返乡创业作为贯彻新发展理念的重要措施统筹推进部署，突出其在新发展格局中的准确定位，增加返乡创业的总量与品类，着力形成更高层次、更多品类的返乡创业发展格局。

（一）抓住重点，健全"1+N"政策体系

坚持统筹推进、环境优化、供需匹配、综合扶持，强化政策扶持。一是突出规划引领。坚持需求导向、项目为王，主动对接产业梯度转移和产业转型升级，主动对接新一轮优势农产品区域布局规划和农村一二三产业融合发展，主动对接农业新产业新业态新模式发展，结合商丘资源禀赋和产业发展规划尤其是"产业倍增"计划，结合返乡人员技能优势，因地制宜制定返乡创业指导目录，规划现有主导产业和产业链条上下延伸需要发展的项目，引回外出就业人员在外创办或主要从事的产业，重点引导返乡人员创办生态种植、特色养殖、农村电商等新型经营主体，多渠道多层次多批次引进经济社会发展紧缺的创新引领型、创业带动型、技能应用型返乡创业人才。二是突出政策创新。在"引才入商"工程基础上，出台《关于推动返乡入乡创业高质量发展的实施意见》，明确了 5 个方面的 36 条具体扶持措施，涵盖财政、金融、担保、用地等内容，并出台年度返乡创业工作实施计划。三是突出措施集成。坚持政策措施化、措施具体化，整合乡村振兴、就业创业、招商引资等优惠政策，将国家和省、市有关支持返乡创业的各类政策系统梳理为创业补贴、金融支持、税费减免、场地支持、奖励政策等 7 个类别 63 条，

汇编成《商丘市支持返乡入乡创业政策指引》，为返乡入乡创业人员提供创业培训、项目推介、小额贴息贷款、创业补贴、导师咨询等"一条龙"服务。

（二）聚焦难点，建强三类平台载体

充分发挥国家返乡创业试点县和省农民工返乡创业示范县的示范引领作用，加强各类创新创业平台和载体建设，完善创业就业服务支撑体系。一是加强返乡创业园建设。依托现有相关园区存量资源，配套创业服务功能，建设功能全、服务优、覆盖面广、承载力强、孵化率高的返乡入乡创业园。全市现有省级、市级返乡创业示范园区分别达到 11 个、20 个，市级返乡创业试点园区 24 个。二是加强受办平台建设。按照"受办一体、上下贯通，一网互联、一网通办"思路，突出"政策项、诉求项、办理项、关联项"重点，建成了商丘市返乡创业综合服务网和各县（市、区）返乡创业服务网。以"县有综合服务中心、园区有服务站点、乡有承办平台、村有联络人"为标准，配备返乡创业服务相关人员、窗口、设施与功能，形成网络、手机App、服务大厅、部门受办"四位一体"的承办平台，为返乡创业人员提供全过程、全方位、零距离、一站式，快捷、优质、高效、贴心的服务。三是加强复合载体建设。以 10 大产业集聚区聚合，各类产业园、孵化园、电商园专区承载，乡村扶贫基地（车间）容纳，供销社网点、农贸市场吸附等，着力培育行业引领型、产业聚合型、三产联动型、能人带动型"四型"返乡创业模式，引导返乡创业企业、资金、人才、技术等要素形成产业化、园区化、集群化集聚，使各类园区成为返乡入乡创业快速发展的主要载体，形成涵盖市、县、乡、村多品类、多业态集合的返乡入乡创业载体。

（三）打通堵点，优化"4332"运行机制

聚焦返乡创业痛点、堵点，重点解决政策落实"最后一公里"问题，构建起覆盖组织保障、工作方法、运作模式等内容的"4332"运行机制。一是建立"四长"工作制。将全市各级政府（部门）主要负责同志明确为

返乡入乡创业工作第一责任人，建立市、县、乡、村四级"一把手"抓返乡创业组织指挥体系，形成一级抓一级、层层抓落实的工作推进机制。把县一级作为推进返乡入乡创业的主战场，严格考核督导，把返乡创业工作纳入政府目标考核，建立统计、监督考核指标体系。二是实行"三单"推进法。坚持双月统计、双月通报和联席会、调度会等制度，分类明确农民工、高校毕业生、复退军人、科技人员等返乡入乡情况的动态登记，形成主体构成清单；分类登记创业实体和项目，形成业态构成清单；分类了解创业人员真实需求，明确扶持措施，形成任务分工清单。三是完善"三库"服务法。建立商丘籍在外人员信息资源库，强化精准服务，以乡情亲情吸引更多人才返乡创业；各县（市、区）均建立并及时更新返乡入乡创业项目库，按照"一县一特色、一乡一业、一村一品"创业模式，动态确定返乡入乡创业项目，定期发布产业发展引导目录和创业项目信息，引导返乡入乡创业人员围绕当地产业规划选择创业项目；市、县两级均建立返乡创业专家库，根据返乡创业人员的创业需求，组织联系省创业专家服务团，指导创业项目建设。四是实施"两个专项"保障制。设立专项扶持资金，列入年度财政预算，市级设立 2000 万元返乡创业专项扶持资金，各县（市、区）均设立了不少于 300 万元的专项扶持资金，全市形成 5000 万元以上的专项扶持资金，主要用于返乡创业融资、扶持返乡创业项目、市级返乡创业示范园区（示范项目）奖补、创业项目购买、创业典型奖励等；开展职业技能专项培训，高质量推进"人人持证、技能河南"建设，建立政府主导、部门协作、统筹安排、产业带动的培训机制，全面推行企业订单、劳动者选单、培训机构列单、政府买单"四单式"培训模式，积极发展面向农村的职业教育，推动新型产业工人和乡村振兴人才队伍建设，2022 年上半年全市共完成技能培训 22.8 万人次，新增技能人才 12.4 万人，新增高技能人才 4.8 万人。

（四）培育亮点，强化"四个一批"典型引领

突出示范带动，坚持"四个一批"（选树一批典型、推介一批典型、培育一批典型、扶持一批典型），打响商丘回归经济和返乡创业品牌，构建良

好的促进回归经济发展的生态系统。一是示范引路重选树。市、县两级坚持每年评选命名一批市级回归经济（返乡创业）示范园区、示范项目并分别给予奖励扶持，培育更多的"头雁"带动"群雁"。2021年，市、县两级选树创业之星86名，评选示范园区25个、示范项目103个，落实奖补800余万元。永城市、虞城县被评定为"河南省2021年农民工返乡创业示范县"，入选省级返乡创业园区2个、省级返乡创业示范项目5个、省级返乡创业助力乡村振兴优秀项目7个，7名返乡创业典型被评为"河南省农民工返乡创业之星"。二是优化生态促培育。大力宣传返乡创业政策、创业事迹、创业精神和创业创新文化，讲好返乡创业故事，弘扬企业家精神，充分调动社会各方面支持，促进返乡入乡创业的积极性、主动性，积极营造创业、兴业、乐业、安业的良好环境。三是产业融合强扶持。依托资源禀赋与产业基础，努力培育一批带动能力、聚集效应突出的项目与企业，深度挖掘返乡创业典型案例经验。例如，睢县突出制鞋和电子信息两大百亿级产业集群带动，建立多层次多样化的返乡创业新格局，全县拥有省、市、县各类返乡创业示范园区（项目）35个，吸引返乡创业农民工2.8万人，带动就业13万人，其中吸纳脱贫人口就业1.3万人。四是举办赛事助推介。结合"技能河南"建设，市、县两级每年举办返乡入乡创业大赛、项目展示交流、技能大赛、创业大讲堂等活动，对市级及以上政府（部门）主办的创业大赛获奖项目的返乡经营主体，在申请创业担保贷款时原则上免除反担保。

三 商丘市推进返乡创业促进"两稳一保"的启示与建议

商丘市的实践充分表明，作为相对欠发达的传统农区和劳务输出地区，推进返乡创业促进"两稳一保"大有可为，立足特色发挥优势、推动高质量发展空间巨大。同时要看到，尽管商丘市已取得来之不易的较好进展，但在创业者启动资金少、融资贷款难、劳动者技能不足、用地约束凸显等方面仍面临不容忽视的突出挑战，需要立足比较优势锻长板、强胜势，聚焦问题导向补短板、蓄后势。

（一）强化产业支撑，推动产业创业招引联动

无论是返乡创业，还是"两稳一保"，都离不开产业支撑。因此，推进返乡创业促进"两稳一保"必须强化产业、创业、招引的有机联动。商丘市既注重返乡创业与乡村振兴、招商引资、招才引智、农村电商等相结合，进一步整合创业资源，完善扶持政策，优化创业环境，全面激发农民工等人员的返乡创业热情，又注重整合市县工会、人社等部门在珠三角、长三角设立的农民工工作站，使之转化为回归经济前哨阵地，置入"双招双引"新功能，还注重以县域为单元，构建与主导产业发展相匹配的返乡创业新格局。商丘的实践表明，以返乡创业促进"两稳一保"，要强化人才回归，以乡情、亲情、友情为纽带，招引高校毕业生、外出创业人员、退役军人等群体回归就业创业，动员把适合的产业转移到家乡再创业、再发展；要强化产业培育，围绕重点产业延链、补链、强链，大力发展新业态新模式，培育形成大中小企业协同联动、上下游产业全链条一体发展，具有区域特色与活力的新产业集群，促进产业集聚、品牌成长、价值提升；要强化"双招双引"，深化与省外相关市县的人力资源和劳务协作关系，在招才引智、招商引资、乡村振兴、行业互联、企业互通等方面拓展合作范围。

（二）加强技能培训，提升创新创业就业能力

全面实施"人人持证、技能河南"建设，积极推行"技能+创业"培训，进一步拓展返乡入乡相关就业创业培训的范围，增加培训频次，加强实训设施建设，完善就业创业服务体系，满足多层次就业创业培训需求。一是加强创业技能培训。针对各地主导产业、优势产业和特色产业，为返乡创业人员提供更加完善的 SYB 创业培训、模拟公司创业实训等。针对返乡创业不同阶段、不同业态、不同群体以及不同地域经济特色等所需的知识技能特点，编制差异化的创业培训规划，组织开展职业技能提升、创业者提升等培

训，不断提升返乡创业者的技能水平和经营管理能力。支持具备条件的企业、社会组织利用自身创业场所、资金、技术、项目、队伍等资源，建立创业培训实训基地，为返乡创业者提供创业实训辅导服务。二是加强职业技能培训。大力开展技能培训和技能取证，做到应培尽培、愿培尽培，帮助更多的劳动者掌握一门或多门实用技术技能，切实提升就业能力，大力推进职业技能等级认定工作。三是加强职业教育。政府补贴性职业培训项目向职业院校倾斜，进一步深化产教融合。

（三）创新支持政策，促进服务集成化精准化

进一步整合政策资源，全面梳理创业扶持政策，发挥好政策激励引导的最大效应，为创业者提供集成化、精准化服务，扶持返乡创业企业做大做强，形成多层级多品类创业兴业新格局。一是强化资金支持。把资金扶持作为关键举措，通过财政补贴、银行贷款、设立基金、减免税费等方式，千方百计帮助返乡创业人员解决融资难题，帮助返乡入乡创业人员解决后顾之忧。二是强化用地保障。全力支持返乡创业项目使用增减挂钩计划报批建设用地，引导和鼓励返乡农民工利用闲置土地、厂房、农村撤并的中小学校舍进行创业，积极盘活利用农村集体建设用地发展旅游业、服务业或加工业以及其他农业产业。三是强化招才引智。积极发掘一批"田秀才""土专家""乡创客"和能工巧匠，吸引企业家、专家学者、技术技能人才等回乡、返乡、入乡、下乡创业创新，对返乡经营主体招用的中级职称、本科学历、技师及相应层次以上急需紧缺人才，在项目申报、职称评审以及各类重点人才选拔培养、奖励等方面予以倾斜。加大对农业技术人才职称评价的支持力度，把农业技术人才在农村的创新创业、人才培养、农民培训等方面的业绩作为职称评审的重要依据。

（四）优化营商环境，提振市场主体信心和预期

市场主体是经济的力量载体，保市场主体就是保社会生产力。要在推进返乡创业中千方百计把市场主体保护好，提振市场主体信心和预期，激发市

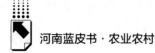

场主体活力。一是优化营商环境。营造良好宽松的创业环境，进一步简化审批手续，优化办事流程，降低收费标准，公开服务承诺；强化信息共享，促进数字社会、数字政府建设；严格落实"13710"工作制度，做到日常工作不过夜、重要工作当天有行动、办理进度有报告、所有事项全清零，拉高工作标杆标准，坚持项目化、台账化、标准化推进工作。二是强化纾困惠企。深化"万人助万企"，落实好减税降费、减租降息等各项纾困措施，确保直接惠及市场主体，强化对市场主体的金融支持，发展普惠金融，对返乡创业项目用地等需求开辟绿色通道，公布具体政策与扶持服务事项，实行首问负责制、一次性告知制、限时办结制，提前介入，全程跟踪服务。三是强化示范引领。采取典型选树、试点示范、以奖代补等方式，大力弘扬创业创新文化，营造争先进位、勇创一流的干事创业氛围。

参考文献

何宜庆等：《政府推动型返乡创业能否促进农民收入增长？——基于双重差分的经验评估》，《湖南农业大学学报》（社会科学版）2022年第4期。

刘蕾、王轶：《数字化经营何以促进农民增收？——基于全国返乡创业企业的调查数据》，《中国流通经济》2022年第1期。

王轶、柏贵婷：《创业培训、社会资本与返乡创业者创新精神——基于全国返乡创业企业的调查数据》，《贵州财经大学学报》2022年第4期。

王辉、朱健：《农民工返乡创业意愿影响因素及其作用机制研究》，《贵州师范大学学报》（社会科学版）2021年第6期。

孙武军、徐乐、王轶：《外出创业经历能提升返乡创业企业的经营绩效吗？——基于2139家返乡创业企业的调查数据》，《统计研究》2021年第6期。

Abstract

This book is compiled under the auspices of Henan Academy of Social Sciences. With the theme of "Promoting the Common Prosperity of Farmers and Rural Areas", it deeply and systematically analyzes the situation and characteristics of Henan's agricultural and rural development in 2022, and looks forward to 2023. Based on the present situation of Henan's agricultural and rural development, it studies and discusses the main ideas and countermeasures of solidly promoting the comprehensive rural revitalization in the new period from multiple dimensions, and explores the realization path of promoting the common prosperity of farmers and rural areas in Henan from multiple angles. This book consists of 20 reports in four parts, including general report, industrial development, rural construction and increasing farmers' income.

The year 2022 is the final year of the implementation of the Strategic Plan for Rural Revitalization (2018 – 2022), and the rural revitalization has made significant achievements in stages. The year 2023 is the key year for the implementation of the 14th Five-Year Plan. The general report of this book analyzes and looks forward to the development situation of agriculture and rural areas in Henan from 2022 to 2023. According to the report, in 2022, agricultural and rural development in the whole province overcame the unfavorable influences such as flood and epidemic, and showed a trend of steady reinforcement, quality improvement and potential empowerment. Grain was harvested again, the output of major agricultural products remained stable, the high-quality development of rural industries was accelerated, the agricultural basic support was further strengthened, farmers' income increased steadily, rural construction was solidly promoted, and rural reform continued to deepen. However, at the same time, it was difficult to improve the quality and efficiency of the grain industry at a high basis, and it was difficult to increase farmers' income steadily. In 2023, despite the unfavorable situation of increasing unstable and uncertain factors at home and abroad, favorable conditions, development advantages and favorable supporting factors for the continuous release of policy dividends are also increasing, and the agricultural and rural development of the province will continue to improve in general, accumulating new development momentum and advantages in terms of ensuring national food security, comprehensive agricultural upgrading, comprehensive rural progress, all-round development of farmers and deepening integration between urban and rural areas, etc., in order to build a basic disk for realizing "two guarantees" and promoting common prosperity of farmers and rural areas.

Industrial development reports introduce the ten-year achievements and prospects of agricultural and rural development in Henan Province, focusing on the importance of improving cultivated land quality to ensure food security, analyzing the development of new rural industries and new formats such as modern rural service industry and new rural e-commerce, and discussing the realization path of promoting rural industrial development from the aspects of scientific and technological support, agricultural carbon neutrality and developing new rural collective economy.

Rural construction reports focus on the continuous deepening of urban-rural integration development, and mainly analyze and look forward to the construction of village planning system, digital rural development, rural logistics system, new rural cooperative system and sustainable development of poverty-stricken areas. The reports reflect the realistic foundation and problems faced by Henan in promoting rural construction from multiple angles, and put forward specific paths and countermeasures for realizing Henan's rural construction in the forefront of the whole country during the 14th Five-Year Plan period.

Increase farmers' income reports analyze the present situation and difficulties of increasing farmers' income in Henan Province in the new period. Focusing on the problem of increasing farmers' income through multiple channels, the reports mainly conduct special research from the aspects of cultivating and developing the whole agricultural industry chain, developing farmers' cooperatives, giving full play to the important role of returning home to start a business, etc. , and explore different ways to increase farmers' income, providing ideas and countermeasures for the obvious improvement of farmers' income in Henan Province during the 14th Five-Year Plan period.

Keywords: Farmers and Rural Areas; Common Prosperity; Rural Revitalization; Henan

Contents

I   General Report

Abstract: By 2022, the rural revitalization has made significant achievements in stages. The agricultural and rural development of the province overcame the impact of the once-in-a-century pandemic and the unprecedented global changes, and the overall situation was stable, strengthening, improving quality, and accumulating energy. The output of major agricultural products remained stable, the optimization and upgrading of agricultural structure accelerated, farmers' income continued to grow, agricultural foundation support was further strengthened, and rural reform was further deepened. However, it was also difficult for farmers to continue to increase their income steadily. The investment in fixed assets in the primary industry maintained a low growth rate. In 2023, despite the more complicated and severe situation, favorable conditions and development advantages are gradually accumulating. The overall development of agriculture and rural areas in the whole province will be steady and progressive, and the quality will be upgraded. In terms of high-quality development of grain industry, rural industry linking agriculture with farmers, collective economic transformation, urban-rural integration and rural construction, new kinetic energy and vitality for rural comprehensive revitalization will be accumulated. In order to promote high-quality and efficient agriculture, rural livability and farmers' prosperity, rural revitalization in Henan will achieve greater breakthroughs.

Keywords: Agricultural and Rural; Rural Revitalization; Common Prosperity; Henan

Ⅱ Industrial Development

B.2 Achievements and Prospects of Agricultural and Rural Development in Henan Province in the Past Ten Years

Huang Cheng, Yang Guangyu / 027

Abstract: The decade from 2012 to 2022 is a decade for Socialism with Chinese characteristics to enter a new era, and it is also a milestone in the development history of "agriculture, rural areas and farmers". In the past ten years, under the guidance of new ideas, new theories and new strategies, Henan has resolutely shouldered the heavy responsibility of food security, initiated the implementation of the rural revitalization strategy, won the tough battle against poverty in the Central Plains, solved the absolute poverty problem historically, achieved the goal of a well-off society in rural areas simultaneously, accelerated the modernization of agriculture and rural areas, and constantly consolidated and promoted its superior position as an important agricultural province, a major grain province, a major animal husbandry province, and a major agricultural product processing province in China, giving full play to the "agriculture, rural areas and farmers" initiative. At present, the development of "agriculture, rural areas and farmers" in Henan Province faces both challenges and opportunities. We should thoroughly implement the strategy of rural revitalization, insist on the integrated design and promotion of agricultural modernization and rural modernization, speed

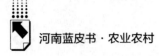
up the high-quality development of agriculture and rural areas, and promote common prosperity of farmers and rural areas.

Keywords: Agricultural and Rural; Rural Revitalization; Henan

B.3　Strengthening Grass Roots Innovation to Promote the Development of County Industries that Enrich People in Henan　　　　　　　　　　　　　　　　*Li Jingyuan* / 040

Abstract: If the industry is strong, the county will be strong, and if the industry is prosperous, the people will be rich. Industry is the core of county economic development and the foundation of strengthening the county and enriching the people. Industries that enrich people has good economic benefits, strong driving capacity and wide range of influence is an important industry related to people's livelihood and an important starting point to promote the common prosperity of farmers and rural areas. The development of county industries that enrich people requires strong support from grass-roots innovation. Henan should unswervingly implement the innovation driven strategy, the strategy of rejuvenating the province through science and education and the strategy of strengthening the province through talents. In combination with local conditions, based on the industrial foundation and resource endowment, we will actively engage in innovation, promote the extension of scientific and technological innovation to the grass-roots level, and cultivate new drivers for the development of county industries that enrich people.

Keywords: County Industries that Enrich People; Grass-roots Innovation; Henan

B . 4 Promoting the Common Prosperity of Farmers and
Rural Areas with the Development of Modern Rural
Service Industry *Hou Hongchang* / 051

Abstract: After the victory of poverty alleviation, promoting common prosperity of farmers and rural areas has become an important task to comprehensively promote the rural revitalization strategy. As an important part of rural revitalization, the development of rural modern service industry plays an irreplaceable role in promoting common prosperity of farmers and rural areas. As a major agricultural province, accelerating the development of modern rural service industry in Henan is not only an important part of high-quality development of agriculture and rural areas, but also an important way to build a modern agricultural province and promote the common prosperity of farmers and rural areas in the province. Since 2022, in the face of complex and severe external environment and unexpected impacts of various unexpected factors, Henan rural modern service industry has continued to maintain a good and stable development trend, but it faces great challenges in upgrading the level of modernization and optimizing the internal structure. Therefore, it is necessary to seize the opportunity of industrial transformation and national major development strategy superposition, as well as the unique strategic hinterland comprehensive benefit opportunity of Henan, and increase the transformation of rural service industry in the province to high-quality modernization, so as to promote the common prosperity of farmers and rural areas in the province.

Keywords: Modern Rural Service Industry; Common Prosperity; Henan

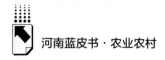
B.5　Mechanism and Path of Low-carbon Transformation

　　Development of Agriculture from the Perspective of

　　Common Prosperity　　　　　　　　　*Qiao Yufeng* / 064

Abstract: Common prosperity and low-carbon transformation complement are unified in the high-quality development of agricultural. They are two different subsystems under the common strategic goal. It need overall planning to achieve coordinated governance and go hand in hand. Low-carbon transformation of agriculture can lay the economic foundation for common prosperity of farmers, and common prosperity can establish social goals for low-carbon transformation. In the process of achieving common prosperity, on the one hand, farmers' consumption upgrading and improving demand have increased the pressure of low-carbon transformation; On the other hand, changes in farmers' consumption patterns and views can offset the pressure of carbon emissions. The low-carbon transformation of agriculture is not only conducive to promoting the upgrading of agricultural industry, but also conducive to transforming agricultural ecological benefits into economic benefits, thereby increasing farmers' income. In order to promote the synergy of the two targets, it is necessary to actively integrate small farmers into modern agriculture, pay attention to the supporting role of financial and fiscal policies, improve laws and regulations to promote low-carbon transformation, and develop low-carbon transformation of agriculture into the common prosperity of farmers.

Keywords: Common Prosperity; Low-carbon Transformation of Agriculture; Carbon Neutrality; Coordinated Governance

B.6　Constraints and Countermeasures of Enhancing Grain

　　Production Capacity in Henan Province　　*Sheng Xiudong* / 076

Abstract: At present, the improvement of grain production capacity in

Henan Province faces many challenges, such as weak agricultural infrastructure, tight resource and environment constraints, structural decline of labor quality, low comparative benefits of grain production, short-term farmers' production behavior and so on. In view of these problems, this report puts forward some corresponding policy suggestions: planning the construction of high-standard farmland with new ideas, consolidating and improving grain production capacity, supporting the cultivation of new agricultural business entities and service entities, focusing on the development of agricultural producer services for small farmers, speeding up the improvement of interest compensation mechanism in main producing areas, perfecting the minimum purchase price policy of wheat, and mobilizing the enthusiasm of local and farmers to grow grain.

Keywords: Grain Production Capacity; High-standrad Farmland; Henan

B.7 Difficulty and Countermeasures of "Non-grain Production"

Management of Cultivated Land in Henan Province

Miao Jie / 091

Abstract: The "non-grain production" management of cultivated land is related to the long-term situation of cultivated land protection and food security. In recent years, the proportion of non-grain crops sown area in Henan Province was lower than the national average level, but higher than other grain transfer provinces. Low grain comparative income is the main cause of "non-grain production". In the past two years, Henan has intensified the investigation and rectification of cultivated land "non-grain production", and made some progress, however, there are still many difficulties and challenges, including contradictions with increasing farmers' income, imperfect supporting policies and working mechanisms, negative externalities of "non-grain production" management, and how to coordinate with the adjustment of agricultural structure. To solve these problems, we need to increase support for grain production, enlarge and strengthen the grain industry, vigorously develop agricultural social services, and improve the relevant policies and mechanisms , so as to mobilize and stimulate the enthusiasm of local governments to focus on agriculture and food, farmers to grow grain and capital investment in agriculture and grain production, truly realize the good-farmland to grow grain.

Keywords: "Non-grain Production" Management; Food Security; Cultivated Land Protection

B.8　Exploration, Problems and Countermeasures of the
　　　　Development of Henan's New Rural Collective
　　　　Economy　　　　　　　　　　　　　　　　*Zhou Yan* / 105

Abstract: In recent years, Henan has deepened the reform of the rural collective property rights system, actively explored new forms of realization and operating mechanisms of the rural collective economy, and the strength of the collective economy has been continuously enhanced, which has played an important role in promoting farmers' income and comprehensively promoting rural revitalization. However, there are still some problems, such as inadequate understanding, unbalanced development of the new rural collective economy in the province, insufficient role of rural collective economic organizations and imperfect supporting measures. In order to promote the high-quality development of the new rural collective economy, policy suggestions such as establishing new ideas for reform and development, strengthening the rectification of rural collective assets, actively cultivating rural collective economic organizations and increasing policy support are proposed.

Keywords: New Rural Collective Economy; Rural Collective Property Rights System; Henan

III Rural Construction

B.9 The Development Logic, Market Path and Policy Response

of Common Prosperity of Farmers and Rural Areas *Li Guoying* / 117

Abstract: The core of realizing common prosperity lies in realizing high-quality economic development through innovation-driven industrial upgrading, narrowing the income gap between urban and rural areas through three distribution adjustment mechanisms, and realizing the equalization of public services in the whole society based on high taxes and a comprehensive security system. Narrowing the regional gap, urban-rural gap and income gap have become the three major ways to achieve common prosperity. At present, promoting the common prosperity of farmers and rural areas is faced with many problems, such as the imbalance of urban and rural regional development caused by the urban-rural dual structure for a long time, the imbalance of social wealth distribution, the difficulty of increasing the income of rural residents and so on. To solve these problems, we need to explore the development logic and internal mechanism of urban-rural integration development to promote common prosperity, analyze the difficulties and blocking points of promoting and realizing common prosperity, and look forward to the future policy guidance and development path on this basis.

Keywords: Urban-rural Integration and Development; Rural Revitalization; Common Prosperity; Urban-rural Gap

B.10 Construction and Optimization of Village Planning System

in Henan Under the Background of Urban-rural Integration

Liu Yihang / 130

Abstract: Village planning, as the basic work for implementing the rural revitalization strategy, is an important tool and means of rural construction. There is still a big gap in the requirements of "compiling and editing", there is a structural contradiction with the needs of rural construction, and there is a lack of suitable carriers and starting points. Based on the perspective of territorial spatial planning reform, the construction of the Henan village planning system should adhere to the principles of scientificity, suitability, buffering, and participation, so as to achieve a comprehensive optimization of the rural spatial layout. In the village planning system that conforms to the new trend of urban-rural integration, we should focus on optimizing planning layout, planning types, planning content, and planning methods to promote the integration of urban-rural systems and mechanisms, the integration of multiple models, the integration of governance systems, and the integration of modern technologies, to promote the coordinated high-quality development of urban and rural areas and common prosperity.

Keywords: Urban-rural Integration; Village Planning; Rural Construction; Land and Space Planning

B.11 Research on the Path and Countermeasures of Promoting Urban-rural Integration and Common Prosperity in Henan
Zhang Kun / 143

Abstract: Urban-rural integration is to coordinate urban and rural economic and social development, solve the urban and rural income gap, urban and rural social services unbalanced development and other key measures, is conducive to the better realization of the goal of common prosperity. This report analyzes the current situation of urban and rural integration in Henan and the practical dilemma of promoting urban and rural integration and common prosperity, and puts forward the realization path of promoting urban and rural integration and common prosperity in Henan. Then from five aspects of strengthening the innovation of talent flow mechanism, deepening the reform of rural land system, making up for the shortcomings of rural public services and living environment, reforming and perfecting the income distribution system, highlighting the demonstration and leading of urban-rural integration development, the report puts forward countermeasures and suggestions to promote the integration of urban and rural areas and common prosperity in Henan.

Keywords: Urban-rural Integration; Common Prosperity; Henan

B. 12   Practice and Path Analysis of Consolidating and Expanding

Poverty Alleviation Achievements in Henan Province

Zheng Fang, Huang Yuxi / 153

Abstract: Henan Province has given high priority to consolidating and expanding poverty alleviation achievements, established a dynamic monitoring and support mechanism to prevent people from returning to poverty, and consolidated the achievements of the "two assurances and three guarantees" and drinking water security, we will support the development of rural industries with distinctive features in areas freed from poverty, promote stable employment of people freed from poverty, strengthen support measures for counties with a focus on rural revitalization, and relocate people from inhospitable areas to new resettlement areas, and steadily increase the incomes of people freed from poverty and those targeted for monitoring, we have kept the bottom line of not returning to poverty on a large scale. In the new situation of promoting rural revitalization in an all-round way, to consolidate the achievements of poverty alleviation development, we should strengthen monitoring and help, eliminate the risk of returning to poverty, and take multiple measures to increase people's income, make good use of linking up funds, speed up project construction, keep a close eye on key areas, increase support, gather help and help forces, strengthen the effectiveness of help and help, strictly supervise and examine, promote the implementation of the work, we will further consolidate the achievements of poverty alleviation development and effectively link up with rural revitalization.

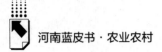
Keywords: Consolidate the Achievements of Poverty Alleviation; Rural Revitalization; Henan

B.13 Development Situation and Path Analysis of Digital Countryside in Henan Province　　　　*Zhang Yao* / 165

Abstract: The construction of digital countryside is not only a strategic choice to realize the rural revitalization of Henan, but also an effective way to promote the integration of urban and rural development, or the urgent need for the construction of digital Henan. Henan Province has made good progress in the implementation of digital rural strategy, but there are still some shortcomings. For digital weak infrastructure, rural industry digital level is not high, farmers, digital application level is low, lack of talent, to better promote the digital village construction, need to further build a digital infrastructure foundation, focus on rural industry digitization process, build digital talent team, improve farmers' quality.

Keywords: Digital Village; Digital Technology; Digitization

B.14 Progress, Problems and Countermeasures of Henan Rural Logistics System Construction　　　*Wang Yuanliang* / 176

Abstract: As a province with a large rural population, Henan has an important practical significance in building a rural logistics system. At present, the industrialization of rural e-commerce in Henan is developing rapidly, the rural logistics network system is gradually improving, and the rural logistics infrastructure is constantly improving, but there are also some weak links. It is proposed to strengthen the policy guarantee of rural logistics development planning, innovate the rural logistics terminal distribution mode, promote the coordinated development of rural logistics e-commerce, build the rural cold chain logistics industry chain, and establish and improve the rural logistics infrastructure, promote the construction of rural logistics standardization demonstration, and strengthen the introduction and training of rural logistics talents.

Keywords: Rural Logistics System; Rural E-commerce; Henan

B.15 Study on the Coupling Mechanism of Migrant Workers'
Returning Home to Start a Business and New
Urbanization Construction in Henan Province

Ma Yinlong / 184

Abstract: There is a positive coupling and interaction mechanism between migrant workers' returning home to start their own businesses and new urbanization. As a populous province, Henan's migrant workers from other provinces rank first in China. In recent years, influenced by many factors, the phenomenon of migrant workers' "returning home to start a businesses" has emerged. Migrant workers' returning home to start a business is conducive to promoting the deep integration of market and resources between urban and rural workers and peasants, promoting the integrated development of urban and rural areas, and further promoting the construction of new urbanization in Henan Province, which in turn can bring more opportunities and provide a larger platform for migrant workers to return home to start a business.

Keywords: Migrant Workers; Returning Home; New Urbanization; Coupling Mechanism

B.16　Research on the Linkage Development of "Production,
　　　Supply and Marketing, Credit" Cooperatives and Rural
　　　Credit Cooperatives　　　　　　　　　*Liang Xinzhi* / 194

Abstract: The basic problem of rural development is the relationship between farmers and land, and the problem of food and the way out for labor force is the realistic manifestation of the relationship between farmers and land. Based on the analysis of the present situation and problems of the land management system, "production, supply and marketing, credit" cooperatives and rural credit cooperatives. This report puts forward some suggestions on the linkage development of "production, supply and marketing, credit" cooperatives and rural credit cooperatives: the core of production cooperation is the centralized production and planting of land, and the production and planting need the credit of agricultural materials and agricultural products; the core of supply and marketing cooperation is the unified purchase of agricultural materials and the unified marketing of agricultural products and their credit transactions; credit cooperation mainly involves capitalization of rural resources, information utilization of funds, and improvement of farmers' property income.

Keywords: Rural Credit Cooperative; "Production, Supply and Marketing, Credit" Cooperative; Henan

IV　Increase Farmers' Income

B.17　Current Situation, Difficulties and Countermeasures of
　　　Increasing Farmers' Income in Henan Province　*Zhang Kun* / 206

Abstract: Continuously promoting farmers to increase income is the premise and foundation to achieve common prosperity of farmers and rural areas. As a province with a large agricultural population and a large rural population, it is of great theoretical and practical significance to discuss the combination of increasing farmers' income and common prosperity for better consolidating and expanding the achievements of poverty alleviation and promoting rural revitalization. This report analyzes the current situation of farmers' income increase in Henan Province from four perspectives: wage income, net income from operation, net income from property and net income from transfer. Combined with the special economic situation under the epidemic situation, it focuses on analyzing the problems existing in the industry, source and system of farmers' income increase. Then the report puts forward corresponding countermeasures and suggestions from the perspectives of improving farmers' labor quality, cultivating new agricultural management subjects, developing new industries and new forms of business, deepening the reform of property rights system, improving social security system and developing collective economy.

Keywords: Increase Farmers' Income; Common Prosperity; Rural Revitalization

B. 18 Henan Restrictive Factors and Countermeasures of Agricultural Whole Industry Chain to Increase Farmers' Income *Song Yanfeng* / 218

Abstract: Promoting the common prosperity of farmers and rural areas is the action guide and important goal of the rural revitalization strategy. The agricultural whole industry chain is the product of high-quality development of rural industries, which can improve farmers' income in multiple ways, and provide new ideas for achieving the goal of common prosperity of farmers and rural areas. This report discusses the connotation and characteristics of the agricultural whole industry chain and the effective ways to increase farmers' income, and puts forward that the promotion mechanism of the agricultural whole industry chain to increase farmers' income under the new situation should be improved according to the development concept of the industrial whole chain, in combination with the development status of the agricultural whole industry chain in Henan Province and the constraints in promoting farmers' income growth; consolidate the dominant industries and focus

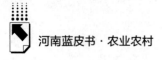

on creating typical counties of the agricultural whole industry chain; improve the development capacity of small farmers; reduce the cost pressure of large-scale farmers participating in the whole agricultural industry chain; establishing a close interest connection mechanism.

Keywords: Agriculture Whole Industry Chain; Farmers' Income; Henan

B.19 The Mode and Promotion Path of Henan Farmers'
Cooperative to Increase Farmers' Income

Wang Chaopeng, Luo Peili, Liang Zengling and Mi Tian / 231

Abstract: Farmers' cooperatives have become an effective way to increase farmers' income. At the same time of vigorous development, Henan farmers' cooperatives have emerged grain scale operation led, agricultural product processing and sales led, industrial integration development led, brand management led, digital empowerment led and other effective modes to increase farmers' income, and achieved remarkable results. However, there are still some pain points in the development of farmers' cooperatives to increase farmers' income. Focusing on strengthening capacity building, deepening joint cooperation and improving the guidance system, this report proposes ways to promote the high-quality development of farmers' cooperatives and increase farmers' income.

Keywords: Farmers' Cooperatives; Increase Farmers' Income; High-quality Development

Contents 🔺

Abstract: Under the impact of the once-in-a-century pandemic and the unprecedented global changes, steady growth, stable market players and employment protection are facing outstanding challenges. As a traditional agricultural area and a big labor export city, Shangqiu City has followed the trend of rural labor force's "going out to work" to "going home to start a business" in recent years, vigorously promoted returning home to start a business, thoroughly implemented the "industry multiplication" plan and the "employment of one million people" project, continued to carry out the "double industries, two townships and two geese" campaign, and actively promoted the city's labor economy from "exporting one person and getting rich" to "returning one person and getting rich". Under the background of stabilizing the economic market, the exploration and practice of Shangqiu has certain reference value and enlightening significance for other regions to anchor "two guarantees", implement "ten strategies" and strive for the first place.

Keywords: Returning Home to Start a Business; "Two Stability and One Guarantee"; Regression-Economy

皮 书

智库成果出版与传播平台

✦ 皮书定义 ✦

皮书是对中国与世界发展状况和热点问题进行年度监测，以专业的角度、专家的视野和实证研究方法，针对某一领域或区域现状与发展态势展开分析和预测，具备前沿性、原创性、实证性、连续性、时效性等特点的公开出版物，由一系列权威研究报告组成。

✦ 皮书作者 ✦

皮书系列报告作者以国内外一流研究机构、知名高校等重点智库的研究人员为主，多为相关领域一流专家学者，他们的观点代表了当下学界对中国与世界的现实和未来最高水平的解读与分析。截至 2022 年底，皮书研创机构逾千家，报告作者累计超过 10 万人。

✦ 皮书荣誉 ✦

皮书作为中国社会科学院基础理论研究与应用对策研究融合发展的代表性成果，不仅是哲学社会科学工作者服务中国特色社会主义现代化建设的重要成果，更是助力中国特色新型智库建设、构建中国特色哲学社会科学"三大体系"的重要平台。皮书系列先后被列入"十二五""十三五""十四五"时期国家重点出版物出版专项规划项目；2013~2023 年，重点皮书列入中国社会科学院国家哲学社会科学创新工程项目。

皮书网

（网址：www.pishu.cn）

发布皮书研创资讯，传播皮书精彩内容
引领皮书出版潮流，打造皮书服务平台

栏目设置

◆ 关于皮书

何谓皮书、皮书分类、皮书大事记、
皮书荣誉、皮书出版第一人、皮书编辑部

◆ 最新资讯

通知公告、新闻动态、媒体聚焦、
网站专题、视频直播、下载专区

◆ 皮书研创

皮书规范、皮书选题、皮书出版、
皮书研究、研创团队

◆ 皮书评奖评价

指标体系、皮书评价、皮书评奖

◆ 皮书研究院理事会

理事会章程、理事单位、个人理事、高级
研究员、理事会秘书处、入会指南

所获荣誉

◆ 2008 年、2011 年、2014 年，皮书网均
在全国新闻出版业网站荣誉评选中获得
"最具商业价值网站"称号；

◆ 2012 年，获得"出版业网站百强"称号。

网库合一

2014年，皮书网与皮书数据库端口合
一，实现资源共享，搭建智库成果融合创
新平台。

皮书网

"皮书说"
微信公众号

皮书微博

基本子库
SUB DATABASE

中国社会发展数据库（下设 12 个专题子库）

紧扣人口、政治、外交、法律、教育、医疗卫生、资源环境等 12 个社会发展领域的前沿和热点，全面整合专业著作、智库报告、学术资讯、调研数据等类型资源，帮助用户追踪中国社会发展动态、研究社会发展战略与政策、了解社会热点问题、分析社会发展趋势。

中国经济发展数据库（下设 12 专题子库）

内容涵盖宏观经济、产业经济、工业经济、农业经济、财政金融、房地产经济、城市经济、商业贸易等 12 个重点经济领域，为把握经济运行态势、洞察经济发展规律、研判经济发展趋势、进行经济调控决策提供参考和依据。

中国行业发展数据库（下设 17 个专题子库）

以中国国民经济行业分类为依据，覆盖金融业、旅游业、交通运输业、能源矿产业、制造业等 100 多个行业，跟踪分析国民经济相关行业市场运行状况和政策导向，汇集行业发展前沿资讯，为投资、从业及各种经济决策提供理论支撑和实践指导。

中国区域发展数据库（下设 4 个专题子库）

对中国特定区域内的经济、社会、文化等领域现状与发展情况进行深度分析和预测，涉及省级行政区、城市群、城市、农村等不同维度，研究层级至县及县以下行政区，为学者研究地方经济社会宏观态势、经验模式、发展案例提供支撑，为地方政府决策提供参考。

中国文化传媒数据库（下设 18 个专题子库）

内容覆盖文化产业、新闻传播、电影娱乐、文学艺术、群众文化、图书情报等 18 个重点研究领域，聚焦文化传媒领域发展前沿、热点话题、行业实践，服务用户的教学科研、文化投资、企业规划等需要。

世界经济与国际关系数据库（下设 6 个专题子库）

整合世界经济、国际政治、世界文化与科技、全球性问题、国际组织与国际法、区域研究 6 大领域研究成果，对世界经济形势、国际形势进行连续性深度分析，对年度热点问题进行专题解读，为研判全球发展趋势提供事实和数据支持。

法律声明

"皮书系列"（含蓝皮书、绿皮书、黄皮书）之品牌由社会科学文献出版社最早使用并持续至今，现已被中国图书行业所熟知。"皮书系列"的相关商标已在国家商标管理部门商标局注册，包括但不限于 LOGO（　　）、皮书、Pishu、经济蓝皮书、社会蓝皮书等。"皮书系列"图书的注册商标专用权及封面设计、版式设计的著作权均为社会科学文献出版社所有。未经社会科学文献出版社书面授权许可，任何使用与"皮书系列"图书注册商标、封面设计、版式设计相同或者近似的文字、图形或其组合的行为均系侵权行为。

经作者授权，本书的专有出版权及信息网络传播权等为社会科学文献出版社享有。未经社会科学文献出版社书面授权许可，任何就本书内容的复制、发行或以数字形式进行网络传播的行为均系侵权行为。

社会科学文献出版社将通过法律途径追究上述侵权行为的法律责任，维护自身合法权益。

欢迎社会各界人士对侵犯社会科学文献出版社上述权利的侵权行为进行举报。电话：010-59367121，电子邮箱：fawubu@ssap.cn。

社会科学文献出版社